天皇の国史[上]

竹田恒泰

PHP文庫

○本表紙図柄＝ロゼッタ・ストーン（大英博物館蔵）
○本表紙デザイン＋紋章＝上田晃郷

はじめに

日本は天皇の知らす国である。

「日本とは何か」という問いに真摯に向き合うと、自ずとこの答えに辿り着くのではないだろうか。明治時代、大日本帝国憲法を起草する大役を担った天才官僚の井上毅は、第一条を書くために、『古事記』『日本書紀』をはじめとする国史に関係する膨大な量の本を読み込んだ。憲法の冒頭に日本の国柄を、つまり「日本とは何か」を簡潔に書くために、日本国史を総ざらいする必要があった。憲法の条文には長文を用いることはできない。二〇〇〇年以上続く我が国の本質を、たった二、三行で簡潔に書くことは神業といってよい。そして、この難題に立ち向かった井上が絞り出した答えが、次の一文だった。

「日本帝国ハ万世一系ノ天皇ノ治ス所ナリ」

「しらす」は『古事記』の天孫降臨の神勅にある「知らす」から来ている。現代語では「お知りになる」という意味なので、全体では「日本は天皇のお知りになる国である」となろう。だが「しらす」は古語で、既に使われなくなっていたため、伊藤博文の判断により、一般的な漢語を宛てて条文は「統治ス」に修正された。

本書は、『古事記』の日本神話から語り始め、考古学と史学の最新学説をふんだんに取り込み、神代から現代の「令和」に至るまでの日本国史を一冊にまとめたものである。井上毅は「日本とは何か」という設問の答えを探し求め、本の山に分け入り、この答えに辿り着いたが、読者には、本書一冊を読むだけで、それと同じような経験をして頂くことを期待している。必要な要素は、本書に書いたつもりである。井上が憲法草案を書いてから現在までに様々な出来事があったが、井上が今同じ探究をしても、きっと同じ答えを出すだろう。

本書冒頭で「答え」のようなものを掲げてしまったが、日本国史をどのように理解するかは人それぞれであり、これとは違った答えもあるだろう。また、例え同じ答えであっても、そこに至る思考の過程は人それぞれ違うかも知れない。

国連加盟国は一九三カ国あるが、私たちは縁があって、この時代の日本に生まれた。こんなに面白い国の歴史を、自分の国の歴史として読めるのは、日本人の特権である。

日本の歴史を紐解いていくと、歴史を貫く一本の線があることに気付く。それが「天皇」である。天皇は日本人の歴史そのものといってよい。しかし、これまで通史といえば、目まぐるしく交代する権力者を中心とした政治史が一般的だった。本書は、二〇〇〇年来変わることがなかった天皇を軸として国史を取り纏めたものである。故に主題を『天皇の国史』とした。

また、通史で陥りがちなのは、客観的かつ冷静的になり過ぎることである。自分たちのこんなに面白い歴史を書くのに（読むのに）、どうして興奮せずにいられようか。我が国は現存する世界最古の国家であり、その歴史を紐解くことは興奮の連続となる。これまで「日本史」は、外国人が学ぶ日本の歴史と同じだった。感情を排して淡々と綴られていた。しかし、日本人が学ぶべき日本の歴史は、それとは異なるはずである。本書は、日本人の日本人による日本人のための歴史を目指した。「日本史」とせずに「国史（The National History）」としたのはそのためである。私たちは何者であるか、示すことができたと思う。

筆者は本書を執筆するに当たり、全ての時代について学界の最新の議論を把握することに努めた。学問は日進月歩であり、かつての常識が次々と塗り替えられている。時間が経過したら書き改めないといけない箇所が生じることを予めお断りしておきたい。紙幅に制限があるため、参考文献は、実際に参照した書籍のほんの一部しか掲示できなかったが、それでも、引用した文献や、主な論点で参考にした最新学説を可能な限り列挙し、できるだけ読者が原典に当たることができるように工夫した。

平成十八年に最初の著書となった『語られなかった皇族たちの真実』（小学館）を

上梓してから、令和二年に本著の単行本を上梓するまでの間に、単著二一冊、共著一〇冊、雑誌記事二一一本を世に送り出してきたが、本著は筆者にとってこれまでの研究活動と執筆活動の集大成となったと思う。

巻頭に、世界各国略年表、神統譜、歴代天皇の皇位継承図を掲載したので、適宜見返しながら読み進めて頂きたい。読者が、この本を活用して頂けたら、この上ない喜びである。

この度、本著を文庫化するにあたり、全体を改めて精読し、より正確な記述になるよう細部に多くの修正を加えた。単行本ではPHP研究所の元編集者の中澤直樹様に、また文庫本では同社編集者の中村悠志様、藤木英雄様にお世話になった。多くの示唆を与えて下さったことに感謝し、この場を借りて御礼申し上げたい。

令和四年七月一日

竹田恒泰

天皇の国史［上］目次

第一部　日本の神代・先史

ていた日本の稲作文化／畑作農耕と水田農耕は別系統の文化である／稲作は支那大陸から直接日本列島に伝わった／稲の遺伝子から分かる伝来経路／弥生人は渡来人か在来人か／渡来人とは何者か／朝鮮人とは何か／朝鮮語はなぜ日本語に似ているか／縄文語と弥生語と現代日本語の関係／弥生土器と金属器／環濠集落を代表する吉野ヶ里遺跡／縄文文化を継続した沖縄と北海道／世界は日本をどう書き始めたか～『漢書』地理志／神武天皇東征と「八紘為宇」／邇邇芸命はなぜ天皇にならなかったか／神武天皇の結婚相手は誰か／神武天皇「非実在説」を検証する／「欠史八代」は欠史ではなかった／『日本書紀』の紀年は創作なのか／日本では「一年」は「一八〇日」だった／神武天皇はいつの人物か／神武天皇東征と火山の噴火／「邪馬壹国」とは何か／「邪馬壹国畿内説」を支持する考古学／邪馬壹国問題は文献史学で解決できる／「春秋の筆法」で『魏志』を読む／邪馬壹国は九州の地方政権だった／『古事記』における弥生時代／二系統あった農耕の伝来経路

装丁◎スリーデザイン

天皇の国史［下］ 目次

第一部

日本の神代・先史

1 岩宿時代以前

❖天地初発

我が国に現存する最古の書物である『古事記』は、次のように書き始められている。

「天地が初めて発れた時、高天原に成ったのは天之御中主神でした。間もなく高御産巣日神、続けて神産巣日神が成りました。この三柱の神は、いずれも独神で、すぐに御身をお隠しになりました。

この時、大地はまだ若く、水に浮く脂のようで、海月のように漂っていて、しっかりと固まっていませんでした。ところが、葦の芽のように伸びてきたものから、宇摩志阿斯訶備比古遅神が成り、続けて天之常立神が成りました。この二柱の神も独神で、やはりすぐに御身をお隠しになります。

その後、次々と神が成ります。まず、国之常立神、そして豊雲野神が成りますが、この二柱も独神で、すぐに御身をお隠しになりました。そして次に初めて、男神と女神が成ります。宇比地邇神とその妻の須比智邇神です。二柱は兄と妹の関係ですが、夫婦になりました。次に、角杙神とその妻の活杙神。次に、意富斗能地神とその妻の大斗乃弁神。次に、於母陀流神とその妻の阿夜訶志古泥神。次に、伊耶那岐神とその妻の伊耶那美神が成りました」（現代語訳、竹田恒泰『現代語古事記』二〇一一より部分抜粋）

　この一文が、日本の文学史上における第一筆である。『古事記』は、天地が初めて発れた時に、高天原（天空世界）に最初の神である天之御中主神が成ったと簡潔に表現する。最初に出現した天之御中主神は、宇宙そのものが創造した神であり、ありとあらゆるところに満ちていて、お姿を捉えることはできず、成った途端にお隠れになった。その後『古事記』には一度も記述がなく、いかなる作用を及ぼしているかを直接読み取ることはできない。

　とはいえ、消滅したのではなく、見えないながらも神々に強い影響を与え続けていると思われる。その御名から考察すると、「天」は宇宙、「主」は留まって動かず司る者を表し、「宇宙の中央にいて統治する神」というような意味であることから、天之御中主神は「万物の統合の象徴」といえる。八百万の神々、森羅万象全てを統合し統率する役割を担っていると考えられる。

だが、天之御中主神は神々に具体的な指令を出すのではなく、ただ存在しているだけで、神々は自ずと統合され、統率される。日本国に例えると天皇の存在に似ている。これほど重要な神の功績や役割などについて『古事記』が何も説明していないのは、象徴的な存在だからであり、むしろ自然なことである。

『古事記』は五柱（いつはしら）（神は「一柱」「二柱」と数える）の神に続けて、国之常立神（くにのとこたちのかみ）と豊雲野神（とよくものかみ）の二柱の独神（ひとりがみ）が成り、次には男神と女神の二柱で対になった五代十柱の神が成ったと記す。その最後に成った神が伊耶那岐神（いざなきのかみ）と伊耶那美神（いざなみのかみ）である。

始めの方に成った神々は形がなく、捉えどころもなかった。そして成った途端に姿を消してしまう。だが最後に成った伊耶那岐神と伊耶那美神は、既に人の形をしておいでで、その後も神話の主人公となって活躍なさる。天之御中主神から天之常立神までの五柱は特別な意味を込めて別天神（ことあまつかみ）と申し上げ、国之常立神から伊耶那岐神と伊耶那美神までを神世七代（かみよのななよ）と称す。これが『古事記』の天地初発（てんちしょはつ）の物語である。

ところで、『古事記』の冒頭を読んで、神の名が多く登場したことで気後れ（きおく）れした人もいるだろう。しかし『古事記』に登場する神のほとんどは一度登場しただけで二度と現れないため、心配は不要である。『古事記』を読むに当たっての最大の要点は、神の名前が出てきたら躊躇（ちゅうちょ）せずに「忘れる」ことである。重要な神は何度も登場するため、自然と頭に入るものである。

❖宇宙が神を創った

このように『古事記』は、冒頭で最初の神が成った様子を記すが、天地が発れる様子については何ら記述がない。つまり、先に宇宙空間があり、そこに神々が出現したという。神が宇宙を創ったのではなく、宇宙が神を創ったというのが『古事記』の世界観なのである。

ところがユダヤ教およびキリスト教の聖典である『旧約聖書』は「初めに神（ゴッド）は天と地とを創造した」と、既に神が存在しているところから物語が始まり、神が宇宙空間を創ったと説く。そして、いかに神が生まれたかについては書かれていない。『旧約聖書』の宇宙観では、宇宙を創造した唯一絶対かつ全知全能の神がいて、その神が全宇宙を統括していることになる。

神が先か宇宙が先かの違いは大きく、「宇宙が創った神」と「宇宙を創った神」の違いは歴然としている。キリスト教の「神」と神道の「神」は、全く概念が異なり、同一視することはできない。そもそも、キリスト教の「ゴッド」を「神」と翻訳したこと自体が間違いだった。このように、『古事記』とキリスト教の『旧約聖書』では世界観が根本的に異なる。

『古事記』と『旧約聖書』を比べれば明らかで、キリスト教の神は全知全能なのに対し『古事記』の神々は時に過ちを犯すこともあり、人間的である。キリスト教では神は神、人は人であり、神が人になったり、人が神になったりすることはない。だが『古事記』の世界観では神の子孫が人であり、また、日光東照宮（にっこうとうしょうぐう）に徳川家康（とくがわいえやす）が祀られているように、人が神になることもある。

神が先か宇宙が先かの問題は、大自然と人間との関係性にも決定的な影響を与える。『旧約聖書』によると、神は天地万物の創造主であるから、宇宙、自然、人、動物、植物など、あらゆるものは神によって創られたという。そして、神は自らの姿に似せて作った「人」には特別の思いがあったようで、大自然の管理を「人」に委任し、食料として動植物を「人」に与えたと記述されている。したがって、キリスト教の世界観によると「神↓人↓自然」という序列となる。

他方、神道的世界観によると、人の先祖は神であり、神は大宇宙あるいは大自然のエネルギーが作り出したのであるから、序列は「自然↓神↓人」となる。人の根源が大自然であることは、科学的にも正しい。また、この価値観において、日本人は山に山の神、海に海の神を、また一本一本の木に神を見出すように、大自然に神々の姿を見ている。「神」と「人」の垣根が曖昧であるのと同じで、「自然」と「神」の間も曖昧である。このように、日本人にとっての神とは、「大自然」「大宇宙」そのものなのである。

❖国生みと神生み

『古事記』は「神生み」に続けて「国生み」の神話に入る。伊耶那岐神と伊耶那美神より前に成った別天神（ことあまつかみ）と神世七代（かみよのななよ）の神々は、総意によって末っ子の伊耶那岐神と伊耶那美神に国を作り固めるように命ぜられ、二柱の神による国生みが始められた。伊耶那岐神と伊耶那美神が天空に浮いてかかる天の浮橋（あめのうきはし）で、海に矛を降ろし「こおろ、こおろ」と海水を掻（か）き鳴らして矛を引き上げると、矛の先から海水が滴（したた）り落ち、塩が固まって島ができた。その島を淤能碁呂島（おのごろしま）という。

二柱の神はこの島で互いに交わった。伊耶那美神が「あなにやし、えおとこを」（あなたは、なんていい男なんでしょう）と仰り、伊耶那岐神が「あなにやし、えおとめを」（あなたは、なんていい女なんだろう）とお答えになって交わったところ、二柱の出来損ないの子が生まれた。

伊耶那岐神と伊耶那美神は高天原の神に相談して占ったところ、女神から声を掛けたことがいけなかったと知り、再び淤能碁呂島に戻って交わった。今度は伊耶那岐神が「あなにやし、えおとめを」と仰り、伊耶那美神が「あなにやし、えおとこを」とお答えになって交わると、次々と立派な島が生まれた。

日本においては「言霊（ことだま）」というように言葉には霊力が宿ると考えられてきた。女神から声を掛けて交わったところ、未熟児が生まれたという『古事記』の逸話は、結婚は男が申し込み、女の承諾を受けて成立すると観念されてきたことと関係があると思われる。

二柱の神のまぐわいによって最初に生まれたのは淡道之穂之狭別島（淡路島）、続けて伊予之二名島（四国）、隠伎之三子島（島根県の隠岐諸島）、筑紫島（九州）、伊岐島（長崎県の壱岐島）、津島（長崎県の対馬）、佐度島（新潟県の佐渡島）、大倭豊秋津島（本州の畿内を中心とする地域）が生まれた。このように八つの島が先に生まれたので、我が国のことを大八島国という。こうして、海だけだった世界に陸地が作られた。『古事記』は四国と九州は、それぞれ胴体は一つだが顔は四つあり、顔毎に名前があると説明する。中でも四国の一つの伊予国は「愛比売」という名前だという。現在の都道府県の中で、県名に『古事記』の神の名が付けられた唯一の都道府県が愛媛県であることは覚えておきたい。

愛媛県の旧国名は「伊予国」で、幕末には八藩に分かれていたところ、明治時代の廃藩置県で「県」が設置され、明治六年（一八七三）に石鉄県と神山県が合併した際に、『古事記』にちなんで「愛媛」を県名として選んだ。現在でも松山市の伊豫豆比古命神社には、御祭神として伊豫豆比古命と共に愛比売命が祀られている。県名に神様の名前を冠した、かつての伊予国の人々の決定に敬意を表したい。

ところで、宇宙と世界の始まりについては、宗教によって考え方が異なる。例えば、キリスト教とユダヤ教の聖典『旧約聖書』の創世記は、神が五日と半日で宇宙と世界を創ったと伝えている。またイスラム教の聖典『コーラン』は、アラー（アラビア語で「神」を意味する）が全てを創造したと伝え、また仏教は、宇宙には始まりも終わりもなく生と滅を繰り返しているという「無始無終」を説く。『古事記』は宇宙の起源に言及していない。現代科学の知識では、地球は約四六億年前にガス体の凝集、あるいはガス体が凝集してできた物質が集合してできたことが分かっている。

さて、伊耶那岐神と伊耶那美神が国生みを終えると、今度は数多くの神々をお生みになり、『古事記』の世界を作り上げた。神生みである。二柱の神は、先ず住居に関する神々、次に海や河など水に関する神々、風、木、山、野など大地に関する神々、そして船、食べ物、火など生産に関する神々をお生みになった。

だが、伊耶那美神は火の神の火之迦具土神をお生みになった時に陰部に深刻な火傷を負い、伊耶那美神はその火傷が原因で命を落とした。伊耶那岐神は妻の亡骸を比婆山に葬ったが、悲しみは収まらず、十拳剣で迦具土の首を刎ねた。すると迦具土の体から血潮が飛び散り、血液からは建御雷之男神など八柱の神が成り、遺体からは九柱の山の神が成った。迦具土の誕生から死への経過から、先人の「火」に対する価値観を知ることができる。火は破壊の力を持ち人の命を奪うことがあるが、制御することで物を生み出す力を持つことを表していると考えられる。

伊耶那岐神は伊耶那美神を連れ戻そうと、死後の世界である黄泉国(よみのくに)にお出掛けになる。だが、既に黄泉国の食べ物を食べてしまったため、伊耶那美神は現世にお帰りになれなかった。伊耶那美神は黄泉国の神に相談なさることにし、その間自分の姿を見ないように言い残したが、伊耶那岐神は約束を破って覗(のぞ)いてしまう。するとそこには腐敗してウジ虫が涌(わ)いた、見るも無残な伊耶那美神の姿があった。

恥をかいた伊耶那美神は激怒なさり、伊耶那岐神を黄泉醜女(よもつしこめ)に追いかけさせ、自らも追った。黄泉国と現実の世界の境にある黄泉比良坂(よもつひらさか)まで必死になって逃げてきた伊耶那岐神は、大きな岩で黄泉国の入り口を塞ぎ、岩を挟んで二柱は言葉を交わした。伊耶那岐神が別れの言葉を発せられると、伊耶那美神は「愛(いと)しい夫がそのようにするのであれば、あなたの国の人々を一日に一〇〇〇人絞め殺しましょう!」と言い、伊耶那岐神は「愛しき妻がそのようにするのであれば、私は一日に一五〇〇の産屋を建てよう!」と言った。これにより現世では人に寿命が定められ、一日に一〇〇〇人が死に、一五〇〇人が生まれることになった。

❖人の起源

現世の人に寿命が定められたという記述は、『古事記』における人間に関する最初の記述である。やはり、人がどのように生じたのか、書かれていない。『旧約聖書』は人の起源も明記してあり、宇宙の原理全体を説明しようとしているのが読み取れるが、『古事記』にはそれはなく、物語の進行上特に必要のない事柄は触れられていない。人類の誕生について『旧約聖書』の創世記は、神が自らの姿に似せて人を創造したと記している他、イスラム教の『コーラン』は、アラーが人を創造したと記す。また、仏教では輪廻転生（りんねてんしょう）、つまり生まれ変わりを繰り返していると教え、その起源については語っていない。

他方、現代科学では、人は猿から進化したという進化論が有力な学説として主張されている。十九世紀にチャールズ・ダーウィンが主張したいわゆる「ダーウィンの進化論」で、これが現在の生物学の基礎になっている。

「ダーウィンの進化論」は、ダーウィンの没後にも論理的に補強されて「進化」したが、批判も多く、今なお論争が続いている。進化論の是非を考察するには「ダーウィンの進化論」を正確に捉える必要がある。ダーウィンは『種（しゅ）の起源』を著し、なぜ生物が多様であるかを論理的に説明した。ダーウィンの論理はおよそ次の通りである。

自然界は有限であり、全ての生命が生き延びることはできない。生物は子孫を残すことができなければ絶滅する。これが自然淘汰（自然選択）で、故に、今存在する生物種は環境に適応できた結果、淘汰されずに生き抜くことができた生き物であるという。

また、ダーウィンの生きた時代は、まだ遺伝子の知識はなかったものの、彼は遺伝の性質を見抜いていた。現在の科学の知識によれば、ＤＮＡの損傷や転写ミスが原因であることが分かっているが、ダーウィンは何らかの原因により生物に突然変異が起きることを知っていた。突然変異を起こした個体が環境に適応できないとその子孫は絶滅するが、もし環境に適応できるとその子孫は生き延び、その変化した種が存続することになる。キリンの首が長いのは、高い所にある葉を食べたいと思ったから首が伸びたのではなく、たまたま首が伸びてしまった個体が、環境に適応したため生き延びたというのがダーウィンの考え方である。

そして、自然界において全ての生命が生き延びることはできないが、一種の生命だけが生き残れるわけでもなく、そのため、多種多様な生物が生きることが可能となる。ある種が生存環境を確保することができれば、生き延びることができるという。そして、そのような自然淘汰が、途方もない長い時間継続したことで、多種多様な生き物が生じ、その過程でヒトも出現したという。これがダーウィンの進化論である。

従来の考えでは、猿が猿人（えんじん）、原人（げんじん）、旧人（きゅうじん）、そして新人（しんじん）に進化したと考えられてきた。つまり、かつて木の上で生活していた猿の中で、体や環境に何らかの変化が生じて草原で暮らすようになった個体群が、地上の環境に適応して生き延び、従来の猿とは別の進化を遂げ、やがて二足歩行するように進化したのが猿人であるという。

そして、その猿人が手を使うようになって脳が発達し、更に進化したのが原人で、例えば北京原人は火を使っていたことが分かっている。そこから更に進化したのが旧人で、ネアンデルタール人が墓に花を添えていたことなどが確認されている。そして、旧人が進化したのが新人で、それが現生人類（ホモ・サピエンス）であると説明されてきた。我々はこの新人に当たるという。人類はアフリカで約七〇〇万年前、チンパンジーの先祖から分岐したという説が、最も支持されている。

しかし、近年は分子生物学が発達し、古人骨から採取したDNAをも解析できるようになったため、人の起源について従来の学説が大幅に修正されることになった。

そもそも、日本で用いられている「猿人」「原人」「旧人」「新人」という用語は人類学の用語で、生物分類には対応していない。また、考古学の成果により、いわゆる猿人とヒト属が同じ時代に共存していた事実も判明し、約三〇〇万年～一五〇万年前のアフリカには、少なくとも六種類の人類が生息していたことが判明している。よって、世界の学界で、猿人→原人→旧人→新人と進化したという「単一種仮説」は、完全に否定された。ところが、相も変わらず最新の中学歴史教科書では、当然のように単一種仮説を力説しているのは、国際的に恥ずかしいことである。

他方、突然変異によって猿がヒトに進化し得るか、現在でも論争が続いている。単純な構造の生き物が突然変異と自然淘汰によってヒトという複雑な生命体になるためには、四六億年という地球誕生以降の時間では不可能であるとの指摘もある。「廃品置き場を竜巻が通るだけでボーイング747ができるくらい」あり得ないことともいわれた。また、生命が生じることすら、地球の年齢では不可能という指摘もある。もしそうであるなら、生命は地球外からやってきたということになろう。また、魚が海から陸に上がったという進化は、わざわざ困難な方向に進化していて、それは余りに不自然で、自然淘汰では説明が付かないという指摘もある。

分子生物学者の村上和雄(むらかみかずお)氏は、人類の存在は進化論では十分に説明はできず、もし最初の人がいたとしても、その遺伝子を書いたのは人でないことは確実であるとし、その存在を「サムシング・グレート」(何か偉大な存在)と述べている(村上和雄『魂と遺伝子の法則』二〇一一)。

人の起源はまだ分からないことも多く、欧米やイスラム諸国では進化論に対する根強い批判があって現在のところ定説はない。『旧約聖書』には、神が最初の人であるアダムとイブを創ったと記されていて、もし人の先祖が猿ならこの記述と矛盾する。そのため、宗教上の理由から、進化論に対して拒否反応を示すキリスト教徒も多い。それはユダヤ教やイスラム教でも同様である。人は最初から人だったという点については『古事記』と『旧約聖書』は一致している。

❖世界最古の磨製石器

さて、ここで考古学の考察をしてみたい。猿とヒトの違いを決定付ける重要な出土物が日本列島で発見されている。現存する人類最初のモノ作りの痕跡は石器に見出すことができる。土器が作られる前の時代には石器があった。石器は大きく二つに分類可能で、一つは打ち砕いて作る打製石器と、打ち砕いて磨いて形を整えた磨製石器である。打製石器は簡単なものなら猿でも作ることができるが、磨製石器は猿には作ることができない。したがって、磨製石器こそ現生人類固有の現存する最古のモノ作りの痕跡といえる。

ところで、世界の考古学では、古くは打製石器の出現を「旧石器時代」、磨製石器の出現を「新石器時代」と定義していた。近年は、新石器時代の始まりを、土器の出現、農耕の開始、定住化などの要素を盛り込んで、新石器革命が生じた時と定義する傾向があり、旧石器時代と新石器時代の切れ目を判定するのが難しくなった。もし従来通り新石器時代の始まりを磨製石器の出現と定義するなら、日本列島は世界で最も早い時期に新石器時代に入ったことになる。

これまで世界の多くの場所で磨製石器が出土したが、最も古いものは日本列島から出土していることは余り知られていない。昭和二十一年（一九四六）にアマチュア研究家の相沢忠洋氏が、群馬県岩宿遺跡の関東ローム層の中から石器を掘り出し、我が国の考古学史上の大発見となった。

人類の文化は、打製石器を作るところから始まり、やがて同じ時期に磨製石器と土器を作るように発展する。磨製石器と土器が出現するまでの文化を先土器文化といい、その時代を先土器時代という（考古学では世界に合わせて「旧石器時代」といい、また地質学上は「更新世」に分類される）。しかし、日本列島では、最初期から打製石器と磨製石器の両方が出土していて、その理由は謎とされる。世界の考古学では旧石器時代に磨製石器はないはずだが、日本列島だけは磨製石器の使用が異常に早いうえに出土量も多く、旧石器時代から磨製石器があったことになる。

日本では長らく先土器時代の地層から石器が発見されていなかったため、日本には先土器文化はないものと考えられていた。ところが、岩宿遺跡の関東ローム層から打製石器と磨製石器が出土したことで、日本にも先土器文化があったことが判明しただけでなく、その磨製石器が世界最古であることが分かり、世界に衝撃が走った。相沢氏が磨製石器を発見するまでは、関東ローム層まで掘ると、そこから下には人類の痕跡はないものとして発掘を止めていたという。

岩宿遺跡から出土した磨製石器は約三万五〇〇〇年前のもので、その後も同年代や、更に古い年代の磨製石器が次々と全国の遺跡から出土した。後述する通り、現状では最古のものは約三万八〇〇〇年前と見られる。日本列島の磨製石器は現在のところ世界最古である。[*]相沢氏が磨製石器を発掘してから七〇年以上が経過したが、これまで日本列島以外の地域から、より古い磨製石器は出土していない。磨製石器の出現は、考古学上、文明成立の条件の一つとされていて、日本列島は世界に先駆けてこの条件の一つを満たしたことになる。日本民族の歴史は、磨製石器を作り始めた時から始まったのである。

この時代は「先土器時代」「無土器時代」などと呼称されるが、土器が「無い」ことを時代の名前にするのも不自然で、それより「有る」ことを名称にすべきである。また、他の地域と比較しても日本の磨製石器には特徴がある。そこで、日本列島で土器を持たずに石器を使って狩猟や採集の生活を営んでいた時代を、岩宿遺跡にちなんで「岩宿時代」と呼ぶことが提唱されている。本書では、列島最初の磨製石器が出現してから、列島最初の土器が出現するまでの期間を「岩宿時代」と呼び、その時代の人々のことを「岩宿人」、その時代の文化を「岩宿文化」と呼ぶことにしたい。世界の考古学では、定義次第だが、後期旧石器時代に該当すると考えられる。

＊平成二十九年（二〇一七）、オーストラリアのマジェドベベ遺跡から約六万五〇〇〇年前の磨製石器が発見されたとの報告があったが、出土した砂層が不安定で、豪雨などで沈降した可能性も高いと

し、学界では疑問視されている。国際的に信頼される手法により年代が特定された磨製石器としては、日本で出土したものが世界最古。

❖後期旧石器時代の始まりはいつか

近年は科学技術の進歩により、放射性炭素年代測定法が実用化され、動植物の遺物の年代をかなり正確に測定できるようになった。それにより、修正を余儀なくされた学説や、否定された学説もあり、学界に大きな影響を与えた。

その放射性炭素年代測定法は、大気や海水に僅かに含まれている「炭素一四」という放射性同位体を利用した年代測定法である。大気中の炭素一四の量はほぼ一定で、炭素一四は生物の体内にも取り込まれる。炭素一四は五七三〇年毎に半減する性質を持っているので、動植物の遺物に含まれる炭素一四を測定すれば、その動植物が死んだ年代を特定することができる。近年は、土器付着物や胎土抽出炭素による放射性炭素年代測定が盛んに行われるようになった。

精度の高い年代測定が可能になったことで、多くの遺跡の年代が上方修正された。現在、日本列島で三万八〇〇〇年前の年代が得られている遺跡は、長野県上水内郡信濃町の貫ノ木遺跡、熊本県熊本市東区の石の本遺跡などがある。これが三万七〇〇〇年前になると、岩手県奥州市の上萩森遺跡Ⅱb、長野県佐久市の八風山Ⅱ遺跡、熊本県菊池（きくち）郡大津町（おおづまち）の瀬田池ノ原（せたいけのはら）遺跡が加わり、また三万六〇〇〇年前になると急増し、夥（おびただ）しい数の遺跡が加わる。約三万八〇〇〇年前から日本列島に石器文化が発現し、短期間の内に列島各地に石器文化が伝播したことが分かる。世界の考古学でいう後期旧石器時代に該当する日本の岩宿時代は、約三万八〇〇〇年前から始まり、最古の土器が出現する約一万六三〇〇年前までの間となる。

日本に中期旧石器時代があるかないか答えが出ない半面、日本の岩宿時代は列島以外の周辺地域と比較しても群を抜くほどの豊かな石器文化が発展した。磨製石器が出土した遺跡は、三万五〇〇〇年前以前の後期旧石器時代初頭だけでも八一カ所あり、北海道から九州、そして種子島にまで分布する。最も遺跡が多い地域は関東甲信である。また、二万年前から一万五〇〇〇年前にかけての後期旧石器時代末には全国に一七九二カ所の遺跡があり、特に関東甲信と九州に集中している他、次いで北海道と越後地方に多い。平成二十二年（二〇一〇）の日本旧石器学会データベースには岩宿時代（後期旧石器時代）の遺跡は、全部で一万一五〇カ所登録されている。

他方、韓国の旧石器時代の遺跡は、二〇一三年の時点での登録は一九九カ所に過ぎないという（国立文化財研究所『韓国考古学専門事典』二〇一三）。日本では九州だけでも二〇三四カ所の遺跡があり、韓国のこの時代の遺跡の数は、九州と比較しても一〇分の一程度しかない。日本列島の方が面積が広いが、それを考慮しても尚、半島の遺跡は著しく少ない。当時の半島の人口は少なかったと見られる。朝鮮半島最古の遺跡として、祥原黒隅里洞窟、丹陽金窟、石壮里遺跡下層部、全谷里遺跡下層部などが挙げられるも、主張を裏付ける証拠が乏しく、年代が特定できないでいる。朝鮮半島では五万年以上前の遺跡は確認されていない。

例えば、アシューリアン型の握斧（打製石器）が出土した全谷里遺跡については「数十万年前の遺跡」とされて注目を集めたが、後に堆積層の年代測定が四万年～五万年前であることが判明した。しかも、韓国における旧石器時代研究は未発達で、遺跡形成過程への理解を欠いているため、体系的説明は未だできない段階にある。

❖日本列島は世界の文化の最先端だった

一般的な中学歴史教科書には、世界四大文明として支那文明、インダス文明、メソポタミア文明、エジプト文明を紹介し、世界の文明はこの四つの文明から伝播したものであると説明する。従来、日本文明は支那文明の亜流だと見られていたが、岩宿遺跡から出土した磨製石器をはじめ、戦後の考古学の成果により、その考え方は完全に修正された。ここでは、かつて四大文明といわれていた地域よりも早い時代に、日本列島に磨製石器があったことを押さえておきたい。

日本列島における最古の磨製石器は約三万八〇〇〇年前で、その後、日本各地の遺跡から約三万七〇〇〇年前前後の磨製石器が大量に出土しているが、これは世界の他の地域と比較して圧倒的に古い。世界で一般的に磨製石器が使用されるようになるのは約一万年前であるため、日本列島の文化は約二万八〇〇〇年進んでいたことになる。

比較的古いものでも、例えばオーストラリアでは三万一〇〇〇年〜二万三五〇〇年前、オーストリア中部では約二万六〇〇〇年前、シベリアでは約二万二〇〇〇年前の磨製石器が発見されているが、それらの地域と比較しても日本の磨製石器の古さは際立っている。支那では約一万五〇〇〇年前、朝鮮半島では約七〇〇〇年前が最古であるから、日本列島は支那より約二万三〇〇〇年、朝鮮より約三万一〇〇〇年先行していたことになる。当時の日本列島は、世界で最先端の文化を持った地域だったといえよう。

日本の石器文化は大きく三つの段階で発展してきた。第一は、斧状の磨製石器を使い始める段階、第二は、ナイフ形石器を主にする段階、第三は、細石器（さいせっき）を使い始める段階である。欧州や西アジアでは草原での狩猟を主としていたため刃物としての石器が先行したが、日本列島では斧の石器が先行した。それは、森に覆われた日本列島では狩猟よりも植物利用に重きがあったためと指摘されている。斧状の磨製石器は、主に木の伐採や加工に用いるために、磨製にすることで効率を高めたと見られる。

その後地球環境が変動し、欧州や西アジアでも森が出現するに至り、その地域でも斧状石器が必要になったため、その地域でも磨製石器が出現することになる。日本列島が他の地域に先駆けて磨製石器を使い始めたのには、日本列島特有の環境によるところが大きかったのではなかろうか。日本人の森との付き合いは、この時代から始まったのである。

岩宿時代において、日本列島が世界に先駆けていたものは磨製石器だけではなかった。平成二十八年（二〇一六）、沖縄県の洞窟から世界最古の釣り針が発見されたという報道があった。その洞窟は沖縄県南城（なんじょう）市のサキタリ洞で、沖縄本島の南端の海岸から二キロメートルほど内陸にある。約二万三〇〇〇年前の地層から、ニシキウズ科の巻貝で作った貝製の釣り針が見つかった。これまでの最古の釣り針は、約一万八〇〇〇年前のパプアニューギニアの釣り針で、次が約一万六〇〇〇年前のティモールの釣り針だった。サキタリ洞の釣り針が発見されたことで、釣り針の歴史が約五〇〇〇年遡ったことになる。

この時代の人たちは、石器を使って狩猟し、植物を採取して、獲物を求めて移動しながら、洞窟や岩陰、あるいは簡単な小屋などで生活していた。また、火を使っていたことが分かっている。

❖日本人は最初から日本人だった

伊耶那岐神と伊耶那美神がお生みになった日本列島は、地質学的にいうと、約八○○○年前に現在の形になったが、昔は支那（しな）大陸（中国大陸）と繋がった半島だった。地球の気候は温暖期と寒冷期を行き来している。寒冷期には大量の雪が氷となって陸地に残るため海面が低くなる。そのため日本列島は大陸と繋がり、温暖期には逆に海水面が高くなって大陸から切り離されることを繰り返してきた。

直近で氷河時代に入ったのは約二六○万年前からで、約一万九○○○年前が、現在に一番近い寒冷期の最寒期で、当時の海水面は今よりおよそ一二○メートル低かったと考えられている。北海道はシベリアと陸続きで、津軽海峡（つがるかいきょう）は冬に氷の橋となって本州と繋がり、そして玄界灘（げんかいなだ）（対馬（つしま）海峡）は幅約一五キロメートル、水深約一○メートルの浅く狭い水道だった。この距離であれば泳いでも渡ることが可能である。この時期、人と動物は陸続きのシベリアと行き来できた。

このような状況ゆえ、日本の学界では「大陸から文化を持った人が日本列島に渡ってきた」と説明されがちだが、待って欲しい。日本列島では、大陸よりも約二万三○○○年も早い時期に磨製石器が使用されていた。文化は高い所から低い所に流れるものであり、その逆はない。磨製石器文化が日本列島から大陸に伝播した可能性を、なぜ検討もせずに排除してしまうのだろうか。

何を以って「文化」と定義するかは難しい問題だが、打製石器全般を文化とすると、猿も文化を持っていたことになる。そこで、石器全体の中でも「磨製石器の出現」を区切りにして文化を定義するのは妥当性があると思う。

世界の他の地域では通常、農耕の開始と磨製石器の出現は時期が重なるが、日本列島の場合は例外的に磨製石器を作るのが著しく早かった。ヒト属で磨製石器を作ったのは現生人類に限られるため、やはり磨製石器の出現は、人類の文化史において相当重要な意味を持つと考えられる。本書では差し当たり、「磨製石器の出現」を「文化の始まり」と定義して話を進めていきたい。

日本列島で世界最古の磨製石器が作られたということは、この定義に従えば、現生人類の文化は日本列島で芽生えたことになる。岩宿時代当時、日本列島には文化はあったが、大陸や周辺地域には文化はなかったということである。したがって、文化を持った人が日本列島から大陸に文化を伝えることはあっても、その逆はないのである。

もちろん、日本列島で磨製石器が作られる前に、大陸から人が渡ってきた可能性はある。しかし、例え文化を持たない人がいくら大陸から渡ってきたとしても、国史を学ぶ上で、それはどうでもよいのではないか。文化を持つ前の人は、ただの生命としての「ヒト」に過ぎず、「人間」ではない。よって、日本人の先祖が「〇〇人」ということはなく、日本人の先祖は「日本人」に他ならないのである。普及している中学の歴史教科書は、当たり前のように、日本人の先祖はアフリカの猿で、あらゆる文化は大陸から齎（もたら）されたという書き振りだが、それがおかしい。

人は大陸と日本列島の間を行き来していたと考えられるが、先土器時代以前に「日本人」がどこか別の地域から文化を携（たずさ）えて日本列島に渡ってきた事実はなく、日本文明が他の文明の亜流ということもない。したがって「日本人はどこから来たか」という問いに対しては、「日本人は最初から日本人だった」と答えるのが国史の上で正しい答えである。『古事記』もそのことを肯定している。「岩宿人」こそ「最初の日本人」だったのである。

また、岩宿時代を通じて磨製石器文化が連続して発展していて、文化の断絶や入れ替わりは見られないことから、岩宿人の子孫が、次の時代である縄文時代の縄文人と考えてよい。この岩宿時代の文化が、やがて日本文明を形成していくことになる。

では、日本列島にはいつから人が住んでいたのだろう。年代が確実で列島最古の遺跡は約三万八〇〇〇年前であるから、それより古い時期に人は住んでいたのだろうか。また、住んでいたなら、いつから住み始めたのだろうか。更に古い石器について考えてみたい。

世界の歴史において、打製石器が先で、磨製石器は後になるのが通例だが、なぜか日本では最初期から両方が揃っていた。ところが、平成十五年（二〇〇三）から行われた岩手県遠野（とおの）市宮守町（みやもりちょう）の金取（かなどり）遺跡の調査で、地層の年代測定を実施した結果、九万年～三万五〇〇〇年前の遺跡であると発表された。この遺跡からは斧型の打製石器が出土していて、国内最古とされた。その後、平成二十一年（二〇〇九）に島根県出雲市の砂原遺跡から出土した打製石器が、一二万年～一一万年前で国内最古であると伝えられた。また、平成二十二年（二〇一〇）、石器群が出土した長野県飯田市の竹佐中原遺跡が五万年～三万年前であると公表された。

このように、近年、最初期の磨製石器より前の時期に、列島に未成熟な打製石器文化があったことを示唆する発表が相次いだ。現生人類のみが作り得る高度な打製石器が出現するまでの石器文化の時代は、世界の考古学では中期旧石器時代といい、これらの遺跡はその時代の遺跡に該当する可能性がある。

しかし、三万八〇〇〇年前より前とされる日本列島の遺跡では、いずれも石器群を認定する四つの基準を満たしていないため、未だ確定に至っていないとされる。四つの基準とは、第一に、石器に残された明確な加工痕があり、第二に、偽石器が含まれる可能性のない安定した遺跡立地で、第三に、層位的な出土で、第四に、石器が複数出土すること、である。日本の中期旧石器時代（三万八〇〇〇年前以前）の有無は、学界で論争になっている。

❖日本列島にはいつから人がいたか

では人骨ではどうだろうか。日本列島には、約一万年前以前の火山灰が堆積していて、酸性土壌の地域が多い。そのため、骨は分解されやすく、岩宿時代の遺跡から人骨や獣骨が出土する事例はほとんど見られないが、少数ながらいくつか出土事例が認められる。

現在、日本列島で発掘された、岩宿時代以前で最古の人骨は、昭和四十三年（一九六八）に沖縄県那覇市山下町の山下町第一洞穴遺跡から発見された山下洞人で、放射性炭素年代測定の較正年代で約三万六〇〇〇年前とされる。ただし、なぜか人骨の蛋白質を調べたのではなく、人骨と一緒に出土した炭化物の年代を測定したものである。

また、人骨自体の年代を直接測定した国内最古の事例は、平成二十四年（二〇一二）～二十八年（二〇一六）に沖縄県石垣市白保（石垣島）の白保竿根田原洞穴遺跡から発見された人骨で、放射性炭素年代測定の較正年代で約二万七〇〇〇年前とされる。やはり、三万八〇〇〇年前よりも前の人骨は列島では未だ発見されていない。すると、砂原遺跡から出土した国内最古の打製石器が一二万年～一一万年前であるというのは、どのように理解すればよいのだろうか。先述の通り、信憑性に問題があるが、近年の分子生物学の成果によると、もしその石器の年代に間違いがないのなら、その石器を作ったのは現生人類（ホモ・サピエンス）ではない。

従来、現生人類は、一〇〇万年以上前にアフリカを出た原人が、各地で独自の進化を遂げて現生人類になったと考えられていた。これを「多地域進化説」という。しかし、分子生物学が発達してミトコンドリアDNA（mtDNA）の解析が可能になると、現生人類は全て二〇万年～一〇万年前にアフリカで出現し、約六万年前にアフリカを出て世界に広がっていったという「アフリカ単一起源説」が提唱され、長年の激しい論争の末、学界は「アフリカ単一起源説」で決着を見た。現生人類の最古の標本も約二〇万年前であるから、この点は考古学と一致する。

アフリカ単一起源説が正しいのなら、ネアンデルタール人や北京原人などは、環境に適合できずに絶滅し、結局、ヒト属では現生人類だけが残ったことになる。しかし、ネアンデルタール人と現生人類との交雑が確認されたことから、ネアンデルタール人の遺伝子は、一部現生人類に受け継がれ、生き続けていることも判明した。同様に、他の旧人も交雑によって現在に遺伝子を遺している可能性もあると見られる。

アフリカ単一起源説によると、約六万年前以前は、現生人類はアフリカ以外には居なかったことになるため、日本列島最古の石器と指摘される約一二万年前の砂原遺跡の打製石器は、現生人類ではなくデニソワ人などの旧人が作った石器ということになる。日本列島に現生人類が現れたのは、現生人類がアフリカを出た約六万年前から、列島最古の磨製石器が作られた約三万八〇〇〇年前の間である。磨製石器は現生人類しか作れないため、日本の岩宿文化の担い手が現生人類であることは疑いの余地がない。列島に最初に現生人類が現れたのは、人類学と考古学では四万年〜三万七〇〇〇年前と見られ、分子生物学のY染色体の日本固有のハプログループD1a2aの起源年代（四万年〜三万五〇〇〇年前）とほぼ一致する。Y染色体のハプログループに関しては、この後述べる。

しかし、約三万八〇〇〇年前の世界最古の磨製石器が日本列島から出土していることは、その時代の周辺地域には磨製石器がないのであるから、文化を持たなかった現生人類が、日本列島に到達してから文化に才覚したことを意味する。人類の歴史上、文化を持たないただの「ヒト」が「人間」に才覚した場所が日本列島だった。日本は神の国である。「ヒト」が「人間」に成るほどの強烈な閃き（ひらめ）が天から降りてきたと理解しておきたい。

思うに、日本列島は周辺地域と比較して自然の恵みが豊かであるから、日本列島に至った現生人類は、これまでになかったほど自由な時間を得たと見ることができよう。列島に住み始めたことで、食料を確保するために費やす時間は大幅に短くなったはずである。すると、道具を改良することに自由になった時間を費やすことができるようになり、その結果、世界で最初に磨製石器を作ることに繋がったのではないだろうか。

❖DNA解析から分かったこと

科学技術の進化とは実に恐ろしいものである。未来永劫分からないといわれていた人間の起源が徐々に解明されてきた。具体的には、①mtDNAの解析、②Y染色体DNAの解析、③核ゲノムの解析の三点がそれぞれ重要なことを示した。

mtDNAは、母から子に受け継がれるDNAで、これを辿っていくと、論理的には人類最初の「女性」に辿り着くとされる。またY染色体DNAは父から息子に受け継がれるDNAで、これを辿っていくと、同じく人類最初の「男性」に辿り着くとされる。『旧約聖書』創世記に登場するアダムとイブに擬(なぞら)えて、それぞれ「ミトコンドリア・イブ」「Y染色体アダム」といわれる。

DNAが不変であれば、人類が世界中に拡散していった経路を知ることはできないが、DNAは突然変異を起こすことがあるため、その経路を探ることができる。一度DNAが突然変異を起こすと、DNAは変異したまま子孫に遺伝するため、その子孫集団は、元の集団とは異なった遺伝的特徴を持つことになる。それぞれの遺伝的特徴を持った集団をハプログループという。DNAを解析することで、どの集団がいつ頃、どの集団から分岐したかを知ることができる。そして、そのハプログループの比率を比較するなどして、集団と集団の関係性を推定することが可能となる。

もちろん、DNAの解析による推定を、検証もせずに直ちに「真実」と断定することはできない。かつては解析の精度が低く、考古学的事実と一致しないことが散見されたが、近年はDNAの解析の精度が大幅に改善したことで、概ね矛盾が解消されたといえる。しかし、分子生物学の成果に妄信的に従うのではなく、文化的繋がりや言語的繋がり、人骨の特徴など、その他の要素と比較検討することで「真実」を探究する態度が必要である。DNAの解析は極めて客観的であって、主観を完全に排除できることや、世界中で普遍的に採集し、同じ条件で比較できるため、極めて有用な方法論であることは間違いない。

分子生物学の発展は、これまで学界で対立していた問題を決着させたり、これまで考え付かなかった新たな可能性を示したり、様々な効果を生んできた。この分野はまだまだ発展途上で、一年や二年単位で新たな発見があり、日進月歩で更新されている。このような分子生物学の発展だけでなく、考古学上の新しい発見などによっても、本書の記述は後に書き換えないといけない部分が生じることを予めお断りしておく。

❖ミトコンドリアDNAから分かった日本人の起源

近年、出土した岩宿人や縄文人の骨から遺伝子を抽出することに成功し、徐々にその情報が蓄積されつつある。それを現代人や周辺諸国と比較することで、日本固有のハプログループが何で、それがどのような経路で日本列島に来たかを知ることができる。

分子生物学では、古いハプログループが残っている地域を調べることで集団の移動の様子を推定できるようになった。それによると、約六万年前に出アフリカを果たした現生人類は、三つの集団に分かれて各地に広がっていったことが分かっている。約六万前から四万年前の間にインド、東南アジア、オセアニアに移動した「南ルート」、約四万五〇〇〇年前に中央アジア、シベリア、華北、東アジアに移動した「北ルート」、約四万年前に西アジア、中東、欧州に移動した「西ルート」である。日本に至った現生人類は、北ルートから分岐したいくつかの集団で、それぞれ異なった時期に至ったものと推定される。

縄文人、弥生人、現代人のｍｔＤＮＡハプログループの頻度をグラフにしたのが図表1である。岩宿文化から縄文文化への移行は連続的であって、文化の断絶や入れ替わりは見られない。そのため、日本列島外の周辺地域から、文化を圧倒するほどの大規模な人の流入はないと考えられる。つまり、岩宿人の遺伝的特徴は、縄文人のそれと近いと見てよい。

数あるハプログループの中で、日本列島を中心としたハプログループはＭ７ａとＮ

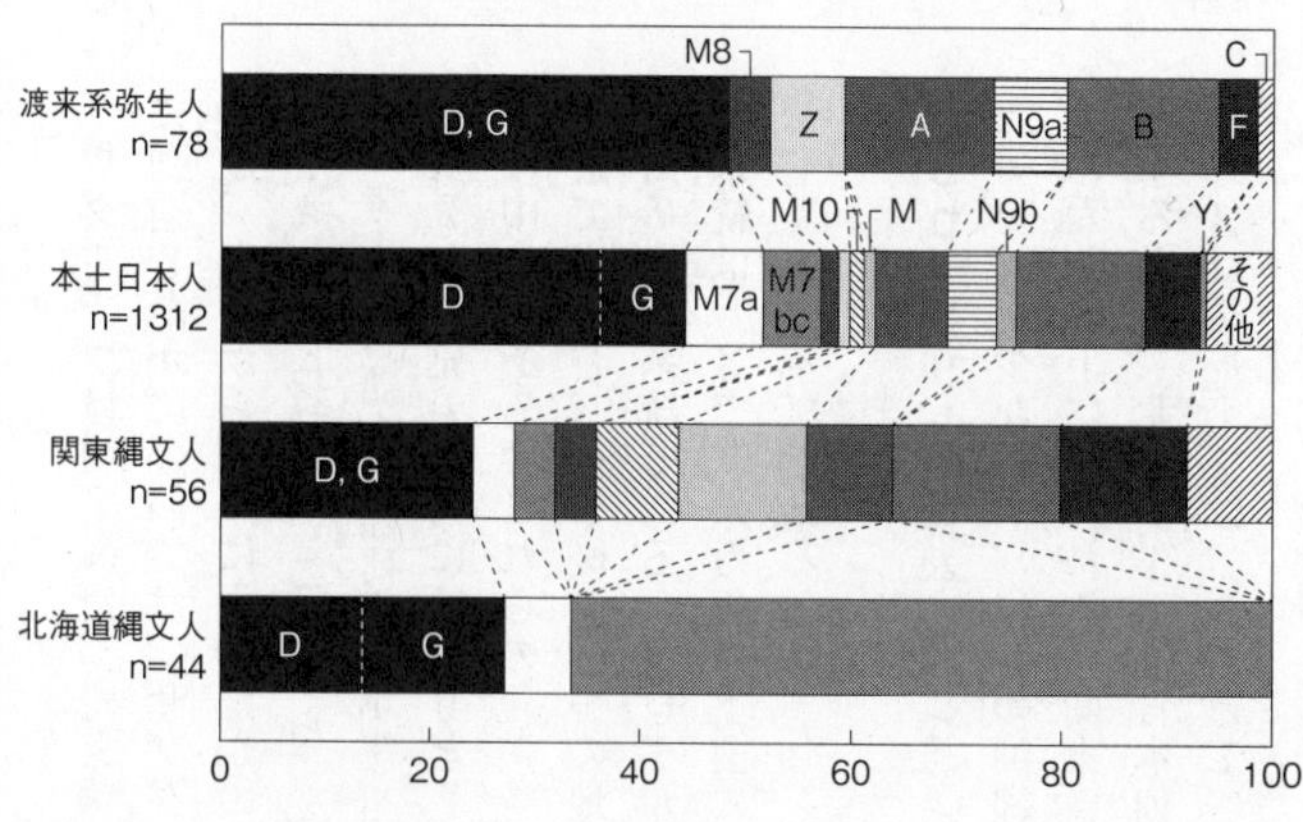

図表1　日本の現代人と縄文・弥生人のmtDNAハプログループ頻度の比較
（篠田謙一『日本人になった祖先たち』2007より作成）

9bであり、これらは日本を起源地とすると考えられる。この二つのハプログループは北海道から沖縄までの分布を確認することができる。

M7a　M7aは日本列島を中心に見られるタイプで、M7が四万年以上前に成立し、そのサブグループであるM7aは約二万五〇〇〇年前に成立したと計算されている。列島以外の地域で起源地と見られる地域がほとんどないため、岩宿時代に日本で発現したハプログループと見てよい。

現代の本土日本人の七・六%、現代沖縄県民の二三%、アイヌの一六%がこのタイプで、現代韓国人にも三%見られる。沖縄県石垣市の白保竿根田原洞穴遺跡から出土した二万年〜一万年前（岩宿時代）の人骨二体のハプログループはM7aだったと報告されている。M7aがどのような経路で日本列島に到達したかについては、サブグループの分布状況から、台湾から沖縄と九州に入ったか、大陸から九州に入ったかのいずれかと見られるが、台湾先住民と台湾漢民族にM7aが見られないことから、台湾からの北上はないと指摘される（崎谷満『DNA・考古・言語の学際研究が示す新・日本列島史』二〇〇九）。

M7aの兄弟系列には、bとcがある。bは支那南部地域、cは東南アジアの島嶼部に中心がある。これらの親系統である北方ルートのM7が四万年以上前に東アジア周辺で成立し、その後に三つの地域でサブグループを形成したものと見られる。

M7の親系統であるハプログループMは、出アフリカをしたグループであり、その親系統はL3で、六万年以上前に東アフリカに誕生した。そしてその親系統はミトコンドリア・イブである。

N9b　N9bは日本列島とシベリア沿海州に限られるタイプで、現代日本人では二・一%と少ないが、現在の沖縄県民とアイヌにも多い特徴があり、また北海道縄文人の六割以上に見られる。関東より北の縄文人に特に多い傾向があり、沿海州にも分布するため、北方ルートで日本列島に入った後に北海道で成立した可能性が高い。このハプログループは、約二万二〇〇〇年前に成立したと見られている。

Ｎ９ｂの兄弟系列にはａとＹが見られる。Ｎ９ａは東アジア、東南アジア、中央アジアに広く分布していて、支那南部と台湾先住民を中心としている。このハプログループは日本では渡来系の弥生人に一部見られるため、弥生時代以降の渡来人によって日本列島に入ったと見てよい。Ｎ９ａは現代の本土日本人にも受け継がれている。またＹについては、縄文人と弥生人には見られないが、北海道で五世紀以降にオホーツク文化を担ったオホーツク人の四割以上に見られる。その後、十三世紀からアイヌ文化を担った近世アイヌの約三割、また現代アイヌの約二割にこのタイプが見られる。

これらの親系統のハプログループＮは、Ｍと共に出アフリカを果たしたと考えられている。

D4　これまで見てきたＭ７ａとＮ９ｂは、いずれも日本列島を中心とした分布のハプログループだった。しかし、縄文人に一定数ありながら、日本列島を中心としないハプログループがある。それがＤ４である。

Ｄ４は三万五〇〇〇年以上前に生じたと見られている。日本だけでなく、東アジア東北部に広く分布していて、現代日本人の三割以上を占める。ただし、縄文人では一割程度である。

縄文人と現代日本人を比較すると、Ｄ４は割合が増加しているのが分かる。これは縄文時代以降に日本列島に渡って来た結果と思われる。D4の兄弟系列であるD5は支那南方を中心とするグループで、縄文人にはほとんど見られないが、現代日本人の四・八%に見られるため、D5は弥生時代以降に日本列島に渡って来た集団と考えられる。

またD4の親系統はDで、約四万八〇〇〇年前に東アジアで成立したと見られる。DはM7の兄弟系列に当たる。

これらのことから、M7aを母体とする日本列島の集団に、N9bとD4が加わって岩宿人が形成されたことが分かる。原日本人はこの三系統の混血で成立したと見てよい。そこに、弥生時代以降に日本列島に来た帰化人のD5とN9aが加わり、北海道では樺太から渡来したオホーツク文化人のYが加わった。このようにして日本人が形成された。

❖Y染色体から分かった日本人の起源

これまでmtDNAについて検討してきたが、ここからはY染色体DNAについて検討したい。縄文人のY染色体に関する研究は道半ばだが、現代人のY染色体DNAハプロタイプを比較することで、遡って民族の移動を推定することが可能となる。

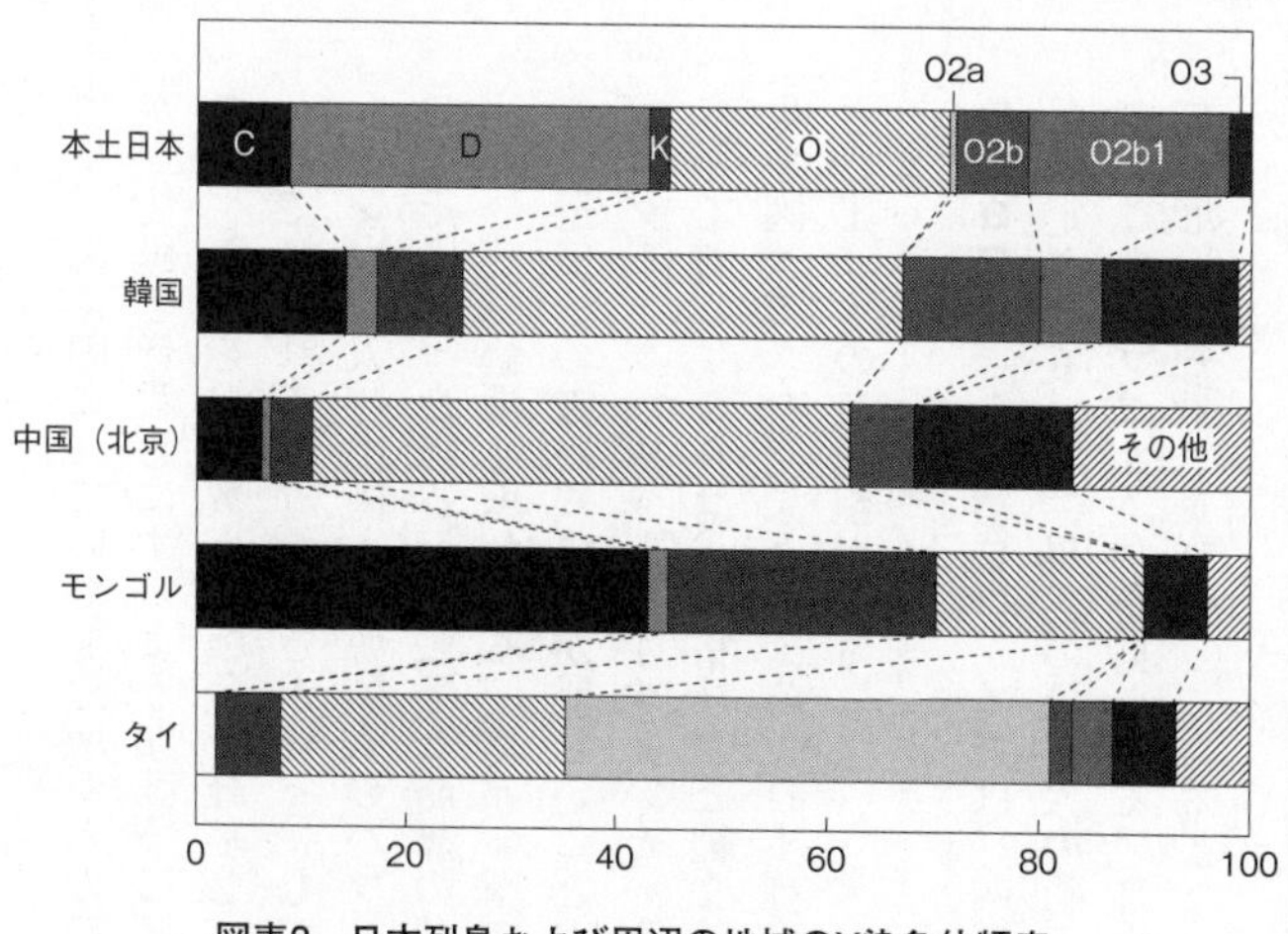

図表2　日本列島および周辺の地域のY染色体頻度
（篠田謙一『日本人になった祖先たち』2007より作成）

現代の本土日本人、韓国人、中国人のY染色体DNAハプログループの頻度をグラフにしたのが図表2である。mtDNAのハプログループと違って、構成要素が少ないことに気付いた人もいるだろう。現代日本人でいえばC、D、Oの三系統が全体の九割以上を占めている。

構成が単純なのは、mtDNAが母から子への母系継承であることと、Y染色体DNAが父から息子への父系継承であることの違いと思われる。今も昔も、社会的な地位や財産を得ないと、男子が子孫を残すことは難しい。現在も男子が結婚できない筆頭の理由は「経済的理由」というから、恐らく今も昔も大きな違いはない。

日本列島の場合は、温和な日本人の気

質や、海に囲まれていて他地域からの武力侵攻を受けにくかったという条件があってか、住民を皆殺しにするような戦争は経験してこなかった。特に支那大陸や朝鮮半島では、覇権を巡る数々の戦争を経験し、占領地の男子を皆殺しにして、女子は戦利品として扱われるようなことが往々にして行われていた。

モンゴル人、中国人、韓国人のハプログループが、日本人のそれより単純であるのは、そういった恐ろしい戦争と略奪の結果、限られた系統の男子しか子孫を残せなかったことの結果と思われる。世界の歴史において、女性固有の遺伝子よりも、男性固有の遺伝子の方が残すのが難しいことが分かる。その点、日本人のY染色体DNAハプログループは構成要素が少ないといえども、モンゴル人や支那漢民族と比較したら多様である。これは、岩宿社会と縄文社会が、外来の人々を拒絶せずに受け入れ、共生を図ってきた結果といえる。日本列島を起源地としたハプログループはD1a2aとC1a1の二種類がある。

D1a2a　このハプロタイプは、四万年〜三万五〇〇〇年前に日本列島で発生したと推定されている。現代の日本人の約三五％、沖縄県民の過半数、現代アイヌの約八割にこのハプロタイプが見られる。日本列島以外では、韓国四・〇％、ミクロネシア五・九％、ティモール島〇・二％となっていて、全て近代において日本統治の範囲にあった地域である。近代以降の日本人との混血の結果と思われる。

また、現在の技術では、古人骨からY染色体のＤＮＡを読み取ることは困難だが、これまでに得られた縄文人の数例は、いずれもD系統だった。北海道礼文島の船泊遺跡から出土した約三五〇〇年前の人骨のY染色体が、ハプログループＤ１ａ２ａ２ａ（Ｄ１ａ２ａのサブグループ）だったことが分かり、これにより、Ｄ１ａ２ａが縄文系であるということが判明した。

Ｄ１ａ２ａは他のサブグループと分岐したのが四万年以上前で、親系統のＤ１の内、チベットに留まったのがＤ１ａ１で、その中でも東に進んで日本列島に至り日本列島で誕生したのがＤ１ａ２ａと見られている。

親系統のＤ１は、兄弟系列の中で唯一アフリカを出た集団で、内陸ルートで東アジアに向かったと見られている。Ｄ１は東アジアにおける最古層のタイプである。そして、その親系統のハプログループＤは、約七万三〇〇〇年前にアフリカでハプログループＤＥから分岐した。

C1a1　もう一つ日本列島で発生したと推定されているのがＣ１ａ１である。日本列島で発生した日本固有のハプログループで、約一万二〇〇〇年前頃から拡散していると見られ、現代では本州で四・九％、沖縄で六・八％となっている。祖型はイラン付近からアルタイ山脈付近を経由して日本列島に至ったと見られている。

親系統のCは六万年前以前に南西アジアで発生し、その親系統のCFは出アフリカをしたグループである。

O1b2とO2

D1a2aとC1a1は、いずれも日本列島が起源地のハプログループだった。しかし、現代日本人に一定数ありながら、日本列島を中心としないハプログループがある。それがO1b2とO2である。

縄文時代以降に日本列島に渡ってきた集団であるO1b2は、約二八〇〇年前に支那の長江中下流域から日本に渡来して水田稲作を伝えた集団で、長江文化の担い手と指摘される。現代の日本人と韓国人の約三割に見られ、支那大陸からアジアの広い地域に分布している。またO2は東アジアと東南アジアにおける最大勢力で、漢民族の六割以上、朝鮮民族の約半数、日本人の約二割となっている。古墳時代に大陸から日本列島に来た渡来人と見られている。

親系統のOは、約四万年前に支那大陸で発生し、現在は支那を中心に東アジア、東南アジア、東北アジアに広く分布していて、現在O系統は世界で最も人口が多い。

O1b2は弥生時代に日本列島に渡って来たにもかかわらず、短い時間で、現代日本人の約三割にまで拡大した。これは、大和朝廷が支那大陸と朝鮮半島から優秀な官僚や技術者を招き、彼らを重用して厚遇したこと、また彼らも日本に帰化して天皇の臣下となって朝廷の要職を担ったことなどにより、一般人よりも高い比率で子孫を残すことができた結果と思われる。Y染色体DNAを多くの子孫に遺すということはそういうことなのである。

❖岩宿人は多様な集団の混血

このような分子生物学の成果により、日本人の起源を知る上で重要なことが明らかになった。しかし、まだこの学問も途上であり、今後も各分野が研究を積み上げ、学際的な検討を深めていくことによって歴史の真実に近づけるものと思う。ここまでの研究成果によって確認できることをまとめておきたい。

日本列島では三万八〇〇〇年前以前には人間の活動の確実な痕跡は確認されていない。約三万八〇〇〇年前から活動の痕が現れ始め、約三万七〇〇〇年前から一気に増え始める。これは、現生人類（ホモ・サピエンス）が日本列島に到達したことを意味する。仮にそれ以前に到達した現生人類がいたとしても、その活動は極めて小さなもので、痕跡も見当たらない程度だった。現生人類は約六万年前にアフリカを出たと見られていて、もしそれ以前に日本列島に住む人類がいたとしても、それは旧人か原人であり、既に絶滅した種である。

約三万八〇〇〇年前に岩宿時代に入ると、世界に先駆けて成立した磨製石器文化は、短期間の内に列島各地に均質に伝播し、その後は日本列島で独自の発展を遂げて縄文時代に至る。岩宿時代と縄文時代を通じて、文化は断絶や入れ替わりなく発展したことから、大規模に渡来人が入り込んで異文化に圧倒されることはなかったと見られる。

しかし、縄文人のｍｔＤＮＡとＹ染色体ＤＮＡのハプログループは単純ではない。これは単一の集団だけで構成されているのではなく、多くの異なった集団が混血した結果に他ならない。周辺地域でも頻出するハプログループは、縄文時代後期以降や弥生時代以降に流入した可能性があるが、日本を起源地とするハプログループは、最も早い段階、具体的には岩宿時代に日本に至ったグループと見られる。

しかし、その一集団がそのまま岩宿人になったわけではない。現代日本人のｍｔＤＮＡでは二〇系統以上、Ｙ染色体ＤＮＡでは一〇系統以上の系統が見られるため、多種多様な集団が合流した結果であることが分かる。これほど多種多様なハプログループが見られるのは、世界的にも珍しい。また、現代日本人は、北海道から沖縄まで大きな違いはなく、均一に混じり合っているといえる。これも共生を重んじてきた日本人の遺伝子の大きな特徴といえる。

ではここから、岩宿人の主要な先祖を探っていきたい。日本を起源地とするハプログループからその流れを推測することが可能である。具体的にはｍｔＤＮＡのハプログループではＭ７ａとＮ９ｂ、またＹ染色体ＤＮＡのハプログループではＤ１ａ２ａとＣ１ａ１がそれに当たる。ｍｔＤＮＡが母系継承、Ｙ染色体ＤＮＡが男系継承なので、相互に重複している可能性はあるが、最低でも二系統の主要な集団が混血して、岩宿人が形成されたと見られる。

ではどのように混血が進んだのだろうか。中でも注目したいのはＹ染色体のＤ１ａ２ａである。このハプログループは四万年～三万五〇〇〇年前という、四つのグループの中でも最も古い時期に日本で発生したと推定されている。日本列島最古の遺跡が約三万八〇〇〇年前で、同時に日本列島に急激に遺跡が増えた時期であり、岩宿時代の始まりと符合する。日本の後期旧石器時代を作り上げたのはこの集団と見てよさそうである。この集団は四万年～三万八〇〇〇年前に日本列島に到達したと考えられる。

またＤ１ａ２ａは四万年以上前にチベットで分岐していることから、このグループは出アフリカ後に、ヒマラヤの北ルートを伝って東に移動し、日本列島に至ったのだろう。日本列島へ渡ったルートについては、台湾から沖縄経由、朝鮮半島から対馬経由、シベリアから北海道、あるいは黄河河口付近から古本州島（当時、本州、四国、九州は一つの島だった）という四つの可能性が考えられる。後期旧石器時代の初期においては、古本州島が先に発展し、沖縄と北海道は後れを取っていること、また当時の朝鮮半島全体が山だったことから、黄河河口説に説得力がある。

D1a2aが古本州島に到達した四万年〜三万八〇〇〇年前は、現在よりも海面が約六〇メートル低いものの、大陸と古本州島は海で隔てられていた。また、現在朝鮮半島と支那の間にある黄海はほとんど陸地だった。朝鮮半島の北側には山脈があるため、支那大陸から古本州島に行くに当たり、わざわざ北に回り込んで山脈を越えて南下するのは不自然である。

そもそも、当時朝鮮は半島ではなく大陸の一部だった。黄河流域は文化的に栄えていたのであるから、黄河流域にいた現生人類の一部が、黄河河口から朝鮮半島の南辺の陸地を経て、船で玄界灘を渡ったと見るのが自然ではなかろうか。この見地に立てば、支那大陸から古本州島に至るルートで、朝鮮地域は通過すらしなかったことになる。

ただし、現在より玄界灘が細くなっていたとはいえ、対馬を経由しても数十キロメートルの舟旅をするのは、当時は至難の業だったろう。古本州島が大陸と陸続きではなかったため、舟で渡る以外に古本州島に到達する方法はなかった。最初に日本の地を踏んだ現生人類は、高度に舟を操れる人たちだったことが分かる。

案の定、その後、岩宿人たちは舟で盛んに日本列島の島々を行き来したことが明らかになっている。伊豆諸島の神津島(こうづしま)で採れる黒曜石が、南関東、山梨、信州にまで運ばれていた。この時代に物資を輸送するために島と島を往復した事例は世界的に確認されていない。彼らは当時、世界でも最先端の航海術を身に付けていたといえる。

故に、暫（しばら）くは他の集団が古本州島に渡ってくることが困難だったため、彼らは他の集団と競うことなく悠々と日本列島で生活の幅を広げていったものと思われる。彼らは豊かな環境で生活できるようになったことで、直ぐに磨製石器を発明し人口を拡大していった。沖縄と北海道に磨製石器文化を齎（もたら）したのは彼らと見てよい。その後、いくつかの異なる系統の集団が、異なる時期に日本列島に到来したと見られる。

❖日本のナイフ形石器は朝鮮文化か

日本列島では、その後、九州地域（この時代、九州は本州と繋がっていた）でナイフ形石器が現れ、また北海道で細石刃（さいせきじん）が現れた。日本の学者の多くは、そのような場合、まともな検証もせず、その技術は朝鮮やシベリアから持ち込まれた技術であるという。ではその逆の可能性はないのだろうか。北海道については後に分析するので、ここでは朝鮮地域（この時代、朝鮮は半島ではなかった）と九州地域のナイフ形石器について述べたい。

朝鮮式ナイフ形石器（スムベチルゲ）は朝鮮で最古のものが発見されていて、それが古本州島に持ち込まれてナイフ形石器の文化が伝わったと主張される（安蒜政雄（あんびるまさお）

『日本旧石器時代の起源と系譜』二〇一七)。朝鮮地域最古のナイフ形石器は、中里ヌ

ゴリ遺跡第二文化層出土の約三万年前のもので、その他には上限で並ぶ新北遺跡がある。

他方、九州でも、ほとんど同じ時代のナイフ形石器が数多く出土している。熊本県の瀬田池ノ原遺跡と大分県の茶屋久保B遺跡からは約三万年前、長崎県の龍王遺跡一三区からは約二万七〇〇〇年前のナイフ形石器が出土している他、熊本県の河原第三遺跡では約二万九〇〇〇年前の剥片尖頭器が出土している。

朝鮮地域のナイフ形石器は、尖った先端を持ち、加工により柄の部分を作り出しているのが特徴である。九州地域で出土したこの時代のナイフ形石器には同じ特徴を備えたものがある。朝鮮地域と九州地域では同じ時代に同じ特徴を持った石器が作られたのだが、いかなる理由で朝鮮地域の石器文化が九州地域に輸入されたものになるのか、その理由を伺いたいものである。朝鮮地域で最古のナイフ形石器が作られたとされる三万年前において、石器文化の程度は朝鮮地域より日本列島の方が格段に高く、遺跡の数も日本列島が群を抜いた多さだった。石器文化は主に日本列島から朝鮮地域に伝えられたと見るのが自然ではなかろうか。このことを指摘する考古学の学説がないのが、実に不思議である。

しかも、関東や東海では、特徴は異なるも、より古いナイフ形石器が出土してい

る。例えば、神奈川県の吉岡遺跡B区からは約三万六〇〇〇年前、静岡県の梅ノ木沢遺跡からは約三万二〇〇〇年前、静岡県の向田A遺跡では約三万四一〇〇年前のナイフ形石器が出土していて、これは明らかに朝鮮地域よりも古い。朝鮮地域で独自の技術を発明することはあり得るし、良い技術であれば直ぐに九州地域に伝わるのは自然なことである。そして、その逆も然りである。朝鮮と九州で同じものがあるからといって「直ちに朝鮮から伝わった」と考えるのは早計である。

旧石器時代に佐賀県伊万里市の腰岳の黒曜石が朝鮮の新北遺跡などに運ばれていたことが分かっている。半島南部沿岸地域にある約三〇の遺跡から出土する黒曜石製の石鏃（石でできた矢尻）のほとんどが、腰岳産の黒曜石で作られている。このように日本列島から朝鮮地域に伝えたものもある。

九州地域と朝鮮地域でナイフ形石器が出現した時期は、約三万年前で、これは最初の現生人類が古本州島に入ってから八〇〇〇年から一万年後のことであり、その間に海面が下がり、玄界灘の幅は細くなっていた。そのため、大陸と古本州島を行き来するのが比較的容易になったと見られる。そのような状況で、古本州島と大陸で交流があったことは自然な成り行きと思う。

ただし、大陸の石器文化は黄河流域で発展していたのであって、日本列島との文化交流をしていた集団は、朝鮮地域ではなく黄河河口付近を本拠地としていた集団と思われる。当時の黄河河口は済州島（さいしゅうとう）の近くにあり、河口付近と、黄河下流域の広い土地は、現在は海の底である。当時の朝鮮地域は高台で海から離れた地域だったため、住むには不便な場所だったと思われる。それが、朝鮮半島に旧石器時代の遺跡が極端に少ない理由と思われる。

❖縄文人の先祖は岩宿人だった

海面が下がって周辺地域と古本州島の行き来が容易になると、岩宿人と大陸の集団との交流が盛んになっていったと考えられる。他の地域から日本列島に渡ってきて帰化した人もいただろうし、またその逆もあったはずである。

約三万八〇〇〇年前に興隆した岩宿文化は、短期間の内に北海道から沖縄までに均質な文化を齎（もたら）し、その後、約三万四〇〇〇年前以降は地方毎に特色が現れるようになる。その特色というのは、地域毎の岩宿人が自ら作り出したものや、他の地域から影響を受けたものもあったと推定される。異なった集団が、異なった時期に日本列島に渡ってきたことが、岩宿人とその子孫の縄文人に、多様なハプロタイプが見られる理由と考えられる。

特に二万年前まで時代が下ると海面が更に下がり、現在よりも約一二〇メートル低くなったため、玄界灘と津軽海峡は最も狭くなった。海峡は狭いほど渡るのが容易になるため、大陸と古本州島との行き来が盛んになり、交流が活発化したと推測できる。この時期が最も海面が低かった時期である。とはいえ、例え玄界灘が狭くなったとしても海峡は海峡であり、危険な航海をせずに渡ることはできず、この時代は異民族間の闘争の痕跡も見られないため、岩宿人を圧倒するほどの多人数が大挙して古本州島に入り込んだとは推測しにくい。岩宿時代と縄文時代を通じて文化的連続性が認められることからも、少人数ずつの渡来だったといえる。また約二万年前は寒冷期で、シベリアの集団が避寒のために南下して北海道に入り込んだ可能性も高い。

その後、今度は急激な温暖化により海面が上がり始め、約一万年前には海面は現在より約三〇メートル低いところまで上昇した。これにより、古本州島は再び大陸と幅のある海で隔てられた。そして約八〇〇〇年前には現在の海面と同じ程度になった。よって、大陸と古本州島で往来が容易だったのは四万年前から一万五〇〇〇年前の期間だったことになる。その後は往来が困難になるが、四万年近く前から航海術を身に付けた岩宿人の子孫である縄文人は、更に高度な航海術を持っていたため、大陸と隔てられても、壱岐と対馬を経て盛んに大陸や半島と交流していた。

このように、古本州島に最初に現生人類が渡ってきてから約二万年の間に、多種多様な集団が入り込み、共生しながら緩やかに混血が進んでいき、均一になったものと見られる。日本列島に多種多様なハプロタイプが見られるのは、約二万年間に及ぶ岩宿時代を通じて、出自の異なるいくつかの集団が日本列島で緩やかに混血を果たして、共生してきたことの証であろう。このようにして、原日本人である岩宿人が完成したのである。

縄文土器が出現して縄文時代に入るのが約一万六三〇〇年前であるから、発生時期から推測すると、mtDNAのハプロタイプではM7aとN9b、またY染色体DNAのハプロタイプではD1a2aは既に岩宿時代に日本列島に到達していたと見られる。Y染色体DNAのC1a1は約一万二〇〇〇年前頃から拡散しているとされるが、この年代が正しければ縄文時代前期までに日本列島に到達した集団と考えられる。いずれにせよ、岩宿時代と縄文時代を通じて、日本固有のハプログループが揃い、それらの混血がゆっくり進んで原日本人になったことは動かすことができない事実である。そして、縄文土器が出現する前後においても、大規模な入植や、他地域からの文化の輸入は認められないため、岩宿人が縄文人になったと結論することができる。縄文人と弥生人の関係性については、縄文時代の項目で考察することにしたい。

❖アイヌは何処から来たか

ここで重要な問題を解決しておきたい。アイヌの起源の問題である。従来、アイヌ人は北海道の先住民族であるとされてきたが、現在では学問的に否定されている。岩

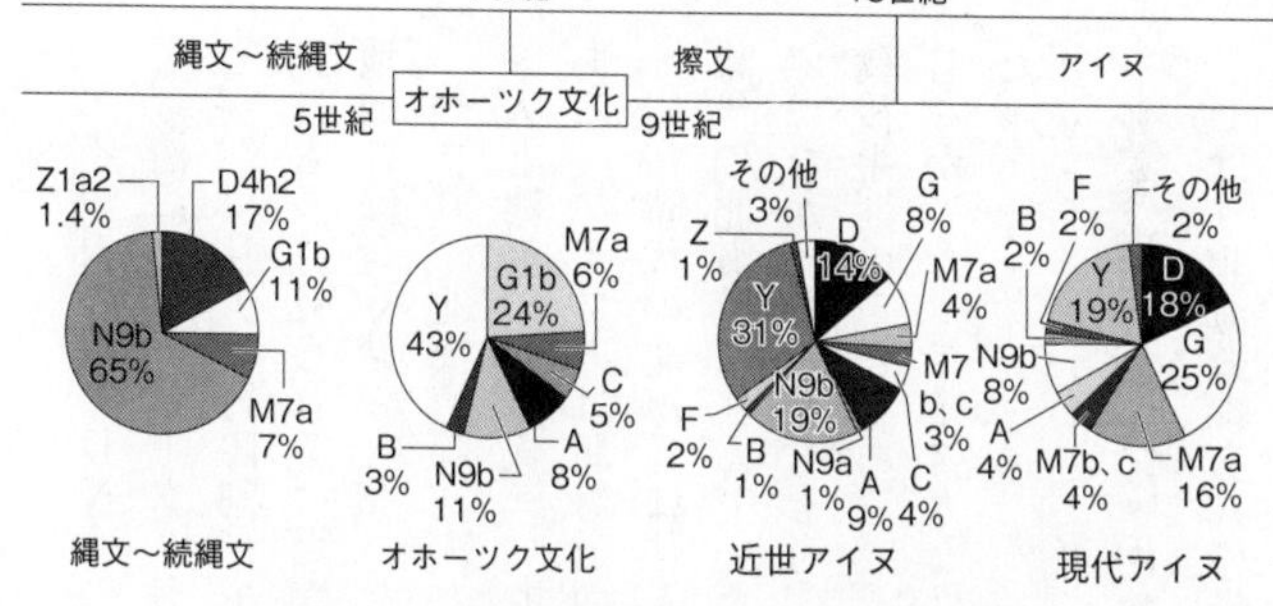

図表3　北海道のmtDNAハプログループの変遷
（篠田謙一『日本人になった祖先たち』新版、2019より作成）

宿時代が始まった三万八〇〇〇年前、北海道と樺太(からふと)島(とう)は大陸と繋がっていて、日本海は巨大な内海になっていた。確かに、北海道の先住民が東シベリアから移動してきた民族の子孫だというのは自然なように思える。

アイヌ人がどのように成立したかは、近世アイヌ人のmtDNAのハプログループを見れば一目瞭然である（図表3）。近世アイヌ人は、北海道縄文人とオホーツク人の混血である。オホーツク人とは、海獣狩猟や漁労を中心とする生活を送っていたオホーツク文化の担い手で、シベリア沿海州、樺太、カムチャツカ半島から南下してきた人々である。彼らは北海道では五世紀から十世紀にかけてオホーツク文化を営んだが、その後忽然(こつぜん)と姿を消した。しかし、姿を消すまでの間に北海道縄文人と混血が進んだ結果、オホーツク人のDNAはアイヌ人に受け継がれている。

アイヌ人のmtDNAのハプログループには、約二割の頻度でY1が見られる。Y1は沿海州とオホーツク海周辺の北方民族固有のハプログループである。ニヴフの約七割、ウリチの約四割、ネギダールの約二割に見られる他、カムチャツカ半島の先住民にも多く見られる。だがこのハプログループは縄文人や現代日本人をはじめ、周辺地域には全く見られないため、オホーツク人固有のハプログループといえる。

つまり、北海道縄文人とオホーツク人が混血して近世アイヌ人が成立し、近世アイヌ人と津軽の日本人（いわゆる「和人」）との混血が進んで現代アイヌ人となったのである。アイヌ人は北海道の先住民族ではなかった。

岩宿時代の北海道に住んでいたのは岩宿人であってアイヌ人ではなかったし、縄文時代の北海道に住んでいたのは岩宿人の子孫である縄文人であって、やはりアイヌ人ではなかった。そもそも、アイヌ文化が成立したのは何と、十三世紀、つまり鎌倉時代後半期のことである。それ以前はアイヌ特有の文化は存在せず「アイヌ人」も存在しなかった。アイヌ人とは、たかだか八〇〇年ほど前に成立したばかりの新民族だった。

❖北海道岩宿人は何処から来たか

では、北海道縄文人の先祖である北海道岩宿人はどのように成立したのだろう。学界では、北方民族が南下して北海道岩宿人になったという説が有力である。

北海道の磨製石器の使用開始は古本州島には遅れるも、約三万年前の遺跡が確認されるため、北海道ではロシア極東域より約八〇〇〇年早く磨製石器を使い始めていることになる。つまり、北海道とオホーツク地域を比較しても、圧倒的に北海道の方が文化水準が高かったのであるから、文化程度の低い北方民族が、独自の文化を北海道に持ち込んで石器文化を成立させたとは到底思えない。文化は高きから低きに流れるのである。北海道に遺跡ができ始める約三万年前には、既に東北まで岩宿文化が広がっていた。当時、狭くなっていた津軽海峡を渡って北海道に渡ることは簡単なことだった。

ところが、北方民族が北海道に石器文化を持ち込んだと主張する学者たちは、北海道で作られるようになった細石刃（さいせきじん）という特殊な打製石器が、オホーツク文化の影響によって成立したと主張するが、それもおかしい。もし文化的中心地がロシア極東域にあるなら、先ずロシア極東域で細石刃文化が成立して、それが北海道に持ち込まれなければ辻褄が合わない。

細石刃は長さ数センチメートル程度、幅が一センチメートル程度の小さな打製石器で、木や動物の骨などにいくつもはめ込んで使用されていた。この時代の人は移動しながら生活していたため、小さな石からいくつもの石器を作る技術は重宝したはずである。

しかし、今のところ北海道最古の細石刃は柏台1遺跡から出土していて約二万四五〇〇年前（24,060±330～24,780±260calBP）の較正年代が得られている（鹿又喜隆「北海道における初期細石刃石器群の機能研究」二〇一三）。他方、ロシア極東域で細石刃技法が発祥したのは二万三〇〇〇年前以降であり（加藤博文「シベリアの旧石器時代」二〇一四）、北海道に遅れる。また細石刃が九州や本州で使われるようになるのは二万年前以降であるから、北海道から伝わったものと見られる。

確かに、シベリアでは早い時期に細石刃が作られていた。アルタイ山地で出土した細石刃は約四万年前の較正年代が得られている。この地域は現在のカザフスタン、モンゴル、ロシア、中国の国境地帯に連なる山地で、北海道からは三〇〇〇キロメートル以上離れている。また、北海道から二〇〇〇キロメートル以上離れたバイカル湖南部でも約三万年前の細石刃が発見されている。

しかし、ロシア極東地域よりも北海道の方が早い時期の細石刃が確認されていることから、シベリアとは無関係に北海道で発明された技術であると思われる。日本はシベリアより約一万五〇〇〇年早く磨製石器を使い始めているし、北海道もシベリアより約八〇〇〇年早く磨製石器を使い始めている。少なくとも磨製石器に関していえば、北海道はシベリアより圧倒的に進んでいたといえる。その北海道において、細石刃が発明されたとしても、何ら不思議はない。ロシアの石器の編年が未発達であるため、今後の研究が待たれる。

土器についても、ロシア・シベリア地域での最初の土器はアムール川中下流域のオシポフカ文化期の一万三五〇〇年～一万三〇〇〇年前であるから、北海道大正（たいしょう）3遺跡出土の爪形文（つめがたもん）土器の約一万四五〇〇年前より遅れる。

このように、石器も土器もロシア・シベリア地域より北海道の方が先行していた。よって、現在の考古学の見地からは、細石刃技法は北海道岩宿人が発明し、アムール川流域や沿海州に伝えた可能性が高い。このことを指摘する考古学の学説はない。やはり日本の考古学は何かおかしい。

そこで登場するのが分子生物学である。ハプログループの中でも沿海州（ロシアの沿海地方とハバロフスク地方）と親和性の高いのがN9bである。このハプログループは日本列島と沿海州だけに見られるため、北方民族が北海道に文化を持ち込んだ説の根拠として主張する学者もいる。でも、それもおかしい。N9bの起源地は日本列島であり、原則として日本列島にのみ現れ、沿海州での頻出程度は低い。N9bが北方ルートにより日本列島に持ち込まれたなら、日本よりも沿海州が中心とならなければおかしい。沿海州に見られるN9bは時代が下ってから北海道縄文人が沿海州に持ち込んだものと見なければならない。

N9bとYは兄弟系統で、両方の共通先祖のN9は約三万八〇〇〇年前である。つまり、ロシア極東地域から北方ルート系集団が日本列島に入ったのであれば、日本列島に渡ったN9の内、N9bに変異した集団と、ロシア極東地域に定住してYに変異した集団が、それぞれの起源地になったと考えられる。

しかも、二〇一五年に発表された論文（Rosa Fregel *et al.,* Carriers of Mitochondrial DNA Macrohaplogroup N Lineages）によると、ロシアのN9bの集団（N9b4a）が日本人の子孫であり、共通先祖が六四二年前という新しさであることが分かる。N9b4a集団には、ナナイ一人、ウリチ一人、ツングース系一〇人が含まれている。この集団の二世代上の親系統はN9bで、このタイプを持つ全現代日本人（二四〇万人以上）がここにぶら下がっていることになる。

このように、ロシア極東地域から北海道に集団の渡来はあったが、逆に北海道からロシア極東地域に移動した集団もあったことになる。今のところ細石刃は沿海州より北海道が先行している。まして、磨製石器文化は日本列島で生じたのであって、ロシア極東地域から伝えられた考古学的事実はない。初期においては大陸から日本列島に渡来した人たちが磨製石器文化を生み出して岩宿人となり、北海道に住んだ岩宿人がそのまま北海道縄文人となって、時代が下って北海道にやってきたオホーツク文化人と北海道縄文人の子孫との混血がアイヌ人であると結論できる。

むしろ、日本列島全体で見れば、北海道で磨製石器が使われるようになるのは、本州よりも約七〇〇〇年遅いのであるから、磨製石器が生じたのが北海道と見ることは難しい。本州で磨製石器文化が生じて、それが北海道に伝わったのである。

❖誓約神話と天の石屋戸

再び『古事記』に戻っていきたい。黄泉国(よみのくに)から逃げ帰った伊耶那岐神(いざなきのかみ)は日向(ひむか)（宮崎県）の阿波岐原(あわぎはら)で禊(みそぎ)をなさった。古来、日本では水に浄化作用があると信じられてきた。心身の罪や穢(けが)れを水で祓(はら)い清めることを禊という。神社の手水舎(てみずしゃ)で手と口を漱(すす)ぐのは禊を簡略化したものである。現代日本人が風呂好きであるのはこれと関係があるかもしれない。

さて、伊耶那岐神が禊の最後に顔を洗うと、特別な神である三貴子(みはしらのうずのみこ)がお生まれになった。すなわち天照大御神(あまてらすおおみかみ)、月読命(つくよみのみこと)、建速須佐之男命(たけはやすさのおのみこと)の三柱である。伊耶那岐は大いにお喜びになり、天照大御神には高天原(たかまのはら)を、月読命には夜之食国(よるのおすくに)（夜の世界）を、そして須佐之男命には海原(うなはら)を統治するように命ぜられた。

だが須佐之男命は海の統治を命ぜられたにもかかわらず、泣いてばかりいた。伊耶那岐神が訳を尋ねると、母のいる根之堅州国(ねのかたすくに)に行きたい、とのこと。そこで伊耶那岐神は葦原中国(あしはらのなかつくに)（地上世界）から須佐之男命を追放した。須佐之男命は姉の天照大御神に別れを告げようと高天原に上った。だが、須佐之男命が高天原を奪いに来ると勘違いなさった天照大御神は、完全武装して弟を待ち受け、その真意を問うた。そこで須佐之男命は、自ら身の潔白を示すために誓約をして子を生むことを提案なさる。誓約とは、予め決めた通りの結果が現れるかどうかで吉凶を判断する占いの一種で、ここでは生まれてくる子の性別で須佐之男命に邪心があったかどうかが判断された。

はじめに、天照大御神が須佐之男命の剣を手に取って、三段に打ち折り、高天原の井戸の水で漱いで、嚙みに嚙んで、噴き出した息の霧に、多紀理毘売命、多岐都比売命、市寸島比売命の三柱の女神が成った。

次に、須佐之男命が天照大御神の勾玉を手に取って、高天原の井戸の水で漱いで、嚙みに嚙んで、噴き出した息の霧に、正勝吾勝勝速日天之忍穂耳命、天之菩卑能命、天津日子根命、活津日子根命、熊野久須毘命の五柱の男神が成った。そして須佐之男命は「自分の心が明るく清いから、たおやかな女の子が生まれたのです。だから私の勝ちだ」と仰せになり、高天原で田の畔を壊し溝を埋めるなどして大暴れする。

天照大御神はお怒りになり、天の石屋に身をお隠しになった。すると高天原と葦原中国はたちまち闇に包まれ、禍が広がった。困った神々は相談し、八咫鏡と八尺瓊勾玉を付けた御幣を作り、天の石屋の前に集まって賑やかな神楽を始めた。天宇受売命（めのみこと）が乳房もあらわに踊り出し、服の紐（ひも）を陰部まで押し下げると、神々は一斉にどよめき笑った。不思議に思った天照大御神が石屋戸（いわやと）の隙間から外を覗くと、天宇受売命が「あなた様よりも尊い神がいらっしゃいます。それ故に、我々は喜び、笑い、そして舞っているのです」と申し上げた。

この言葉は事実と異なるが、それをお聞きになった天照大御神は驚いて石屋戸から外を覗こうとなさった。するとその瞬間、構えていた天手力男神（あめのたぢからおのかみ）が天照大御神の御（み）手（て）を掴んで外へ引き出し、後方に注連縄（しめなわ）を張って戻れないようにした。これで世の中に光が戻った。ところで、この神楽に際して作られた八咫鏡（やたのかがみ）と八尺瓊勾玉（やさかにのまがたま）は、三種の神器（しんき）として歴代天皇に継承されることになる。

この話は多くのことを示唆している。先ず、天照大御神が石屋にお隠れになったことで世の中が暗くなったため、天照大御神が太陽の性質を持つ神であることが分かる。また、高天原が暗くなると葦原中国も同じように暗くなったことから、二つの世界は同じ秩序の上に成立していることが分かる。また、暗くなったことで秩序が乱れ、逆に光が戻ることで秩序が回復したことから、高天原は天照大御神がおいでになってこそ秩序が保たれること、つまり正当なる統治者がいてこそ世の中が治まることを知ることができる。

それだけではない。実際に須佐之男命には高天原を奪う意図はなかったが、天照大御神は邪心があるのではないかと疑ったという記述は、日本の神の特徴の一つである神の不完全性を示している。高天原の統治を任されている尊い神ですら、他の神の心の内を見通すことはできない。よく「神様はお見通し」といわれるが、それは日本においては誤りである。石屋隠れでも、天照大御神が嫉妬心をお示しになったが、そこからも神の不完全性を読み取ることができる。

❖誓約神話と皇位継承問題

ところで、天照大御神と須佐之男命の誓約神話について、重大な問題があるのでここで解決しておきたい。この誓約で、須佐之男命が生まれてきた女神は自分の子であると述べ、天照大御神はそれに別段異論を述べなかった。そのため、女神三柱は須佐之男命の子であり、男神五柱は天照大御神の子であると一般的に理解されてきた。後に天照大御神は誓約で生まれた男神の天之忍穂耳命を地上に降臨させようとするも、準備している途中で子が生まれたため、天之忍穂耳命の子である邇邇芸命（ににぎのみこと）が葦原中国に送られることになる。その子孫が歴代天皇である。

初代の神武天皇から、現在の第一二六代の天皇陛下まで、皇位は男系の子孫により継承されてきた。男系とは「父と子」で繋がる系統をいい、「父が天皇」「父の父が天皇」あるいは「父の父の父が天皇」といった、父方を辿って天皇に行き着く者しか皇

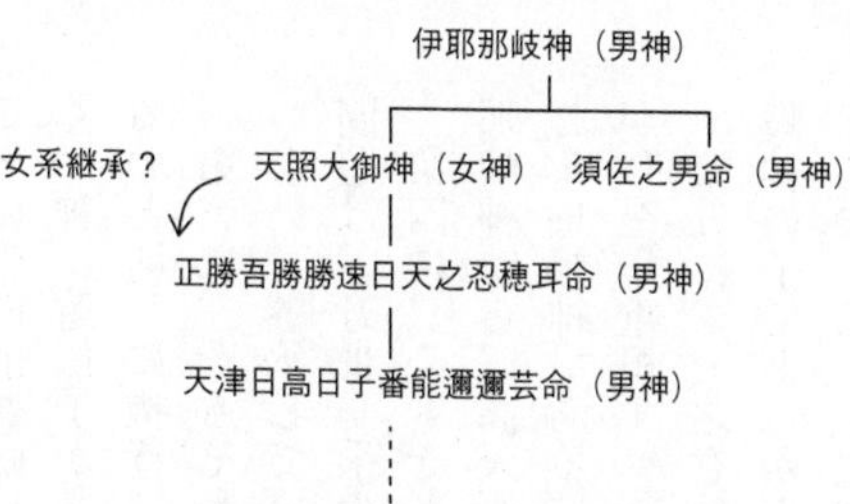

図表4　最初の皇位継承は「女系」継承なのか？

位に就くことができなかった。これまでの皇位継承で男系の血筋を引かない者が即位した例はない。この父系継承こそが皇統の原理であり「万世一系」と呼ばれている。

なぜ誓約の話に重大な問題があるのかといえば、平成の小泉純一郎内閣で、皇位継承に関する議論が生じた際に、皇統の原理を変更しようとする人たちの間から、「皇祖神である天照大御神は女神であり、最初の継承は女系継承だったではないか」と述べ、男系継承に拘る必要はないとの主張がなされたのである（図表4）。

確かに、皇祖神が女神で、最初の継承が女系継承なら、万世一系にそこまで拘らなくてもよいと思いたくなる人はいるだろう。しかし、その前提にいくつもの間違いがある。

第一に、神武天皇が「初代」天皇であるから、それより前に皇位はなく、皇位継承もないため、神話を皇位継承の話に持ち込むこと自体が妥当せず、男系継承の例外にはならない。

第二に、天照大御神は「神」であって、男神と女神の別は、人間や動物の雄雌の別とは全く次元が異なるため、天照大御神からの継承を以って「母系継承」と断定することに学問的意味はない。男神と女神の交わりのみから神が生成されるわけでもなく、神に遺伝子があると考える方に無理があり、人間が遺伝子によって血が継承されるのと同じに扱うことはできない。

第三に、そもそも天照大御神は天之忍穂耳命に高天原を「知らす」地位を継承していない。継承していない以上、父系か母系かは問題にならない。神代の系譜にかかる問題は、万世一系の問題の外である。

第四に、そもそも天照大御神のみが皇祖神ではない。天照大御神は父親である伊耶那岐神から、高天原を「知らす」ように任命されたのであり、いうなれば伊耶那岐神こそ皇祖神である。もし神話にまで拡大して論じるなら、伊耶那岐神と神武天皇の繋がりを最重視すべきである。

第五に、天之忍穂耳命は天照大御神と須佐之男命の子であり、須佐之男命は伊耶那岐神の子であるから、天之忍穂耳命から伊耶那岐神まで男系で繋がっている。

このように「皇祖神が女神で、最初の継承が女系継承」という指摘は完全に間違いなのである。第五の点は説明を要するので、今暫くこの話題にお付き合い頂きたい。

❖唾を付けると自分のものになる

この誓約で須佐之男命は、子を生み、その結果で自らの潔白を証明しようとした。人間なら男女の交わりでしか子は産まれないが、伊耶那岐神が左の眼を洗ったら天照大御神が成ったように、神は単身でも子を生むことができる。伊耶那岐神の禊で、その服や腕輪からも神が成った。このような観点から、天之忍穂耳命の親神がどの神であるかを特定していく。

神の体や神の持ち物から神が成った場合、親子関係は分かりやすいが、天照大御神と須佐之男命の誓約では、二柱の神が関わっているため、問題となる。この問題については約一五〇年間、国文学の世界で論争が続けられてきたが、筆者が書いた論文「アメノオシホミミを生んだ神はどの神か―記紀のウケヒ神話から神統を考える」(『日本国史学』一号、二〇一二)で、この論争に一応は決着を見たと思われるので、その概要を述べたい。

誓約は二柱の神のそれぞれの行動で行われた。最初に、天照大御神が須佐之男命の剣を手に取って、三段に打ち折り、高天原の井戸の水で漱いで、嚙みに嚙んで、噴き出した息の霧に三柱の女神が成り、次に、須佐之男命が天照大御神の勾玉を手に取って、高天原の井戸の水で漱いで、嚙みに嚙んで、噴き出した息の霧に五柱の男神が成った。

いずれも神の行動の結果、霧の中に神が成っている。そこで神の行動だけでなく、霧の成分にも注目していきたい。霧には剣と勾玉という物実が関わるだけでなく、神の息吹と神の唾液も含まれている。古来日本では、物には持ち主の精根や生命が宿ると考えられてきたし、「息を吹き込む」という言葉があるように、息吹も同様と考えられてきた。唾液もまた然りである。

これまでの論争では唾液について指摘した論者はなかったが、決して無視できない要素である。古来、日本では唾液には呪力があると考えられてきた。そのことは、現代日本でも、通常、家族がそれぞれ自分専用の箸を持っていることからも窺える。

食具の属人主義は、日本の食文化の大きな特徴であり、箸以外にも、飯茶碗、湯呑なども、同様に、食器自体がそれを使う者の人格に属していると考えられる。しかも、家族でもこれらを共有することはなく、極めて厳格な考えに則ったものであることが分かる。西洋では、お父さんのフォークや、お母さんのグラスなどが決まっていることはほとんどない。

そして、それら属人主義の食具は全て口を付ける食具であって、口を付けない食具が属人となることはない。例えば、醤油皿や平皿で銘々が決まっているというのは聞いたことがない。口を付ける食具が人に属するという考え方は、すなわち、唾液にその人の魂が宿るとの考えによる。よって、唾液が付く食具には、その人の魂が乗り移ると考えるのである。故に箸は決して他人に使わせず、古くから客のためには新しい箸が用意された。昔から日本では割り箸が使われてきたのは、そのような理由による。また、「唾を付ける」という慣用句まであることも参考になろう。

このような唾液の呪力を考慮すると、誓約神話では、須佐之男命が天照大御神の勾玉を噛み砕いて吹き出した息の霧には、当然、須佐之男命の唾液が含まれているのであるから、その霧には須佐之男命の霊や魂が宿ると考えなくてはならず、そこに生成される天之忍穂耳命以下五柱の男神は、少なからず、須佐之男命の力を受けていると理解する他ない。

❖天之忍穂耳命を生んだ神はどの神か

誓約神話における、神の行動と唾液を加えた模式図を示すと次のようになる。

アマテラスの行動→霧（スサノヲの剣＋水＋アマテラスの息と唾液）の発生→女三神が成る
スサノヲの行動　→霧（アマテラスの珠＋水＋スサノヲの息と唾液）の発生→男五神が成る

子神の生成には、神の行動、物実、水、息、唾液の五つの要素があり、それぞれの要素が、神を生成する力、もしくは生成に影響を与える力を宿していることは、これまでに確認してきた。

息吹と唾液は、それぞれが力を持っていて、誓約神話における霧は、息吹と唾液が同時に含まれていることから、子神の生成に当たって、息吹と唾液の両方が作用していると考えなくてはならない。したがって、子神はいずれも天照大御神と須佐之男命両神共に関わり、作用を及ぼしているのであるから、子神は天照大御神と須佐之男命の両神が生成したと結論することができる。

では、女神三柱と男神五柱は、それぞれ、両神がどのような比重で生成に関わったと見るべきだろうか。学界では物実、行動、息吹のそれぞれに重きを置く、物実基準説、行動基準説、息吹基準説と、天照大御神と須佐之男命の比重は同じであるという近親婚的説の四説に分かれ、物実基準説が有力説だった。

だが、先行研究からは、物実が特別に力を持っていると考える理由は指摘されていない。しかも、天照大御神と須佐之男命の比重の違いが仮にあったとしても、いずれが主でいずれが従であると断定する材料は今のところない。天之忍穂耳命以下男神五柱は、少なくとも、天照大御神と須佐之男命が両方とも深く生成に関わっていると見る他ないであろう。

天之忍穂耳命以下男神五柱は、須佐之男命の【行動・息吹・唾液】が関わり、天照

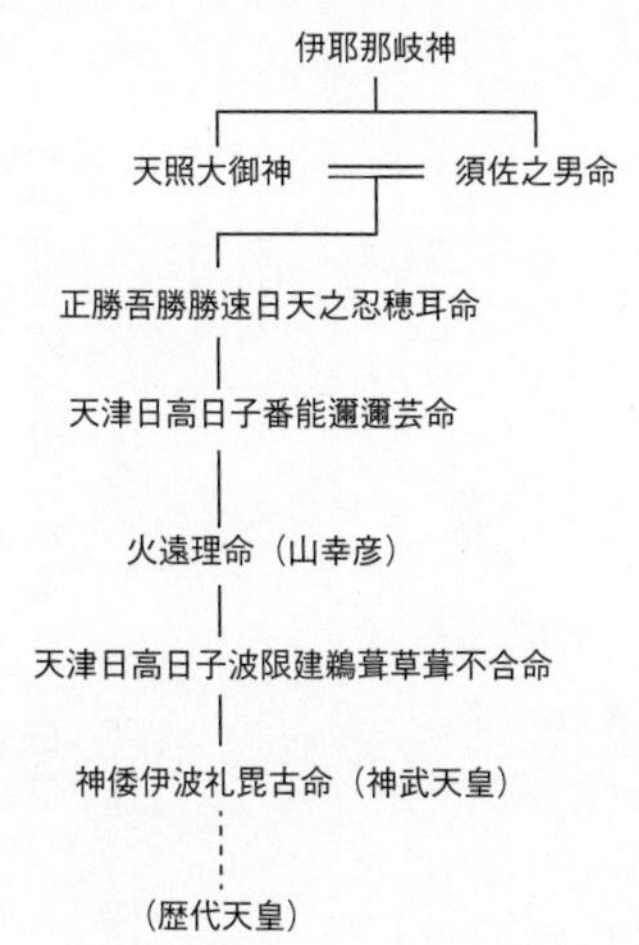

図表5　「男系」で繋がる伊耶那岐神と神武天皇

大御神の【物実】が関わっている。無論、要素の数だけでその関わりの比重を決することはできないが、要素の数では、むしろ天照大御神よりも須佐之男命の方が多いのである。先行研究では「唾液」は考慮されていなかったが、これを重視すれば、少なくとも比重が片方に偏ることはない。近親婚的説を以って妥当とすべきである。

よって、女神三柱と男神五柱は、いずれも、天照大御神と須佐之男命の両神が共に生成したと結論することができる。また、「成らせた」神を「生んだ」神であると観念して血縁を擬制することを『記』が意図している点を併せて鑑みれば、「天之忍穂耳命を生んだ神はどの神か」の問いに対する答えは、「天照大御神と須佐之男命が共に生んだ」と結論することができる。

この見地によれば、伊耶那岐神と神武天皇が男系で繋がることを確認しておきたい。これはすなわち、神統と皇統は、例外なく男系によって繋がっていることを意味する。ただし、神代の系譜は、あくまでも万世一系の話に持ち込むべきでないことは、先述の通りである（図表5）。

2 縄文時代

❖須佐之男命と八岐大蛇の対決

縄文時代は縄文土器が出現するところから始まる。土器に関する話は後にすることにし、先ずは『古事記』を読んでいきたい。

これまで『古事記』は天つ神（天空世界である高天原の神々）を中心に物語が展開してきたが、ここから先は、須佐之男命が高天原を追放されて葦原中国（地上世界）に降り立ち、続けて須佐之男命の子孫である大国主神が葦原中国で国作りをする話に入っていく。徐々に物語の主な舞台が高天原から葦原中国に移っていくことになる。

高天原を追放された須佐之男命は、自らの罪を贖うため、神々に供える食物を大気都比売神にお求めになったところ、大気都比売神は、鼻、口、尻から食べ物を取り出して料理して差し出した。その様子をご覧になった須佐之男命は、大気都比売神が食べ物をわざと穢して出していると勘違いなさり、殺した。すると殺された大気都比売神の頭からは蚕、目からは稲、耳からは粟、鼻からは小豆、陰部からは麦、尻からは大豆が生じた。これを拾い上げさせたのは、別天神の一柱である神産巣日神だった。このようにして蚕と五穀を得たのである。

出雲国にお着きになった須佐之男命は、泣いている老夫婦から「毎年、八岐遠呂知が来て娘を一人ずつ食べてしまう。間もなくその時期が来る」との話を聞かされる。八岐遠呂知は八つの頭と尾を持ち、目は赤く、その身には木が生え、体の大きさは八つの谷に渡り、その腹には血が滲んでいるという。

須佐之男命は娘の櫛名田比売と結婚し、老夫婦に八つの桶に強い酒を入れさせて待ち伏せした。やがて言われた通りの大蛇が現れ、酒を飲んで寝てしまったので、須佐之男命は大蛇に斬りかかった。八岐大蛇を退治した須佐之男命は、出雲国に宮を建てて櫛名田比売とお住みになった。大蛇の尾を切った時に現れた立派な剣は、後に高天原の天照大御神に献上される。この剣が草薙剣であり、三種の神器の一つである。これにより、高天原に三種の神器が揃った。

❖国作りと国譲り

須佐之男命の六代目の子孫に当たる大国主神（初め大穴牟遅神と称したが、ここでは「大国主神」で統一する）は末っ子で、上には「八十神」というほど多くの兄がいた。ある時、八十神が因幡の八上比売に求婚しに出掛けると、大国主神は途中で毛を毟られた兎を見付けた。先に通り掛かった八十神が兎をからかって海水を浴びるように教えると、それに従った兎の肌は悉く裂けたのだった。気の毒に思った大国主神は、兎がなぜ毛を毟られたのか、理由を聞いた。

淤岐島（隠岐の島、あるいは沖の島）にいた兎は海を渡るために、海に住む鮫に「どっちの方が一族の数が多いか数えてあげよう」と持ち掛け、並んだ鮫の背を数えながらまんまと海を渡ったが、最後の一匹のところで企てを明かしたところ、鮫に毛を剥ぎ取られてしまったのだという。

大国主神は、体を川の水で洗い、蒲の花を敷いてその上に寝ていれば良くなると教えた。その通りにすると兎の傷は直ぐに癒え、兎は大国主神に「あなたは八上比売と結ばれるでしょう」と予言した。すると予言通り、大国主神は八上比売と結婚することになった。怒った八十神たちは大国主神を殺そうとしたが、我が子の身を案じた母神が、大国主神を根之堅州国に逃亡させた。

この時、根之堅州国を統治していたのは須佐之男命だった。大国主神は須佐之男命の娘の須勢理毘売に一目惚れし、二人は結ばれた。だが、須佐之男命は大国主神に多くの試練を与えた。大国主神と須勢理毘売はその試練に耐え、須佐之男命の寝ている隙に逃げ出す。目覚めた須佐之男命は逃げ行く二人に祝福の言葉を掛けた。

こうして根之堅州国から帰った大国主神は葦原中国を完成させ、国作りを終えた。

しかし、高天原の天つ神は、葦原中国に国が作られたことを問題視し、天孫が治めるべき国であるとした。

初めに派遣された二柱の神はいずれも大国主神に靡いてしまったが、その次に派遣された建御雷之男神は大国主神と国譲りの話をまとめた。建御雷神が大国主神に「我々は、天照大御神と高御産巣日神の命によって、次のことを問うために遣わされた。汝がうしはける（領有する）葦原中国は、我が御子の知らす（統治する）国である、と任命なさった。汝の考えはいかがなものか」と問うた。

大国主神は息子の意見を聞いて欲しいと述べ、息子の一人は納得した。だが、大国主神のもう一人の息子である建御名方神はこれに抵抗し、建御雷神と力比べをするも、科野国の州羽の海（信濃国、長野県の諏訪湖）まで追い詰められ、最後には降伏を申し出た。

大国主神は「天つ神御子が天津日継（皇位）をお受けになる、光輝く宮殿のように、地盤に届くほどに宮柱を深く掘り立て、高天原に届くほどに千木を高く立てた壮大な宮殿に私が住み、祭られることをお許し下さい」と述べ、これを国譲りの条件とした。大国主神は宗教の自由を国譲りの条件とした。現在も出雲大社が存在していることから、その条件で妥結したと見られる。

さて、建御雷神が大国主神に問い掛けたことは、我が国の統治の在り方を示すものである。大国主神が自ら国を統治していると思ったのならそれは間違いで、葦原中国は天照大御神、あるいは天照大御神の御子である天孫の統治する国であって、大国主神は国をただ領有しているに過ぎないというのである。その領有ですら、高天原の承認が必要であるから、その許しがなければ大国主神には領有も認められないという。

建御雷神の交渉の内容は、葦原中国は天孫の「知らす」（統治する）国であることを認めるなら、大国主神が「うしはく」（領有する）ことを認めるということだった。そして、大国主神の方から付けた条件が、宗教の自由を認めてもらうことだった。

「知らす」と「うしはく」の違いは、現在の日本にも見ることができよう。日本は天皇の「知らす」国であり、天皇の任命を受けて内閣総理大臣が「うしはく」国であるということである。

❖天孫降臨と「天壌無窮の神勅」

そして、天照大御神と高木神（高御産巣日神、別天神の一柱）は天孫である邇邇芸命に「この豊葦原水穂国（葦原中国）は、汝が知らす国であると命ずる。よって、命令の通りに天降りなさい」と命ぜられ、葦原中国に御差遣になった。邇邇芸命は、誓約で成った天忍穂耳命の子である。天照大御神の孫が地上に降ったため「天孫降臨」という。

この際、天照大御神は邇邇芸命に三種の神器（『日本書紀』では稲穂も含まれる）をお授けになり、自分の御魂として鏡を祀るように命ぜられた。そして、邇邇芸命は竺紫の日向の高千穂のくじふる嶺に降り立った。これにより、葦原中国は高天原の直轄地となった。

高天原は現実の世界との繋がりが不明確だが、葦原中国は日本列島のことであり、邇邇芸命が天降った高千穂をはじめ『古事記』の伝承地は日本各地に点在している。そして、そういった場所には神社や遺跡が残されていることが多い。天孫降臨の地を巡っては、古くから鹿児島県と宮崎県にまたがる霧島連峰の高千穂峰という説と、宮崎県高千穂町の槵触山という説がある。

さて、天孫降臨の際に下された神勅は、我が国の統治の原点であり、とても重要な神勅であるから、ここに読み下し文と現代語訳を示す。読み下し文とは、原文の漢語を日本語の語順に直して、ふり仮名やおくり仮名を付けて読みやすくしたものである。また、天孫降臨に当たっての神勅は『日本書紀』にも収録されているので示しておきたい。『古事記』の神勅は「天孫降臨の神勅」、また『日本書紀』の神勅は「天壌無窮の神勅」と呼び分けている。

天孫降臨に当たり天照大御神と高御産巣日神が邇邇芸命に下した神勅「此の豊葦

原水穂国は、汝が知らさむ国ぞと言依し賜ふ。故、命の随に天降るべし」(この豊葦原水穂国は、あなたが知らす国であると命ずる。よって命令の通りに天降りなさい)(『古事記』天孫降臨の神勅)

天孫降臨に当たり天照大神が瓊瓊杵尊に下した神勅「葦原千五百秋瑞穂国は、是、吾が子孫の王たるべき地なり。爾皇孫就きて治らせ。行矣。宝祚の隆えまさむこと、天壌と無窮けむ」(葦原千五百秋瑞穂国〈葦原中国〉は、我が子孫が君主たるべき地である。皇孫であるあなたが行って治めなさい。さあ、お行きなさい。皇室が栄えることは、天地と共に永遠であろう)(『日本書紀』天壌無窮の神勅)

ところで、先の大戦で多くの兵士が玉砕し、あるいは特攻に志願したことを批判するのに『日本書紀』の「天壌無窮の神勅」を持ち出す者がいる。それは、この神勅を「皇室を永遠に守り通せ」と解釈し、「国民は皇室を守るために死ね」と曲解した結果である。戦前の学界においても、そのような解釈は一般的ではなかった。

『日本書紀』原文は、ここに示した通り、皇室を守るように国民に命令する内容ではない。これは、天照大神が、瓊瓊杵尊(『日本書紀』の表記)の出立に際して「皇室が永遠に続くであろう」と祝いの言葉を発せられたものである。日本古来の言霊の文化として容易に理解できよう。現代でも披露宴で「いつまでもお幸せに」と祝福することがあるが、それは将来離婚の必要性が生じても未来永劫それを禁止する趣旨ではない。

現在も皇室が存続し、多くの国民から愛される存在であり続けているのは、この神勅の言霊の力が一つの要素となっているのではなかろうか。

❖日本は「天皇が知らす国」

地上の国を統治することを『古事記』では「知らす」、『日本書紀』では「治らす」という言葉を用いている。『日本書紀』は完全なる漢語（古代支那語）で書かれているため、国を治めることをそのまま漢語の「治」の文字で表記したが、日本語の趣を重視して書かれた『古事記』には「統治」や「治」ではなく、「知らす」という言葉を用いていることには重大な意味がある。

国が異なれば統治の形態も異なるものであり、日本における国家統治は、歴代支那王朝や欧州の王朝のそれとは異なる。「知らす」という言葉は、大陸から漢字が入ってくる前からあった大和言葉であり、そこに日本独自の国家統治の在り方が刻まれている。

「知らす」という言葉は現代日本語ではもう使われていない言葉だが、「知る」という言葉の尊敬語である。現代語に訳せば「お知りになる」という意味になる。また『古事記』の天孫降臨の神勅は「知らせ」となっていて、これは「知らす」ことを命令する文脈なので、「お知りになりなさい」という意味になる。『日本書記』が「治」と表記するのは、大和言葉を充てて「治らせ」と読ませ、これを「知らせ」の意味で用いているのである。

　天照大御神は邇邇芸命に葦原中国に降り、国を「お知りになりなさい」と命ぜられた。天皇にとって国の事情を広く知ることは、天照大御神からの命令である。つまり、天皇が国を治めることは、天皇が国の事情を知ることと同義であり、「知る」ことこそ、日本における統治の本質なのである。「支配しなさい」と「お知りになりなさい」では全く性質が異なる。
ではなぜ「知る」ことが国を治めることに繋がるのか。それは、歴代天皇が誰かから命ぜられた訳でもなく、真心から国民の幸せを祈り続けたことと関係がある。

　本書を通読したら分かるように、歴代天皇は国民に対して常に強い関心を持ち、国民のことを知る努力を重ねてきた。上皇陛下や天皇陛下が、日本全国をご訪問になり、地域の状況を熱心にお知りになろうとするお姿は、まさに「知らす」天皇のお姿そのものである。「天皇は祈る存在」といわれる。歴代天皇はほとんど例外なく国民の幸せを祈り続けたが『古事記』にも『日本書紀』にも、「国民の幸せを祈りなさい」という趣旨の神勅はない。天皇の祈りは、神勅に基づくものではなく、各歴代天皇の自発的な行いだったのである。

また、日本国憲法には一二項目の天皇の国事行為が列記されているが、その中に「祭祀を行う」ことは書かれていない。さらに帝国憲法には、天皇の祈りは「祭祀大権」、つまり権利として書かれていて義務とされていない。このように、明治以降の日本において、憲法も法律も、天皇に祈ることを課していないのである。やはり、近現代においても天皇の祈りは自発的である。

しかし、天皇の祈りが二〇〇〇年以上続いてきたのはただの偶然ではない。天皇の祈りは「知らす」ことと密接に関連する。それは「知る」と祈りたくなるからである。天皇の祈りは、天皇が国民の事情をお知りになった結果だった。

一般人でも、例えば災害が起きて報道で被災地の様子を知ると、とても他人事ではいられなくなるものであり、それが人情である。歴代天皇は、国と民を知ることに尽くし、自らの意志により、国の安泰と国民一人びとりの幸せを祈り続けてきたのである。

天皇が国民のことを我が子のように愛しその幸せを祈り、国民は自分たちのことを大切に思って下さる天皇を本当の親のように慕い、皆で力を合わせて国を支えてきた。それが我が国の国柄である。天皇の統治とは、天皇自ら政策を立案するのでもなければ、号令を掛けて臣下を奮い立たせることでもない。それは、天皇が国民を知ることに努めその幸せを祈ることにより、自ずと日本国民を統合し国を束ねることだった。

そして、このような天皇の統治は、二〇〇〇年以上続き、現在に至る。日本の国柄を一言で表現するなら「日本は天皇が知らす国」といえる。そしてそれが日本の国体（こくたい）なのである。明治二十年（一八八七）に大日本帝国憲法の草案を書いた井上毅（いのうえこわし）は、第一条には日本の国柄を簡潔に記さなければならないと考え、熟考の末「日本帝国ハ万世一系ノ天皇ノ治（しら）ス所ナリ」と書いた。だが、当時「シラス」は古語になっていて馴染みが薄かったため、漢語の「統治」をこれに充て、「治ス」は「統治ス」に変更された。しかし、憲法制定の責任者だった伊藤博文（いとうひろぶみ）は憲法解説書である『憲法義解（ぎげ）』（一八八九）で「統治ス」は「治ス」の意味で用いていると説明している。

世界の歴史において、戦争に勝った指導者が王朝を立ち上げて王や皇帝になるのが常道だった。軍事力やカリスマによって国家を統治するのと、祈りを通じて国家を統治するのは、本質が異なる。世界の歴史が王朝交代の歴史だったにもかかわらず、日本だけが二〇〇〇年以上続いてきたことは、日本独自の統治によるところが大きい。

❖温暖化が豊かな日本文化を作った

ここからは神話を離れて、縄文時代がどのような時代だったか、考察していきたい。今から約一万一〇〇〇年前に氷期が終わり、温暖期に移行していった。それに伴って海面が上昇し始め、日本地域は支那大陸と分離されて再び日本列島が形成された。約六〇〇〇年前から五五〇〇年前には、現在の海面よりも数メートル程度高くなったと見られている。

温暖期に入ったことで、日本列島は現在と同じような四季のある温暖湿潤な気候になり、植物が生い茂るようになった他、温暖化は植物の生育速度を速め、人々は木の実などの食料を確保しやすくなった。また、海面上昇により海が内陸に入り込むことで日本列島の至るところで、多くの入江が形成された。これを縄文海進（じょうもんかいしん）という。日本沿岸は暖流と寒流がぶつかるために豊かな漁場だったところ、縄文海進で森の養分が直接入江に流れ込むようになったことで、多くの魚が入江に棲み付くようになり、縄文人はより豊かな海産資源を利用できるようになった。入江は魚介類が棲みやすく、また捕獲しやすいからである。

このようにして、日本列島では、植物資源だけでなく海産資源もより豊富に利用できるようになり、世界でも有数の豊かな土地になった。現在でも和食は魚を中心としているが、その起源は縄文時代にあったといえる。特に日本沿岸は現在でも、世界で最も海産資源が豊富な海であり、和食ほど豊富な魚を利用する食文化は他にない。

日本列島の豊かさは、他の地域と比較したら分かりやすいかもしれない。世界の常識では、海があっても魚が獲れるとは限らない。例えばハワイやグアムは海に囲まれているが、沿岸には魚が棲む場所がなく、ほとんど漁業は行われていない。米国の西海岸も同様である。

魚が棲むためにはいくつもの条件が整わなくてはいけない。海に豊かな栄養分が流れ込み、植物性プランクトンや動物性プランクトンが豊富に存在し、尚且つ魚が棲みやすい環境でなくてはならないのである。具体的には、深海の養分が供給される海流が近くにあること、魚が産卵できる入江があること、入江に川が流れ込んでいること、そしてその川の上流に森林があることなどが条件となる。川は森と海を結ぶ養分の動脈として機能する。そして、日本列島はその条件を完全に満たしている。

そのような環境で、縄文文化が急速に発展した。寒冷期から温暖化する中、動植物相の変化に対応することでできたのが縄文文化であると考えられる。

❖「縄文土器」は世界最古級の土器

日本では、土器が作られるようになったのを縄文時代の始まり、また、農耕の開始を弥生時代の始まり（縄文時代の終わり）と定義している。この時代の土器は、縄の模様が施されているため縄文土器という。黒褐色の素焼きで、低温で焼き上げるため厚手で脆（もろ）い特徴がある。

ところが、日本最古の土器が作られた時期が近年大幅に上方修正されたことで、縄文時代の始まりが何千年も遡った。縄文人が既に米を作っていたこともほぼ確実となり、弥生時代の始まりを単に「稲作の開始」と定義することができなくなりつつある。

日本最古の土器は青森県の大平山元Ⅰ遺跡から出土した。平成十年（一九九八）に青森県外ヶ浜町の民家の建て替え工事で、旧蟹田町教育委員会が行った発掘調査で出土した土器がそれである。この土器は、全て小さな破片で、縄文の模様はなかった。土器に付着した炭化物などを試料にして行ったＡＭＳ法（加速器質量分析法）による放射性炭素年代測定のサンゴによる暦年代較正値が、約一万六三〇〇年前だった。従来、ロシアのグロマトゥーハ遺跡で発見された土器が約一万五〇〇〇年前のもので世界最古とされていたが、それを塗り替えたのだった。

この測定の結果、日本の土器の出現がこれまで考えられていた時期より約四〇〇〇年遡ったことになる。それは、縄文時代の始まりが約四〇〇〇年遡ったことを意味する。そして大平山元Ⅰ遺跡の土器は世界最古級の土器となった。また、内側には焦げた炭水化物が付着していて、煮炊きに用いられたことが分かっている。そしてこれは、人類最古級の調理の跡である。さらに、この遺跡から出土した石鏃は世界最古のものと見られている。

その後、古い時代の土器が多数確認されたことで、日本列島では、短期間の内に土器文化が拡散したことが分かった。例えば、長崎県の福井洞窟から出土した隆起線文土器は約一万六〇〇〇年前、東京都の御殿山遺跡から出土した隆起線文土器は約一万六三〇〇年前、神奈川県の宮ケ瀬北原で出土した無文土器は約一万五五〇〇年前、北海道の大正3遺跡出土の爪形文土器は約一万四五〇〇年前である。

福井洞窟と御殿山遺跡は、大平山元Ⅰ遺跡とほとんど同時期であり、短期間で北は北海道、西は九州まで伝播したことが分かる。大平山元Ⅰ遺跡だけが飛び抜けて古いわけではない。

日本の縄文土器は一万四五〇〇年以上の長い間作り続けられ、その文様も人類史上比類ない豊富なものだった。弥生時代から現在までは約三〇〇〇年しか経過していないので、磨製石器の出現から見れば、日本の歴史はおよそ九割以上が岩宿時代と縄文時代だったことになる。

その後、平成二十一年（二〇〇九）に中国湖南省の玉蟾岩洞穴で世界最古となる約一万八〇〇〇年前の土器が発見されたとの報道があった。しかし、日本の考古学者たちが調査を要請しても拒否され、しかも盗難に遭って実物はもうないという。一体誰がそのようなものを盗むのか実に不自然な話である。測定方法に疑義があっても、土器自体が紛失してしまったら批判もできないことから「捏造されたもの」とも指摘された。

この遺跡から出土した土器は一万八〇〇〇年前〜一万五〇〇〇年前と、約三〇〇〇年間の開きがある。これは土器自体の年代測定をしたのではなく、土器の残留物と、上下の地層に残された動物骨などから年代を割り出したため、年代の幅が広くなった結果である。土器の残留物については一万四三九〇年前と、大平山元I遺跡より新しい。また一万八〇〇〇年前というのは、土器より下の層の年代であって、あくまでも「上限」に過ぎない。一万五〇〇〇年前なら、日本列島では東北から九州に至る広い範囲で土器が使用されていた時期である。このような土器が一方的に「世界最古」と謳われた。

そして、平成二十四年（二〇一二）には、今度は中国江西省の仙人洞遺跡で約二万年前の土器が発見されたとの報道があったが、これも実に疑わしい。仙人洞遺跡については、土器自体はおろか、土器の残留物や付着物の測定すら実施していない。上下の地層から採取した炭化物、動物骨、人骨の年代測定をしただけである。また、調理の痕跡があったとも報道されたが、ならば、なぜその付着物の年代測定をしないのか不可解である。この調査では、土器を伴う層の骨試料が一万六〇三〇年前、炭化物が一万六六五八〇年前と一万七四六〇年前（いずれも較正前）とされ、ゆえに較正済み年代では約二万年前のものと結論している（「較正」については後述）。

日本の考古学者は紳士的なのか、外国の研究者に遠慮しているのか、中国考古学に対して厳しい批判をしていない。そのような中、小林謙一教授が「その土器の写真を見る限り、文様が施文され焼成も比較的良好であり、土器の状況からは最古の出現期の土器との確証は持てていないというのが筆者の意見である」（小林謙一『土器のはじまり』二〇一九）と疑問を呈しているのは参考になる。控えめな表現だが、「最古の土器」が、後で作られた土器より出来が良いというのは、致命的なことであり、痛いところを突いた指摘である。

確かに、年代測定の技術は年々進歩を遂げ、より精度の高い測定が可能となったが、未だ課題も多く、個々の測定結果をそのまま信用することはできないのが現状である。放射性炭素年代測定の説明で、大気中の炭素の濃度はほぼ一定と述べたが、実際は年代によって若干の揺らぎがあるため、古木の年輪などを用いて、実測値と理論値の乖離を割り出して較正する必要がある。国際的なワーキンググループが、より精度の高い較正曲線を整備し、数年に一度更新している状況である。

また、支那における最初期の土器が発掘された仙人洞遺跡、甑皮岩遺跡、大龍湾鯉魚噴遺跡では、較正済みの年代測定結果と遺跡の層位との間に矛盾が見られた。これは溶解した石灰岩の成分が試料を汚染したことが原因と考えられている。淡水産貝試料を利用した場合に、木炭や動物の骨などを試料とするより一七％以上年代が古くなるとも指摘されている。ロシアの土器の年代測定でも、測定条件によって測定結果に乖離が生じることが指摘されている。

かつてロシアは、ロシア・シベリア地域での最古の土器はアムール川中下流域のオシポフカ文化期で、一万五〇〇〇年～一万三〇〇〇年前と主張していた。しかし、近年の測定結果から一万三五〇〇年～一万三〇〇〇年前であると見られる（國木田大他「オシノヴァヤレーチカ一〇遺跡出土試料の放射性炭素年代測定」二〇一九）。それに遅れて沿海州で土器が作られるようになった。

その点、日本の年代測定は、まだ課題はあるとはいえ、国際的に信頼される手法により行われている。日本列島では一万年以上前の土器が大量に出土しているため、編年体系が確立しているが、ロシアや中国など日本以外の地域では、この年代の土器の出土例が少なく、また試料の採取方法や測定方法に技術的なばらつきもあり、編年体系が確立されていない。三つの地域を統合した編年体系ができるまで、どの地域が土器の発祥の地であるかを確定することはできないと思われる。また、今後も古い土器が発見されるだろう。現状では、大平山元Ⅰ遺跡出土の土器は、国際的に信頼される手法で測定された世界最古の土器であるといえる。

❖日本文明の草創期

世界最古の土器を巡っては、①日本列島、②中国南部の北緯二〇度～三〇度の地域、③ロシアのアムール川中下流域の三つの地域が、世界的に見て圧倒的に古い時期から土器が作られていたことは揺るぎない事実である。土器は東アジアで発祥し、それがユーラシア大陸やアフリカ大陸に伝播したと見てよい。

この東アジアの三つの地域は環境や生態も異なり、土器自体の形状も異なるため、土器の機能にも違いがあったと見られる。そのため、三つの地域がそれぞれ異なった理由で、それぞれ土器を出現させたと指摘される。

中国は「世界最古の土器」を主張するが、不可解なのは、支那大陸では最古とされる土器の遺跡から周辺地域に土器文化が広まった形跡がなく、その後の土器文化との連続性も見られないことである。

他方、三つの地域の中で最初期の土器から土器文化が継続して発展しているのは日本列島だけである。日本列島においては、縄文時代の初期である約一万三〇〇〇年前には、大半の縄文遺跡で既に土器が用いられていたことが分かっている。世界において、日本列島が最も豊かな土器文化を育んだといえる。

また、日本では土器の出現により、採集狩猟を中心としながらも定住化が進み、弓矢を使う文化が発展した。日本で土器が最初に作られたのは氷期で、人々は土器を用いて煮炊きし、あるいは食物を貯蔵して厳しい環境を生き抜いたものと考えられる。

その後、温暖化が進むと、現在と似たような広葉樹を中心とした植生となり、自然の実りも豊富になって、海洋資源の利用が拡大したこともあって、土器の利用方法は更に拡大した。土器が出現したことにより、縄文文化が形成されたのであるから、土器の出現は我が国の歴史上、極めて重要な意味がある。土器の使用開始により、日本文明は草創期に入ったというべきである。

何を以って文明の成立とするかは難しい。「文明」は西洋の学者が作った概念で、日本の独特な歴史の経緯を考慮せずに用いられてきた。世界の考古学界における文明成立の定義は、農耕による余剰農作物の生産を前提とするため、その定義では、日本文明の成立は、弥生時代を待たなければならないだろう。また文明の定義は多義的で、都市化や文字、あるいは「国家」といえる政治システムの確立を条件とする見解もある。どの定義を採用するかによって、日本はいつから文明があるかの答えが大きく変わる。

支那文明、エジプト文明、メソポタミア文明、インダス文明を四大文明と呼ぶ。かつて日本の文明は支那文明の亜流だといわれてきた。文明のないところに他地域から文明が伝えられたのなら間違いないが、日本列島では、本格的な農耕と都市形成の時期は遅れたものの、文明成立の条件とされる磨製石器と土器を、支那よりも早く使用していたのであるから、日本は独自の文明の起源を持つといわねばならない。

❖縄文人の生活と三内丸山遺跡

縄文土器の名称は、米国人の動物学者エドワード・S・モースが、明治十年（一八七七）に大森貝塚で発見した土器に縄の模様が付いていたことに由来する。大森貝塚は縄文時代後期から末期頃の貝塚で、貝塚とは食べ残しやごみなどを捨てた遺跡を意味する。そこからは貝殻や土器の破片、そして土偶、石斧、石鏃、骨角器、人骨片などが発見された。モースの発掘は日本の考古学の発祥とされている。

縄文人は、石器、弓矢、骨角器などを使って狩猟、漁労、採集により食料を確保していた。骨角器とは、動物の骨格から作られた道具で、鹿、猪、イルカなどの骨から作った釣り針や銛などが、縄文時代の遺跡から発見されている。

土器が使われるようになると、煮る、蒸す、炊くといった調理法が加わって、汁ものの調理も可能になり、木の実などの灰汁抜きもできるようになって、効率良く栄養を摂取できるようになった。また、土器で飲食物を貯蔵することが可能になり、酒を醸した形跡も確認されている。

縄文人たちは地面に掘った穴に柱を立てて、草で屋根を葺いた竪穴式住居に住み、集落を作って定住するようになった。青森県の三内丸山遺跡など、大規模な集落を形成した遺跡もある。また丸太を刳り貫いた丸木舟を使って、航海していたことも分かっている。

縄文時代の遺跡から出土するもので印象的なものに土偶がある。粘土を人の形にした造形物で、沖縄を除く日本列島全域に分布し、これまでに一万五〇〇〇個以上が出土している。しかし、土偶は何のために作られたのか、今となっては分からない。これまでの研究により、何らかの祭祀に用いられていたという説が有力だが、それが自然崇拝なのか先祖崇拝なのか不明で、完全に謎に包まれている。土偶が何らかの祭祀に用いられていたとすると、縄文人は目に見えないものに畏敬の念を抱き、自然を畏れ利用してきたのだと思える。先祖に感謝し大自然との調和を重んじる日本人の価値観は縄文人が起源だったのかもしれない。

また、縄文人の風習の一つに屈葬(くっそう)がある。屈葬とは、手足を折り曲げて葬ることで、死霊の活動を防ぐためとも、寒さに耐えるための姿勢ともいわれている。特別大きい住居が見られないこと、共同墓地が営まれたこと、そして、副葬品がないことなどから、縄文人には人々の間に貧富の差はなかったと考えられる。

また、縄文時代には戦争の跡がほとんど見られない。これまで縄文人骨は約六〇〇〇体確認されているが、戦傷の痕跡が見られるのは僅か二〇体ほどである。皆無ではないが、戦闘の規模や数は極めて小さかったと考えられる。日本の縄文時代は、一万年以上戦争のない穏やかな時代を築いてきたといえる。

次に、日本の縄文文化はどのような発展を遂げたのか、確認していきたい。かつて、日本の縄文文化は人類史において未熟な文化と考えられていた。だが、近年の発掘調査の結果により、縄文文化はより高度な文化を持っていたことが判明し、縄文観を根本から見直さなければならなくなった。縄文人は約五〇〇〇年前から瓢箪や荏胡麻などを栽培し、縄文時代後期後半頃には瀬戸内海から九州北部にかけての地域で米を栽培していたことがほぼ確実とされる。

縄文人像を大きく変えさせた近年の発掘は、平成四年（一九九二）から発掘が始まった青森県の三内丸山遺跡である。三内丸山の縄文人は、栗の木を計画的に植林し、下草を刈るなどして念入りに管理していたことが分かっている。

三内丸山遺跡は今から約五九〇〇年前から約四三〇〇年前まで、およそ一六〇〇年間営まれた、広さ約三五万ヘクタールに及ぶ縄文時代中期の巨大遺跡である。江戸（東京）は徳川家康が城を築いてから約四〇〇年、京都は桓武天皇が遷都してから約一二〇〇年であることと比べると、三内丸山が太古の昔に一六〇〇年もの間営まれたというのは尋常ではない。しかも、住居の跡は全体で三〇〇〇棟以上になると推定される。これだけの規模になると、もはや「縄文都市」といっても差し支えなかろう。

三内丸山遺跡は、ただ一カ所に多くの人が住んでいただけではない。遠方との交易も盛んで、糸魚川のヒスイ、岩手の琥珀、秋田のアスファルトなどが出土している。

これは、遠方の集落との交流網が構築されていたことを意味する。また、遺跡には大規模な墓地が造営され、故人を丁重に葬る文化があったことを思わせる。集団の結束と人々の平等性を重視した社会だったと考えられる。

このように、縄文人は採取経済を基盤とする社会としては、稀に見る平和で高度で安定した社会を構築していたことが明らかになってきた。日本列島の豊かさが人の心の豊かさを育み、大自然との調和を重んじる独特の世界観を作り上げたと見られる。縄文人の世界観こそ日本人の世界観の土台となるものではなかろうか。

縄文人の営みからは万物を神と捉えるアニミズムの原点を見出すことができるだけでなく、縄文人が墓を造営した様子からは、先祖崇拝の原形が窺える。縄文人の自然崇拝と先祖崇拝が融合したものが、弥生時代に農耕文化と融合して更に発展し、現在の神道に繋がると考えられる。したがって、『記』『紀』の世界観は縄文時代に既に土台ができあがっていたといえよう。

❖北海道で発見された世界最古の漆器

この時代、日本列島が世界に先駆けていた分野として、土器以外にも漆器がある。従来、世界最古の漆器は支那の約七〇〇〇年前のものとされ、漆器文化は支那から日本に伝わったというのが考古学上の常識だった。

ところが、平成十二年（二〇〇〇）から始まった北海道函館市垣ノ島B遺跡の発掘調査により、約九〇〇〇年前の縄文時代早期前半の漆器の副葬品が発見され、世界の漆器の歴史が大きく塗り替えられることになった。この漆器は、本体は完全に朽ちていたものの、漆塗りを施した表面部分だけが残っていた。六点の漆器が、米国で行われた放射性炭素年代測定により、支那の漆器の歴史を約二〇〇〇年上回ることが判明した。しかし、平成十四年（二〇〇二）に発生した火事でほとんどが焼失したと伝えられる。そのほかにも、垣ノ島A遺跡からは、黒漆の上に赤漆を塗った漆塗りの注口土器（液体を注ぐための管状の口を持った土器）も発見されている。

さらに、福井県三方上中郡若狭町の鳥浜貝塚から、世界最古となる約一万二六〇〇年前の漆の枝が出土している。漆の木は帰化植物で、もともと日本列島には植生していなかったが、これにより、かなり古い時期から日本列島に漆の木が自生していた可能性が指摘されている。

今後、より古い漆器が支那で発見される可能性もあるが、現状では日本の漆器が最古であり、この時代における漆器の最先端の技術は日本列島にあったといえよう。

かつて、縄文文化の北端は宗谷海峡を越えないと考えられてきたが、その後、北海道に縄文文化が行き渡っていたことが確認され、近年は樺太での調査が進み、樺太の南端が縄文文化圏に含まれることが判明した。また、縄文文化圏の東端は択捉島までの北方領土に及ぶことも分かっている。縄文文化は南西端の沖縄から北は樺太南端、東は択捉島までに及んでいたのである。

❖支那文明の興隆

日本列島で世界最古の磨製石器が作られたのが約三万八〇〇〇年前で、世界最古級の土器が作られたのは約一万六三〇〇年前だった。土器に関しては、中国が世界最古級の土器を主張しているが、信憑性に問題があるとされるのは既に述べた通りである。

その後、支那大陸では日本列島に約二万三〇〇〇年遅れて磨製石器が作られるようになるが、日本列島よりも早い時期に農耕を開始して新石器時代に入った。稲作の起源については長年論争があり、インドのアッサム州、あるいは中国の雲南省、もしくは東南アジアが起源という説があったが、近年は考古学と分子生物学により、学界では長江中下流域が起源であるということで一致しつつある。

ただし、長江中下流域でも遺跡の年代を確定する上で問題があり、また何を以って確実な水稲農耕の跡と見るか意見が分かれているため、どの遺跡が稲作の起源であるかを確定することは難しい。今のところ年代が古い遺跡は、長江中流域の湖南省常徳市澧県の約九五〇〇年前の彭頭山遺跡である。次いで古いのは、黄河中流域の河南省鄭州市新鄭県の約九〇〇〇年前の裴李崗遺跡を中心とする裴李崗文化で、その後、支那の黄河流域と長江流域で新石器文化が次々と生じた。支那はアジアで最初に新石器時代に入ったことになる。

世界の考古学における新石器時代とは、磨製石器と土器が使用され、本格的な農耕と牧畜が始められ、定住化するといった新石器革命が生じた時と定義されている。この新石器革命により、人々は集落を形成するようになり、食糧生産を効率化させて人口が急増したと考えられる。効率化によって生じた余暇により、道具の改良も進んで石器も大きく発展を見せる。技術を担う専門職や、他地域との交易をする商人などが現れたのもこの時期で、分業により社会に階級が生じ、それがやがて国家や市場を作ることに繋がると見られる。

日本列島で磨製石器が作られてから約二万五五〇〇年もの長期間、支那大陸よりも日本列島の文化が先行していたが、ここで入れ替わることになった。農耕に着手した支那の文化は、新石器革命を成し遂げ、その後も猛烈な勢いで文明を発展させていくことになる。再び日本が文明水準と経済規模で支那を抜くのは明治時代のことである。日本列島では磨製石器と土器の使用が著しく早かったものの、本格的な農耕への移行が遅れたため、特殊な発展をすることになった。

❖日本文化圏だった朝鮮半島

しかし、とても不可解なのは朝鮮半島である。半島の石器文化については既に述べたように、日本列島と比べたら著しく少ないながらも、人類の活動の痕跡は確実に認められた。むしろ朝鮮半島には日本列島には見られない、握斧（にぎりおの）などの中期旧石器時代の打製石器も発見されている。

ところが、間氷期が到来し、約一万二〇〇〇年前に更新世が終わる頃になると、何と、朝鮮半島から人類の活動の痕跡が完全に消えてしまう。次に活動が確認されるのは約七〇〇〇年前であり、この約五〇〇〇年間は人類の活動が見られないのである。まるで朝鮮半島から人が消え去ってしまったかの如くである。そしてその理由は謎とされている。

韓国の考古学者たちが血眼になってこの時代の遺物を探すが、ほとんど成果が挙がっていないのが現状である。人が住まなくなったから痕跡が消えたのか、人は住んでいたが余りに少人数のため痕跡が発見されていないかのいずれかである。原始朝鮮人は、早くも約一万二〇〇〇年前に絶滅してしまったと思われる。このことについて、韓国人考古学者たちが執筆し韓国考古学会が取りまとめた資料に次のように説明されている。

「旧石器時代の終息から紀元前五〇〇〇年頃〔七〇〇〇年前〕までの長い時間に存在する確実な資料は、ほとんど何も知られていない。このような資料の欠乏のため、旧石器時代から新石器時代への移行過程についての説明がなされないままであるが、新石器時代の開始時期やその文化相をはじめとする様々な問題について、今後明らかにされなくてはならない」（韓国考古学会編『概説　韓国考古学』二〇一三）（引用文中の〔　〕は筆者注、以下同じ）

韓国の考古学界では、約五〇〇〇年間の空白期について大きな戸惑いがあることが窺える。そして、約七〇〇〇年前から再び朝鮮に人類の活動の痕跡が見え始める。それは、人がいなくなった朝鮮半島に、約五〇〇〇年振りに人が戻ってきたことを意味する。

約七〇〇〇年前以降、朝鮮半島南部と島嶼部で朝鮮最古の土器である隆起文土器が作られるようになった。例えば、済州島の高山里遺跡、釜山市の東三洞遺跡、瀛仙洞遺跡、多大浦、慶尚南道の新岩里遺跡、山達島遺跡、上老大島上里貝塚、全羅南道の小黒山島などから多数の隆起文土器が出土している。

朝鮮最古の土器である隆起文土器とは、何と日本列島の「縄文土器」なのである。

支那大陸には縄文土器を作る縄文文化はないことから、無人となった朝鮮半島に再び住み始めた人たちは、日本列島から移り住んできた縄文人（和人）だったと見られる。この時期に日本文化圏が、玄界灘を渡って朝鮮半島の南部にまで拡大したことを意味する。朝鮮半島で出土する縄文土器のほとんどは、半島で作られたものであり、日本列島から運び込まれた搬入土器は少数に留まる。列島から半島に渡った縄文人（和人）が土器を作ったのである。

驚く人もいると思うが、よく考えたらむしろ当然のことではなかろうか。当時の日本列島は縄文文化を成熟させ、早期縄文時代に入っていた。地図を見れば明らかなように、唐津の岬から壱岐までが約二五キロメートル、壱岐と対馬は約六〇キロメートル、対馬から釜山まで約六五キロメートルという距離である。対馬の展望台からは釜山がよく見える近さである。

そして、対馬は縄文時代全時期を通じて常に北部九州と同じ土器変遷を示しているため、対馬は北部九州と同じ程度の縄文文化が行き渡っていたと考えられる。九州を出て壱岐や対馬に渡った縄文人たちが、釜山や済州島に渡らないと考える方がおかしい。まして七〇〇〇年前以前の朝鮮半島には、住人はなく、文化もなかった。

朝鮮半島に最初に登場した土器は縄文土器だったが、日本列島とは別系統の櫛目文土器が出現するのは約五五〇〇年前である。半島では縄文土器の出現から櫛目文土器の出現まで約一五〇〇年の開きがある。櫛目文土器とは櫛歯状の施文具で幾何学的文様を施した土器の総称である。

韓国では櫛目文土器こそ朝鮮固有の土器であるというが、それはあり得ない。櫛目文土器は約六〇〇〇年前に支那北東部の遼河文明が起源で、その後、その土器の形式は北東アジアから北欧にまで及んだ。朝鮮半島に伝わったのが約五五〇〇年前のことで（韓国考古学では未だ一致した見解はない）、この土器の文化はそのまま日本列島に伝えられた。

日本の考古学ではこれを「朝鮮式土器」と呼び、「朝鮮半島との交流があった」などと説明することが多いが、誤りである。櫛目文土器は支那の遼河文明の土器であるから「朝鮮式」ではないし、朝鮮半島に住んでいたのは縄文人（日本人）であるから、縄文人が自ら会得して列島に持ち帰ったものだった。日本では西北九州を中心に、二五カ所で櫛目文土器が出土していて、搬入されたものと日本で作られたものがある。その後、縄文時代後期以降は、九州でも櫛目文土器はほとんど出土しなくなる。

縄文時代の前の岩宿時代ですら、岩宿人は伊豆諸島の神津島から小舟で黒曜石を本州まで運んでいたことが分かっている。縄文人は自由に船を操って日本列島の島々を行き来していた。対馬から釜山に渡ることなど、いとも簡単なことだったろう。当時は国家や国境という概念はない。日本列島の縄文文化が、玄界灘を越えて朝鮮半島に伝播するのは、むしろ当然のことである。

日韓の考古学者たちは、朝鮮半島南部から縄文土器が出土することについて「朝鮮半島との交流」という言葉を使うが、不適切な表現というほかない。日本列島の縄文人と半島の朝鮮人が交流したのではなく、半島に縄文人が住み着いたということである。

❖なぜ縄文人は稲作に興味を示さなかったか

日本が縄文文化を営んでいる頃、支那大陸では本格的な農耕社会が構築されていた。だが、縄文人は小規模な穀物栽培を始めてから一〇〇〇年以上もの間、農耕生活に移行しなかった。長期間に亘(わた)って意図的に農耕を採用しなかった先史文化は世界的に稀である。

その理由は、日本列島の豊かさにあったと見られる。日本列島は豊かな温帯林に包まれ、周囲を海に囲まれた環境にあって、豊富な山海の幸に恵まれていたため、縄文人の食生活は安定し、食べるのに困る状況はなかった。採取を基礎とする社会でこれほど安定した社会は世界史上極めて珍しい。そのため、水田稲作を取り入れる必要がなかったというのが、縄文人が水田稲作に興味を示さなかった理由と考えられる。同じ理由で、牧畜も発達しなかった。また、地域毎に生活に特色があり、人々が保守的な生活を維持しようとしていたことも影響していると思われる。

しかし、縄文時代を通じて温暖な気候が継続していたが、縄文時代晩期に入ると再び寒冷化が起こり、環境が変化して自然の生産力が低下した。このような時期に縄文人も重い腰を上げて本格的な稲作に着手することになった。

では縄文晩期において縄文人の食糧事情が極度に悪化したかというと、そうでもない。食い詰めた状況では幼獣を捕獲する傾向が高まると考えられるが、縄文時代晩期の貝塚に若い捕獲獣の個体が増える形跡はない。また、その頃の縄文人の骨や歯に、成長が止まるような障害はほとんど観察されていない。したがって、寒冷化によって自然の生産力が衰退したとはいえ、縄文人の食糧事情が極度に悪化したことはないといえる。

すると、縄文人は自然環境が変化する中、余裕を持って農耕社会に移行していったことになる。農耕技術が導入されたことによって、既存の縄文社会が破壊されたわけではない。農耕文化を受け入れない地域、農耕文化と環濠（かんごう）集落を受け入れた地域、農耕文化は受け入れるも環濠集落は受け入れない地域などに分かれた。

縄文人が水田稲作を始めたのは紀元前十世紀の北部九州で、暫くは拡大しなかったが、約二〇〇年後の紀元前八世紀～紀元前七世紀に九州を出て瀬戸内地方部に伝わってからは比較的速い速度で伝播していった。縄文人はそれまでに蓄積した知恵と技術により、最新の道具を用いて水田を開拓したと見られる。紀元前二世紀には九州、四国、本州の全域に達した。

❖琉球人は何処から来たか

アイヌの起源については「岩宿時代以前」の項で述べたので、ここでは琉球人の起源について述べたい。琉球人の先祖は支那大陸や台湾から渡ってきたか、日本本土から渡ってきたかについては議論があった。考古学、言語学、分子生物学の見地から検証を試みる。

既に示したように、沖縄では約三万六〇〇〇年前の人骨が発見されていて、古い時代から人類の活動の痕跡が確認される。最古の釣り針が出土したのも述べた通りである。土器に関しては、沖縄では日本本土に約八〇〇〇年遅れて使われるようになった。現在、沖縄最古の土器は南城(なんじょう)市のサキタリ洞遺跡から出土した押引文(おしびきもん)土器で、沖縄文時代早期に当たる約八〇〇〇年前の較正年代が得られている。九州の黒曜石が沖縄に運ばれたことも分かっている。考古学の見地からは、沖縄には日本本土とは異なった環境で独特の文化が形成されながらも、本土と濃厚な繋がりがあることが指摘されている。沖縄の先史時代は、人が住み始めてからが後期旧石器時代で、土器が使われるようになって以降を貝塚時代という。

言語学では、日本語と琉球語では文法と語順が同じであり、また規則的音声対応が認められるため、同系統の言語であることが分かっている。また日本語と同系統の言語が日本列島以外にないため、琉球人は日本本土から来た人たちであることが従来から指摘されていた。

その言語学において、現代の日本の方言の分布からその祖語である弥生語を復元し、さらに弥生語からその祖語である縄文語を復元することで、琉球と九州との繋がりを明確に示したのが、比較言語学の小泉保(こいずみたもつ)教授である。小泉教授は、柳田国男(やなぎたくにお)氏の提唱した「方言周圏論」を駆使して、縄文語を復元した。この手法は、中央の近畿から新しい語彙を送り出し、それが波紋状に広がった結果、末端の地域に、より古い形が残る傾向があるという考えに基づく。東北と南九州と沖縄に類似した語形が保存されているのはそのためと説明される。

小泉教授は「琉球列島の言語が南九州から南下したとする見解は比較言語学の立場から見て動かしがたいものがある」とし、現在の琉球方言の元は琉球縄文語で、それは九州縄文語から派生したと結論している。また教授によると、現在の南九州と沖縄で言語の差が大きいのは、本土縄文語と琉球縄文語が分離した時期が早かったのが原因で、琉球縄文語がそのまま沖縄方言となったとし「連綿として語られてきた琉球方言の中にこそ縄文語の本質が伝えられていると思われる」という（小泉保『縄文語の発見』新装版、二〇一三）。

次に、分子生物学では、現代の本土日本人と沖縄県民のｍｔＤＮＡとＹ染色体ＤＮＡのハプログループを比較しても大きな違いはなく、また台湾や周辺の少数民族のハプログループとは大きく異なるため、本土日本人と沖縄県民は同祖であると見られてきた。また、グスク時代（十一世紀～十五世紀）の沖縄人のｍｔＤＮＡのハプログループも同じ傾向を示している。このことから、縄文時代において、九州と沖縄に住んでいた人は、同じ縄文人だったと推定される。

そして、この論争を決着させたのが核ゲノムＤＮＡ解析の結果だった。琉球大学大学院医学研究科、北里大学、統計数理研究所の共同チームが、平成二十六年（二〇一四）、現在の沖縄に住む人の核ゲノムＤＮＡを解析したところ、遺伝的に沖縄の人々は台湾や大陸の人々と繋がりがなく、日本本土により近いという研究成果を発表した。

言語学、考古学、分子生物学の三分野で同じ答えが出ているので、琉球人と日本人は同じ先祖としてよい。そして、岩宿時代の石器文化、縄文時代の縄文文化のいずれにおいても、沖縄より九州が文化的に先行していたことから、琉球人は南九州から渡った縄文人の子孫と結論できる。

❖日本語の起源

日本の岩宿時代、縄文時代、弥生時代にどのような言葉が話されていたか、まだ分からないことが多い。そこに、時代毎に他の地域から言語要素が流入し、現代日本語が徐々に形成されていった。具体的には次の通りである。

元々「縄文語」が存在していたところ、縄文時代後半期に長江下流域からオーストロネシア語系言語の影響を受けて「弥生語」が形成され、そして弥生時代から古墳時代にかけて、朝鮮半島から朝鮮半島西部の言語（縄文語の朝鮮方言）の影響を受け、また飛鳥時代に漢語の影響を受けて「古代日本語」が形成された。そして古典が姿を変えた「中世日本語」を経て、それが更に変改し、江戸時代末期以降に欧米語が入り「近代日本語」が完成したと考えられる。

日本列島は海に囲まれているため、支那大陸と違って、戦争により民族が言語と共に滅ぼされる経験をしたことがない。そのため、日本語の成立過程は他の言語と比較して単純である。総じて、日本語は縄文時代には日本列島に存在していて、長年に亘り他の地域の言語の影響を受けて徐々に現代語に変化したものである。そのため、日本列島以外には日本語と同系の言語は他になく、縄文時代以前の古い要素を色濃く残している。

神道の考えによると神武天皇より前は神代であるから、日本語は高天原に通じる「神の言葉」ということになろう。そして、日本列島の隅々にまで和語が行き届き、日本人は一つの言語を共有して結束してきた。

ところが、世界史を眺めると言語は脆弱なものであることが分かる。言語は民族と共に生き残るものであり、民族と共に滅びるものでもある。英語やスペイン語が「日の沈まぬ言語」になった半面、その陰で夥しい数の言語が消滅してきた。

日本語も例外ではなく、いくつもの危機を乗り越えてきた。元寇（げんこう）でもし日本が元に征服されていたら、日本列島は元の植民地となり、今は中華人民共和国の一部として中国語が用いられていた可能性がある。また幕末期の舵取りを一つ間違えていたら、我が国は列強の植民地にされていた可能性もある。そして、先の大戦の終結が遅れていたら、日本は東西に分断され、北日本では今頃ロシア語が公用語になっていたかもしれない。また、大戦後の占領期には、公用語を日本語から英語に替えるという議論もあった。

確かに、アメリカ先住民やアボリジニーなど、日本の縄文時代に他の地域に存在していたアニミズム精神を持つ民族は現存する。しかし、彼らは国土と国家を持たず、言語すら失われてしまった。そのような原始民族で国土、国家、言語を持ち、一億人以上の人口を擁しているのは世界で日本民族だけであり、その意味において、日本は現存する唯一の古代国家といえるのではないか。有史以前の古い言語が現在に存続していることには、大きな価値がある。

❖『古事記』における縄文時代

ところで、日本の縄文時代が『古事記』のどこに該当するかを明らかにするのは難しい。だが、各時代の考古学上の特徴から、次のように考察することが可能である。先ず、高天原（天空世界）と葦原中国（地上世界）では、当初文化程度が著しく異なっていたことを確認しておきたい。『古事記』では、「国生み」の前には、伊耶那岐神と伊耶那美神は金属製の剣を持っている。日本列島が形成される前から高天原には剣があり、高天原と葦原中国の文化の程度の差は歴然としているといえる。つまり、神が金属器を持っているからといって、直ちに地上世界を弥生時代と断定することはできず、葦原中国の状況から判断する必要がある。

『古事記』によると、葦原中国で土器が初めて登場するのは、須佐之男が高天原を追放されて葦原中国に降り立った時のことである。八岐大蛇を退治するために、老夫婦が酒を醸す場面があった。土器がなければ酒を醸すことはできないため、この時代、既に地上には土器があり、縄文時代に入っていたことが分かる。

では『古事記』のどの場面から縄文時代といえるか検討したい。『古事記』には人の寿命が定められた記述がある。伊耶那岐神が黄泉国（よみのくに）から逃げ帰る際、黄泉比良坂（よもつひらさか）で岩を挟んで二柱の神が言葉を交わした時のことである。「一日に一〇〇〇人の人を殺しましょう」という伊耶那美の言葉に対して、伊耶那岐は「では私は一日に一五〇〇の産屋（うぶや）を建てよう」と返答した。

考古学によると、日本列島の先土器時代では、人々は洞穴や岩陰に住むことが多く、例外的に竪穴式住居が見られるという。その時代、出産に当たり専用の産屋を建てる文化が普及していたとは考えにくいので、縄文時代以降の文化だったと想定することができる。

『古事記』において葦原中国に生きる人に関する記述が初めて登場するのが、黄泉比良坂での伊耶那岐と伊耶那美の会話であるから、その時は既に葦原中国は縄文時代に達していて、それ以前の神話のどの部分から葦原中国が縄文時代に入ったかを見極めることはできない。

次に、『古事記』における縄文時代がどこまで続くかを検討したい。縄文時代の終焉とは、弥生時代の到来を意味する。弥生時代は水田稲作の開始と定義されるので、葦原中国で稲作が始まる時点を見極めればよいということになる。

『古事記』に五穀が初めて登場するのは、須佐之男命（すさのおのみこと）が高天原を追放されて葦原中国に降る途中、須佐之男命に殺された大気都比売神（おおげつひめのかみ）の死体から蚕、稲、粟、小豆、麦、大豆が生（な）り、神産巣日神（かむむすひのかみ）がそれを種として地上に授けたとの逸話である。

他方『日本書紀』には天孫降臨の際に天照大神（あまてらすおおかみ）（『古事記』では天照大御神）が孫の

瓊瓊杵尊（『古事記』では邇邇芸命）に下した斎庭の稲穂の神勅に「吾が高天原に御しめす斎庭の穂を以ちて、亦吾が児に御せまつるべし」（私が高天原で作った神聖な田の稲穂を、また私の御子に授けよう）とある。神産巣日神と邇邇芸命のいずれが稲を伝えて広めたのか問題となる。このことについては、他にも難しい問題を孕んでいるため、次の「弥生時代」で日本列島の農業の歴史を確認した上で、改めて取り組むことにしたい。

3 弥生時代

❖神から人になった邇邇芸命

弥生時代は、縄文人が本格的な稲作を開始したところから始まる。考古学に関することは後述することにし、天孫降臨以降の『古事記』を読んでいきたい。

地上に降り立った邇邇芸命（ににぎのみこと）は、笠沙之岬（かささのみさき）で大山津見神（おおやまつみのかみ）（山の神）の娘に出会い、恋をした。その女神の名前は木花之佐久夜毘売（このはなのさくやびめ）。邇邇芸命はすかさず「あなたは、誰の娘か」とお尋ねになり、女神は「私は大山津見神の娘で、名は木花之佐久夜毘売と申します」と答えた。ここで邇邇芸命が「私はあなたと結婚したいと思うが、どうか」と問うと、佐久夜毘売は自ら申し上げることはできないと言うので、父である大山津見神に結婚の許しを請いに行くことになった。すると、大山津見神は大いに喜び、佐久夜毘売に、姉の石長比売（いわながひめ）を添えて、多くの嫁入り道具を持たせて送り出した。ところで、姉妹が揃って嫁ぐことは現在では考えられないが、古代においては、結婚は家と家の結び付きであることから、このような姉妹婚が行われていた。

ところが、姉の石長比売は見る者が震えるほどの醜さだった。嫁入りの日、初めて会った邇邇芸命は、その醜さに驚き恐れ、その日の内に石長比売だけを実家に送り返してしまった。すると、父親の大山津見神は大きく恥じ「私が二人の娘を並べて送り出したのは、石長比売を側に置いて頂ければ、天つ神の御子の命は、常に石のように変わらず永遠でありますように、また、木花之佐久夜毘売を側に置いて頂ければ、木の花が咲くように栄えますようにと、願いを懸けて送り出したからです。石長比売を送り返し、佐久夜毘売一人を留めたのですから、今後、天つ神の御子の命は、桜の花のように脆く儚いものになるでしょう」と述べた。

以降、今に至るまで、天皇命の御命は限りあるものとなった。大山津見神が良かれと思って掛けた「祝い」が「呪い」となってしまったと見られる。この事件により邇邇芸命とその子孫である歴代天皇には寿命が与えられた。これが、天皇の先祖が神から人になった瞬間である。

原則として神は死なないため墓はないが、『日本書紀』には瓊瓊杵尊（『日本書紀』の表記）の崩御と埋葬に関する記事がある。明治政府は明治七年（一八七四）、新田神社（鹿児島県薩摩川内市宮内町）の境内にある神亀山を邇邇芸命の御陵に比定した。可愛山陵として現在は宮内庁が管理している。この比定には批判もあり、宮内庁は明治二十九年（一八九六）に宮崎県延岡市北川町長井俵野の伝承地を「北川陵墓参考地」と指定し、管理している。また、邇邇芸命の子である火遠理命については『記』『紀』共に崩御と埋葬の記事があり、その子の鵜葺草葺不合命は『日本書紀』に崩御と埋葬の記事がある。

いずれも明治七年に、火遠理命の御陵は、鹿児島県霧島市溝辺町麓の高屋山上陵と比定され、また鵜葺草葺不合命の御陵は、鹿児島県鹿屋市吾平町上名の吾平山上陵と比定された。この二代の御陵も現在は宮内庁が管理している。特に高屋山上陵は、明治五年（一八七二）に明治天皇がご参拝になった他、昭和天皇と上皇陛下がいずれも皇太子時代に、三代の神代山陵を巡拝なさった。

さて、火遠理命が眠る高屋山上陵を親子代々守り続けてきた家があることは余り知られていない。平成二十二年（二〇一〇）に人事院総裁賞を受賞した宮内庁陵墓守長の岩元眞一氏は、明治時代から五代に亘って高屋山上陵の管理を任されてきた旧家に生まれた。そして、二十八歳の時、地元の銀行を辞めて父の後を継いでから三十二年間、宮内庁職員として一人で山陵を守り続け、平成二十三年（二〇一一）に定年を迎えた。

高屋山上陵の被葬者は初代神武天皇の祖父に当たる火遠理命である。岩元氏は五万四〇〇〇平方メートルの広さを誇る広大な御陵を毎日歩いて巡視し、参道を掃除するだけでなく、草払い、樹木の手入れ、そして施設や工作物の補修や修繕計画の策定まで、一人で何でもこなしてきた。豪雨や強風の後に、土砂を運び出し落ち葉を掃除するのはきつい仕事に違いない。

授与式で「笑われるかもしれませんが、私は被葬者の侍従長としての誇りを持っています」と語った岩元氏は「全ての国民や国家の尊厳を未来に引き継ぐためのもの」と自らの仕事に誇りを持つ。次の岩元氏の言葉から、皇室の陵墓を守ることが国民の幸せに直結することが分かる。

「陵墓は古代から現代までの皇室と国民とを繋ぐ重要な文化財的所産でもあり、特に私のお守りする神代山陵は皇室のみならず、国民お一人、お一人がその遠いご祖先の御霊の鎮まる深い森に、心静かに参拝されるための場所でもあります」（人事院ウェブサイト）

「戦前までは天皇は神だった」といわれる。しかし『古事記』の世界において、神に寿命はなく、神が死ぬのは酷い外傷を負った場合に限られる。神は病気にならないし、老化もしない。癌、心筋梗塞、脳溢血どころか、老衰とも無関係である。よって、邇邇芸命が石長比売を実家にお帰しになったことで寿命が与えられたということは、邇邇芸命が神から人になったことを意味する。そして、その子や子孫は皆「人」として生まれることになった。歴代天皇も同様である。

しかし、邇邇芸命は、単に人になったのではなく、神としての性格（神聖）を保ったまま人になったと見なければならない。かつて、天皇のことを「現人神」と申し上げることがあった。しかし、これは「天皇は神である」という意味ではない。例え戦前であっても、天皇を生理的人間ではないと信じていた者はいないし、憲法学においても天皇は人であるというのが通説だった。

天皇は「祭り主」である。すなわち、神殿に鎮座して神として拝まれる存在ではなく、高天原の神々を祭り拝む存在なのである。天皇の原理から見ても、天皇が神であろうはずがない。天皇は神だから尊いのではなく、「天皇」という日本民族の伝統的な地位が「神聖である」という思想が、歴史的に共有されてきたことに重要な意味がある。したがって、「現人神」は天皇が神なのではなく、天皇の地位が神聖であるという思想を意味している。天皇は人間である。

先に日向三代の御陵を「三代の神代山陵」と示したが、これは通俗的に使用されている表現であり、正確には、邇邇芸命の父である天忍穂耳命までが「神代（神の代）」で、邇邇芸命から後が「人代（人の代）」となる。後述するように初代神武天皇は弥生時代の人物であり、その曾祖父である邇邇芸命を「神」でなく「人」と理解するなら、邇邇芸命も同じく弥生時代の人物といえる。

❖邇邇芸命の最初の仕事は「求婚」だった

ここで、邇邇芸命が木花之佐久夜毘売に求婚なさったことに注目したい。邇邇芸命は天照大御神から、葦原中国（あしはらのなかつくに）を「知らせ」と命ぜられた。「知らせ」とは、天皇が国と民の事情を知り、祈ることを通して、自ずと国家を統合していく日本独自の国家統治の在り方であることは既に述べた通りである。

しかし『古事記』によると、邇邇芸命は国家統治の大役を担ったにもかかわらず、地上に降（くだ）って最初にした行動が、美しい女神を口説くことだった。しかし、それがただの遊び心から生じた軽はずみな行動でないことは、『古事記』を読み進めれば自ずと分かることである。

邇邇芸命は初めて葦原中国に降り立ったが、そこには知人や家族はなく、また人々も邇邇芸命を知らないのであるから、国を治める環境が整っていない。そこで、葦原中国で力のある神の娘と結婚することで、その神の霊力を受けることになった。葦原中国の有力な神の娘と結ばれれば、邇邇芸命はその神の義理の息子となり、それは、国を「知らす」上で絶大な力となる。

後述するように、邇邇芸命の子と孫も同じ趣旨の結婚をしていることから、邇邇芸命とその子孫には、結婚に対するそのような拘りがあったと見られる。神武天皇も同様だった。したがって、邇邇芸命が笠沙之岬で木花之佐久夜毘売に求婚なさったのは、私事ではなく、国家統治のために必要な「仕事」だったのである。

その証拠に、女神に出会った邇邇芸命が最初に発せられた言葉が「あなたは、誰の娘か」だった。目の前にいる麗しき女神が一体誰の娘であるかが、邇邇芸命にとって最大の関心事だったに違いない。そこで邇邇芸命は余計な言葉を用いず、単刀直入に問うたのである。

その答えは「私は大山津見神（森の神）の娘です」だった。これだけ発展した現在の日本列島ですら、大半が森林であることから分かるように、当時の列島は「森」そのものと表現しても過言ではない。その女神が森の神の娘であると分かれば、もう何も躊躇するものはない。邇邇芸命は二言目には「私はあなたと結婚したいと思う」と仰せになり、求婚なさった。

❖海幸彦と山幸彦

木花之佐久夜毘売が嫁いだその夜、邇邇芸命と佐久夜毘売は夫婦の交わりをする。その後、佐久夜毘売は妊娠するが、邇邇芸命は、妻がたった一夜の交わりで妊娠したことに疑問を持ち「国つ神（葦原中国にいる他の神のこと）の子に違いない」と言った。

すると、佐久夜毘売は「もし国つ神の子なら、無事に出産することはないでしょう。もし天つ神の子なら、無事に出産することでしょう」と述べて自ら呪術を掛け、出入り口のない産屋を建てて、内側から土で塞ぎ、自ら産屋に火を放って、燃え盛る火の中で子供を産んだ。出産は大きな危険が伴うにもかかわらず、より困難な状況を自ら作り出し、危険な出産を成功させることで、生まれてきた子が邇邇芸命の子であることを証明して見せたのである。

二人の間に生まれた子は、火照命（海幸彦）、火須勢理命、火遠理命（山幸彦、またの名は天津日高日子穂穂手見命）の三柱である。海幸彦と山幸彦の話は『古事記』を読んだことがない人でも、童話として知っている人も多い。その概要は次の通りである。

兄の海幸彦は海で魚を捕り、弟の山幸彦は山で獣を捕って暮らしていた。ある日、山幸彦は「たまにはお互いの道具を交換してみよう」と提案した。初め海幸彦はこれを拒んだが、山幸彦の熱意に押されて、遂に二人は道具を交換した。だが、山幸彦は釣り針を海に失くしてしまう。

山幸彦がそのことを兄に打ち明けると、兄は許さずに「返せ」の一点張りだった。困り果てた山幸彦が海辺で泣いていると、潮の流れを司る神の塩椎神が現れた。事情を聞いた塩椎神は綿津見神（海の神）の宮殿に行くように教えた。山幸彦は教えられた通りの潮に乗り、綿津見の宮に着いた。山幸彦は、門のところで出会った綿津見神の娘の豊玉毘売命を気に入り、二人は結婚する。綿津見神も喜んで山幸彦をもてなし、三年の月日が経った。

ある日、釣り針を失くしたことを思い出した山幸彦が深い溜息をつくと、ここへやって来た理由を聞かれ、事情を打ち明けた。綿津見神は宮殿に海の生き物たちを集め、失くした釣り針を知らないか尋ねた。すると鯛が喉にトゲが刺さってものが食べられずに困っているという。直ぐに鯛を呼んで喉を調べると、釣り針が刺さっていた。綿津見神は、満潮を引き起こす呪力を持った塩盈珠と、干潮を引き起こす呪力を持った塩乾珠を山幸彦に授け、山幸彦に「この釣り針を兄に返す時『この釣り針は心の塞がる釣り針、心の猛り狂う釣り針、貧乏な釣り針、愚かな釣り針』と言って、後手で渡しなさい。そして兄が高い所に乾いた田を作るなら、あなたは低い所に湿った田を作りなさい。もし兄が低い所に田を作るなら、あなたは高い所に田を作りなさい。そうすれば、私は水を支配しているから、三年の間に、必ず兄は貧しくなるでしょう。もしそのようなことを恨んで兄が攻めてきたら、塩盈珠を出して溺れさせ、もし苦しんで助けを求めたならば、塩乾珠を出して生かし、悩ませ苦しめなさい」と教えた。

鮫の背に乗って故郷に着いた山幸彦は、教えられた方法で海幸彦に釣り針を返した。すると兄は日毎貧しくなり、やがて攻めてきた。山幸彦は、兄が攻めてくると塩盈珠を出して溺れさせ、苦しんで助けを求めたら塩乾珠を出して救い、悩ませ苦しめると、兄は山幸彦に服従すると誓った。こうして、海幸彦の子孫の隼人は、今に至るまでその溺れた時の仕草を忘れないように伝え、天皇に仕えている。今、海が満潮と干潮を繰り返すのは、それが理由なのかもしれない。

暫くして、豊玉毘売が山幸彦を訪ねてきた。出産が近づいているという。山幸彦は鵜の羽根で産屋を建てるが、完成する前に産気付いてしまう。豊玉毘売は本当の姿で子を産むので絶対に覗かないようにと言ったが、山幸彦は鮫になった妻の姿を見てしまう。それを恥じた豊玉毘売は妹の玉依毘売命に子育てを任せ、子供を残したまま海への境界を閉ざして海へ帰っていった。産屋の屋根を葺き終わる前に生まれたので、その子は鵜葺草葺不合命という。

邇邇芸命から鵜葺草葺不合命までの三代は、九州南部を拠点としたため、その時代を「日向三代」という。現在、邇邇芸命は霧島神宮（鹿児島県霧島市）、新田神社（鹿児島県薩摩川内市）などに、火遠理命は鹿児島神宮（鹿児島県霧島市）、青島神社（宮崎県宮崎市）などに、鵜葺草葺不合命は鵜戸神宮（宮崎県日南市）などに主祭神として祭られている。また高千穂神社（宮崎県西臼杵郡高千穂町）は日向三代とその后を「高千穂皇神」として祭っている。いずれも神話の伝承地で、風光明媚な神社が多い。

鵜葺草葺不合命は育ての親である玉依毘売を妻とし、四柱の御子を儲けた。その末っ子が神倭伊波礼毘古命、後の神武天皇である。

ここで一旦『古事記』から離れ、弥生時代がどんな時代だったか眺めていきたい。

❖弥生時代の開始が五〇〇年遡った衝撃

弥生時代は本格的な水田稲作が始まった約三〇〇〇年前から、前方後円墳が出現する三世紀初頭までの約一二〇〇年間の時代である。この時代の文化を弥生文化という。縄文時代にも小規模ながら長期間に亘って作物の栽培が継続されていたため、境目が問題となるが、水田稲作を生産基盤とする生産経済に移行することを以て弥生時代の到来と考えるのが一般的である。これは採集経済の中で生業の一つとして稲作を取り入れていた縄文時代とは一線を画すものである。

長年、弥生時代の開始年代は約二五〇〇年前とされていたが、近年の研究の成果で大きく上方修正された。平成十五年（二〇〇三）に国立歴史民俗博物館が、福岡市の雀居遺跡などの土器に付着した炭化物を放射性炭素年代測定法で分析した結果、日本における本格的な水田稲作の開始は定説より約五〇〇年早い約三〇〇〇年前（紀元前一〇〇〇年頃）であることが分かったと発表した。水田遺構から出土する土器の年代を調べることで、水田が営まれていた時期を求めたものである。他方、朝鮮半島では水田稲作は二六〇〇年前までしか遡れず、遼東半島と朝鮮半島北部での水耕田跡は近代まで見つかっていない。

この研究成果により、考古学の常識が一つ覆った。* 従来、水田稲作は朝鮮半島経由で日本に伝えられたとされてきたが、日本の稲作開始年代が大幅に遡ったことで、朝鮮半島の水田稲作よりも、日本の水田稲作の方がだいぶ古いことが分かり、従来の考えには大きな疑問符が付けられることになった。以前から、朝鮮半島では日本より古い水田遺構がないため、本当は日本から朝鮮に稲作を伝えたのではないかとも主張されたが、なぜか学界では異端扱いを受けていた。

ところが、日本の水田遺構は朝鮮半島より数百年先行することが明らかになっても、日本の考古学では未だに稲作文化は朝鮮から日本列島に伝えられたと主張する学者が多い。日本の考古学者の多くは自分たちが論理的に破綻していることに気付いていない様子である。「半島にもっと古い遺構が見つかるはずだ」というのが罷り通るのであれば、どんな主張も可能である。

ところで、日本の縄文時代に、当時無人だった朝鮮半島に、日本列島から縄文人が渡って住み着いたことは既に述べた。縄文人が半島に縄文文化を伝えたことは再確認しておきたい。

縄文時代を通じて、朝鮮半島では大規模な戦闘の痕がなく、文化的な断絶も確認されないため、半島での民族の置き換えはないと見られる。よって、日本列島が弥生時代に入る頃も、朝鮮半島の主たる住人は縄文人の子孫であり、朝鮮半島は日本文化圏の一部だったといえる。

九州と朝鮮半島には、同じ縄文語とそれから派生した弥生語を話す日本人が住んでいて、また縄文時代から日本人は海を渡ることを得意としていたため、九州で発展した文化はそれほど時間を掛けずに半島に伝わり、また半島に伝わった大陸文化も同じように九州に直ぐに伝わったと考えられる。日本列島と朝鮮半島は玄界灘によって隔てられているが、当時、朝鮮半島は文化的に日本列島に付随する地域だった。

＊国立歴史民俗博物館の発表について、研究者間で賛否が分かれたが、現在では多くの研究者が弥生時代の開始年代を紀元前八世紀頃まで遡らせるようになっている。

❖朝鮮半島より先行していた日本の稲作文化

もう少し詳しく見ていきたい。朝鮮半島では、三〇〇〇年以上前から生業の一部として畑作が導入されていた。慶尚北道（けいしょうほくどう）の松竹里（しょうちくり）遺跡などで穀物栽培の跡が確認されている。その後、畑作を中心にして農耕社会に移行していく。既に示したように、日本列島では縄文時代から雑穀類の栽培が行われていたが、早い時期に水田稲作を中心とした農耕社会に移行したため、朝鮮半島と日本列島では同じ農耕社会でも初期においては内容が異なる点に留意しなければならない。

また、朝鮮半島で発見された最も古い米は、慶尚南道の漁隠遺跡一地区の約二八五〇年前の炭化米であるが、これは陸稲栽培（稲を畑で栽培すること）だったと思われる。日本列島では朝鮮半島より更に三〇〇〇年古い時代に米の存在が確認されている。平成十七年（二〇〇五）、岡山県の彦崎貝塚の約六〇〇〇年前の地層から大量の稲のプラントオパールが見つかり、縄文中期には陸稲栽培をしていた可能性が指摘されている。

プラントオパールとは、イネ科の植物が枯れた時に、土に残るガラス質の物質で、植物の種類ごとに形状が異なり、一万年以上経っても消滅しない。しかも、プラントオパールは、葉や茎がなければ生じないため、一カ所から大量に発見されれば、そこに稲が生育していたと考えられる。しかし、植物遺体の痕跡や栽培跡が確認されないため、縄文農耕については評価が分かれる。

そして、遂に朝鮮半島で水田稲作が開始されたのが、約二六〇〇年前のことで、慶尚南道の検丹里遺跡と玉峴遺跡などが挙げられる。ただし、集落自体は長期間営まれていたため、水田が作られたのはもっと後年であるとも指摘される。また朝鮮半島での水田稲作の確実な遺構とされるのは、錦江中流の松菊里遺跡で、約二五〇〇年前以降と見られている。日本列島における水田稲作の開始が約三〇〇〇年前であるから、その違いは歴然としている。

このように、朝鮮半島では畑作を中心とした農耕文化を営んでいた頃、日本列島では約三〇〇〇年前に水田稲作を開始してこれを中心とした農耕文化に移行した。その後、数百年遅れて朝鮮半島で水田稲作が行われるようになったのである。したがって、このように水田稲作が朝鮮半島より日本列島の方が先行していたのなら、水田稲作の伝来経路は、従来考えられていた「朝鮮半島から日本列島に伝えられた」との見解は、論理的に成り立たなくなる。

他方、畑作と金属器については日本列島より朝鮮半島が先行していた。朝鮮半島では、約三四〇〇年前には青銅器時代に入り、畑が大型化した。これは、支那東北部から畑作をする集団が青銅器文化を携えて朝鮮半島に南下した結果で、朝鮮半島に陸稲栽培を伝えたのもこの集団によると見られる。この頃から、朝鮮半島は、日本列島とは異なる文化を持つようになり、朝鮮半島に住んでいた縄文人の子孫（縄文系半島人）と、華北の異民族との混血が進み始める。日本列島と朝鮮半島の人種は、この時点から少しずつ変化し始める。

❖畑作農耕と水田農耕は別系統の文化である

ところで、従来は畑作農耕が発達して水田農耕に移行したと考えられていたが、農学者の池橋宏教授がこの見解に疑問を呈したことに注目したい。水田稲作の利点は、無肥料で連作可能、且つ単位当たりの収穫が大きいという点である。畑作では常に追肥が必要で、連作障害が生じるため、手間がかかる上に活用できない土地が生じる。

池橋教授は、そのような水田稲作の優位性は畑作では見出すことはできず、畑の穀物の一つだった稲が水田で栽培されるようになったとは考えにくいとし、水田農耕は根菜農耕が発達したものであって、畑作農耕から発達したものではないと指摘する（池橋宏『稲作の起源』二〇〇五）。

この見解に立てば、黄河文化と長江文化の違いを矛盾なく理解することができる。畑作農耕と水田農耕は農耕に対する考え方が全く異なり、別系統の文化だったと見られる。支那においては、黄河流域では畑作農耕による粟と黍を中心とする雑穀栽培が発達し、長江流域では水田農耕による稲作が発達した。その後、稲が黄河流域に伝わって、畑作に稲が加わったと見られる。同じ稲でも畑作農耕と水田農耕では方法が異なるだけでなく、背負っている文化も異なるのである。

朝鮮半島に最初に稲を持ち込んだのは、黄河文明の影響を受けて畑作農耕をしていた華北の集団だった。畑作農耕では、稲は雑穀の一つでしかなかった。長らく朝鮮半島で水田稲作が行われなかったことや、米を主食としてこなかったことは、ここから理解できる。朝鮮半島は未発達だから水田稲作が遅れたのではなく、水田稲作とは別系統の文化を先に受容していたのである。

畑作農耕は乾燥した環境に適し、また水田農耕は温暖湿潤の環境に適する。朝鮮半島北部では、そもそも水田農耕は不適で、朝鮮半島南部においては先に畑作農耕が発展して畑が大規模化したことを確認することができる。その後、朝鮮半島南部に長江文化が伝わり、水田稲作が開始されることになった。畑作農耕をしていた朝鮮の人たちが、華北からの影響により農耕技術を発展させて水田農耕に移行したのではなかった。全く別系統の稲作技術が長江流域から伝えられたのである。

それに対して日本列島では、黄河文化が入る前に長江文化を受容したことで、本格的な畑作農耕を経験せず、水田農耕を始めることになった。採集を中心とした縄文文化から、選択的に緩やかに水田農耕を取り入れたのが弥生文化だった。このように、農耕を受容した経緯が日本列島と朝鮮半島で全く異なるのである。

しかし、畑作農耕を中心とする黄河文化を先に受容したことは、あるいは朝鮮半島の悲劇の始まりだったかもしれない。水田農耕と比べると畑作農耕は単位当たりの収穫が極端に少なく、その少ない収穫を得るために大きな労働力を投入しなければならなかった。畑作農耕は労働集約型の農耕で、奴隷と家畜の投入を前提としなければ成り立たなかった。

そのため、畑作農耕の文化では貧富の差が大きくなる傾向があり、富の偏りが顕著になって、力のある勢力は周辺地域を力で併合するようになる。そしてそれは、階級社会や国を生み出すことに繋がる。支那と朝鮮が、覇権を求めて国の興亡を繰り返す歴史を歩んだのは、黄河文化の畑作農耕を基礎としたことと無関係ではない。朝鮮半島では日本列島よりも先に墓が大型化して、王の存在が認められるようになるが、これも畑作農耕により生じたことと考えられる。

前漢の司馬遷（しばせん）は『史記（しき）』の「貨殖列伝（かしょくれつでん）」で、南には食うに困る人はいないが富豪もいない、北はその逆である、と記している。司馬遷のいう「北」は黄河文化、「南」は長江文化を意味すると思われる。この一文は、畑作農耕を基礎とする文化と、水田農耕を基礎とする文化の違いを如実に示している。黄河文化は早い内に古代国家を樹立させ、武力で統合するようになった。黄河文化には極めて好戦的な側面を見ることができる。他方、長江文化は効率の良い水田農耕で人々に豊かさを齎（もたら）すも、国家を組織して戦争に及ぶような好戦的な気質はなかったと見られる。

❖稲作は支那大陸から直接日本列島に伝わった

次に水田稲作の伝来経路について考えてみたい。これまで、①朝鮮半島経由（華北↓北朝鮮↓南朝鮮↓九州）、②朝鮮半島経由（山東半島↓南朝鮮↓九州）、③長江下流域から直接（長江下流域↓九州）、④沖縄経由（華南↓沖縄↓九州）の四通りが主張されてきた。

朝鮮半島経由については、支那の華北から陸を伝って北朝鮮経由で南下したとの説と、山東半島を渡って南朝鮮に伝わったとの二通りがある。しかし、北朝鮮経由の説は、北朝鮮が米の生産に適さない上、近代にならないと稲作の形跡が見られないため、この経路は否定されている。また、山東半島経由の説は、従来の考古学の通説である。この説は、朝鮮から日本に伝わったのなら妥当し、日本から朝鮮に伝わったのなら否定される。次に、沖縄経由の説については、沖縄にこの時代の水田遺構が見られず、稲作文化は九州から沖縄に伝わったと見られ、否定されている。

次に、長江下流域から直接日本列島に伝わったとの説は、水田稲作文化の最先端の地域から海を渡って直接日本列島に伝わったことは合理的であり、また長江下流域の沖合には北上する海流があるため、比較的日本列島に行きやすかったことなどから、従来から一定の支持があった。

したがって、②と③が有力となる。しかし、既に述べたように水田稲作は朝鮮半島より日本列島が先行していることから、現状では、②は可能性が低いといわざるを得ない。考古学的事実から、③の長江下流域から九州へ直接伝わったとの説が妥当するというべきである。

水田稲作の発祥が約九五〇〇〇年前の支那の長江中下流域であることは述べた。日本で確認される最古の水田遺構は約三〇〇〇年前であり、その当時の支那の政治状況を確認しておきたい。

約三〇〇〇年前の支那には、考古学上確認される最初の支那王朝である殷(いん)があった。殷は高度な青銅器製造技術を持っていたことが知られている。約三七〇〇年前に興った殷は、史書に記された最古の王朝である夏(か)を滅ぼして成立したと見られるが、夏の遺跡とされる望京楼(ぼうきようろう)遺跡から出土する人骨の多くは手足が切断され、あるいは顔が陥没するなど、夥(おびただ)しい毀損の跡が見られ、また宮殿以外は悉(ことごと)く破壊されている。殷の勢力は徹底的な破壊と虐殺をしたことが分かる。

殷は好戦的で、強い軍隊を使って領域を広げていった。盾、鉾、弓矢、戦車など、長らく人類が使う武器の大半は、既に殷の時代に発明されていた。当時支那大陸や朝鮮半島には殷以外に古代国家はなかったため、領土の拡大は容易で、殷は戦争に勝利することで多くの奴隷を獲得したものと見られる。その後、殷は、紀元前一〇四六年に殷の配下にあった周（しゅう）により滅ぼされた。

支那大陸には黄河と長江という二大河川があり、それぞれに独自の文化があった。殷は畑作農耕が中心の黄河文化から興った王朝である。他方、長江文化は早い段階から水田農耕が中心だった。黄河文化と長江文化は別系統の文化だった。殷が極めて好戦的で、土地と奴隷を求めて周囲を侵略していったのは、非効率な畑作農耕を中心としていたことと関係があると思われる。

殷の勢力範囲は黄河中下流域を中心とするも、黄河文化が長江中流域に移植された形跡があり、中原（ちゅうげん）の好戦的な集団が南下して支配した可能性が指摘されている。しかし、日本に稲作を伝えた長江下流域には、殷の勢力は及んでいなかったと見られる。

その後、長江文化は楚（そ）、呉（ご）、越（えつ）に継承されるが、どの勢力が王朝に発展していったかは研究途上にあり詳細は不明である。三〇〇〇年前以前の長江中下流域には、広い範囲を統治する国家の存在は確認されていない上、文字史料もない。そのため、日本に稲作を伝えた人たちが何者で、なぜ海を渡って日本列島に来たか、その詳細は全く分からない。日本列島に水田稲作が伝わったのは約三〇〇〇年前であるから、紀元前一〇四六年に殷が滅亡した直ぐ後になる。周が殷を滅ぼし、その後、周は勢力を拡大させて長江中下流域に及んだ。その結果、長江下流域で稲作を中心の生活を送っていた人が、周による迫害を受けて日本列島に渡った可能性は高い。

❖稲の遺伝子から分かる伝来経路

そして、稲が長江下流域から日本列島へ直接伝えられたことは、稲の遺伝子の解析からも肯定されている。支那、日本列島、朝鮮半島の水稲在来の温帯ジャポニカ二五〇種類のSSR多型の分析から、aからhまでの八種類の遺伝子の型が確認された。SSRとはDNA断片サイズの違いから生物の種を分類する分析方法である。そして、この八種類の変型版は、見かけは同じで、変型版同士は外見では区別が付かない。

稲作の起源地である支那では八種類の型全てが存在し、朝鮮にはb以外の七種類の型が存在するのに対し、日本列島にはaとbの二種類の型しか確認されていない（cも少量見つかっているがaとbが圧倒的に優位である）。もし稲作が支那から朝鮮半島経由で日本列島に伝えられたなら、朝鮮半島にbがないのは辻褄が合わない。よって、少なくとも日本列島のbに関しては、朝鮮半島を経ずに直接日本列島に伝えられたことになる。

他方、aについては、支那、日本列島、朝鮮半島のいずれの地域でも見られるため、支那から朝鮮半島と日本列島に伝えられた、あるいは支那→日本列島→朝鮮半島の経路が想定される。先述の通り、朝鮮半島南部は日本文化圏であり、同じ人種が住んでいた。列島か半島の片方に伝われば、そう長い時間を経ずにもう一方に伝わったはずで、伝来経路も一つとは限らない。

ＳＳＲ多型の分布は、ある集団の一部が別の場所に移動した場合、移動前の集団と移動後の集団を比較すると、多様性は失われるものであり、また逆に、多様性が低い集団が時間の経過によって多様性を獲得することは原理的にあり得ない。

例えば一〇色のボールをそれぞれ一〇個ずつ合計一〇〇個箱に入れて混ぜ、そこからランダムに一〇個取り出すとしよう。取り出したボールの種類は、移動前と移動後では、大抵は後者の方が少なくなり、後者の方が多くなることはあり得ない。また、一個取り出すよりも多く取り出した方が、得られる色の種類が多くなる。これと同じである。

日本列島で水田稲作が開始されてから、列島の広い範囲で水田稲作が行われるようになったにもかかわらず、日本の稲にａとｂ、そして少量のｃしか確認されないということから、大陸から列島に持ち込まれた稲は極少量だったことが分かる。稲の伝来は、特定の地域から、少ない回数で、且つ少量ずつ伝えられたことになる。もし、長江下流域から多数多量に稲が持ち込まれたなら、日本列島にも八種類の型が伝わっていなければおかしい。よって、水田稲作をする大集団が、大量の稲を日本列島に持ち込んだとは想定できない。列島への稲作技術は少人数の移動で移転されたのであり、縄文時代と弥生時代では大規模な人種の入れ替わりはなかったことになる。

ところで、少量の稲で稲作が日本全土に行き渡るだろうか。実は、少量の植物の移転で、広範囲に栽培されるに至った事例は多い。例えば、元々ブラジルにコーヒーはなかった。僅か一〇〇〇粒の種子と五本の苗木が外部から持ち込まれて爆発的に栽培が拡大し、約三〇〇年でコーヒーの世界一大産地になった。一粒の米が一年で一〇〇〇粒以上になる。日本列島に移転された少量の稲が、列島全域に広がっても何ら不思議はない。

❖弥生人は渡来人か在来人か

縄文人が水田稲作を始めるに当たり、稲作技術と金属器の技術を持った渡来人の強い影響があったことは確かだが、縄文文化から弥生文化への移行は、縄文人が主体となったのか、もしくは弥生人が主体となったのかは長い間論争があった。「日本人はどこから来たか」といった問いに直結するため、多くの人が興味を示すところである。

かつては、日本列島の土着民である縄文人と、日本列島に渡来して住み着いた外来の弥生人が争い、弥生人が数の上で土着の縄文人を圧倒して徐々に駆逐したと考えられていた。一般的に「二重構造説」と呼ばれている。だがこの考えは、現在は学問的に否定されている。

確かに縄文人の骨格と、弥生人のそれは形質が異なっている。日本人は大陸から渡って来たという。しかし、縄文人が生活様式や環境の変化やウイルスなどによる変異などを経て、自らの形質を変化させて弥生人となったとする説も示されてきた。

食生活や住環境が変化したら直ぐに体も変化する。先の大戦の終戦後、日本の食糧事情が改善し、欧米の食生活に変化した結果、日本人の身長は男子で約一〇センチメートル、女子で約八センチメートル伸びた。僅か七〇年ほどでそこまで体格が変化するのだから、縄文人より弥生人の方が背が高いからとて「入れ替わった」「混血により同化した」などと見るのは早計である。

同様に、明治維新の文明開化により、日本人が欧米人に置き換わっていないし、争ってもいない。江戸時代までは米を主食としていたが、現在の日本人にはパン食が浸透していて、洋食の頻度は相当高く、一人当たりの米消費量は戦後激減している。ところが、これほど食文化が変化していても、日本人を圧倒する人数の欧米人が住み着いた事実はない。これは日本人の方から積極的に西洋の文化を取り入れた結果であり、その意味において文明開化に際して「西洋人は来なかった」といえる。このように、大規模な人の移動がなくとも文化が転移することはある。

まして、縄文時代晩期の長江下流域の航海術では、日本列島に住む縄文人を駆逐するほどの多人数の渡来人を輸送することは不可能である。また縄文文化から弥生文化には連続性が認められ、縄文時代から弥生時代への転換期にほとんど戦争の跡が見られないため、近年は縄文人が弥生人になったとの説が支持されるようになった。縄文人と弥生人は核ゲノムの解析でも、他の民族とは比較にならない程度に遺伝的特徴が一致することからも明らかである。

水田稲作は紀元前十世紀に北部九州から始まり、二五〇年程度は九州内に留まっていたが、その後、約二〇〇年後の紀元前八世紀～紀元前七世紀に九州を出て瀬戸内地方に伝わってからは比較的速く伝播していった。紀元前七世紀～紀元前六世紀には近畿地方、また紀元前五世紀には東海地方にまで拡大し、紀元前四世紀には東北地方でも水田稲作が始まる。そして紀元前三世紀に中部地方、紀元前二世紀に南関東でも始まり、九州、四国、本州の全域に達した。近畿から東北に直接伝播したことは、縄文人の集落が地域を超えた交流を持っていたことの証である。

早い時期に渡来人が移住したと考えられる北部九州、瀬戸内地方、近畿地方ですら、弥生時代初期の遺跡から渡来系と見られる人骨の出土は少ない。水田稲作の先進地域でも縄文人が中心となっていたことが分かっている。

また、弥生初期の西日本の少数を除くと、縄文人の戦傷例がほとんどないことからも、縄文時代から弥生時代への移行に当たり、縄文人対弥生人の大規模な戦闘はなかったことが分かっている。まして、東日本には確実な戦争の跡がほとんど見られないため、「弥生＝戦争」という構図には否定的見解が示されている（浜田晋介（はまだしんすけ）他『再考

「弥生時代」』二〇一九）。

さらに、福岡県板付遺跡の縄文水田や福岡県曲り田遺跡の鉄器などにより、縄文時代晩期に高度な農業と金属器の技術が存在していたことが判明した。縄文時代から弥生時代へ移行する時期に、文化の連続性が見られ、支那や朝鮮半島から持ち込まれた遺物は少数に限定される。弥生時代に入って人口が増加したのも、大量の渡来人が日本列島に侵入したのではなく、農耕により食糧事情が変化し、食料を計画的に増産できるようになった結果として理解できる。

また北部九州では、弥生早期から前期にかけて朝鮮の影響と見られる支石墓が多く見受けられるが、福岡県糸島市の新町遺跡や佐賀県唐津市の大友遺跡の支石墓から出土した人骨は、縄文系だった。これは、縄文人が外来文化を受容した結果である。渡来文化だからといって必ずしも渡来人がその担い手であるとは限らないのである。

このように、縄文人が必要な外来文化を自ら選んで受容し、独自の文化を構築してきたことが分かってきた。縄文文化は、採集狩猟を中心としつつも、徐々に原始的な栽培を取り入れていた。そこに、支那長江から水稲農耕が伝えられ、それが縄文時代からの栽培と組み合わさって、重層的な複合農耕に発展していったのが弥生時代だった。また、弥生時代を通じて採集狩猟も継続している。縄文文化から弥生文化へは連続的に発展していったのであり、水稲農耕により新たな文化に切り替わったのではない。

その上、弥生時代に日本の言語が駆逐されず、縄文語が弥生語に発展した事実は重要な意味を持つ。もし、縄文人を圧倒する規模の渡来人が押し寄せて、渡来人が日本列島の主たる住人になったのなら、弥生時代以降の日本列島では支那語が話されていなければ辻褄が合わない。縄文時代から弥生時代にかけて、日本列島では言語の置き換えはなかった。

現代日本語と現代中国語では、文法が全く異なり、特に語順が異なる他、人称代名詞や指示代名詞も被らず、規則的音声対応もないことから、系統的に大きな隔たりがある。弥生時代における弥生語と支那語はそれぞれの基礎となった言語であり、同様に別系統であることは明らかである。また支那大陸に日本語と同系統の言語は存在していない。

また、渡来系弥生人の支配下に置かれた縄文人が、支那語を強制された事実もない。実際はその逆で、渡来人は数世代かけて弥生語を取得したと見られる。例えば、在日韓国人・朝鮮人は、一世代目は朝鮮語を母国語とし、二世代目は家の中では朝鮮語、外では日本語を話すバイリンガル、また第三世代目は家の中でも外でも日本語を話すようになった場合が多いという。ブラジルなどに移住した日系人も同様の経緯を経てスペイン語を母国語とするように変化している。

このように、弥生時代に大陸から日本列島に住み着いた人たちは、およそ三世代目以降には、日本語（弥生語）を母国語として生活していたと見られる。「渡来人」は日本に同化し、日本人（渡来系弥生人）として生きることを選択した人たちであり、「帰化人」と呼ぶに相応しい。

以上の理由から、水田稲作をする大集団が大陸から渡来して土着の縄文人の縄文文化を圧倒したのではなく、日本列島各地に住んでいた縄文人が、少数の帰化人が齎し（もたら）た文化的影響の元で意図的に農耕社会へ移行した、あるいは、縄文人が支那大陸から水田稲作の技術を持ち帰って意図的に農耕社会へ移行したと結論することができる。在来人も帰化人もそれぞれ独自の役割を果たしたといえよう。岩宿人が縄文人になったように、縄文人が弥生人となったのであって、決して弥生人が支那大陸から渡ってきたわけではない。そして、弥生人の子孫が現在の日本人である。縄文文化と弥生文化には連続性があり、縄文文化は現代の日本文化の基礎を為すのである。

かつて明治維新の頃、日本人が積極的に欧米の文化を取り入れて文明開化を成し遂げたように、縄文人も積極的に大陸の水田稲作の文化を取り入れ、既存の文化と融合させた。外来の文化を拒絶して排除するのではなく、受け入れ共生してきたのが岩宿時代から弥生時代だった。弥生時代に入ると戦争の痕跡も見え始めるが、水の権利などを巡る抗争が多かったようで、異民族同士が対決した形跡は確認されていない。日本人のDNAに多様なハプログループが現存しているのはそれ故である。今に残る「和の精神」の源流は、遡れば岩宿人と縄文人に見出すことができる。

❖渡来人とは何者か

弥生時代に主に支那や挑戦半島から渡って来た人たちを「渡来系弥生人」という。ただし、単に「渡来系弥生人」といっても、単一民族ではないと考えられる。長江下流域から水田稲作の技術を持った長江文明の小さな集団が日本列島に渡って来た他、朝鮮半島の住人が一定数、日本列島に渡って来たと見られている。また渡来の時期も一回ずつとは限らない。

大陸から来た人と、半島から来た人では、人種も言語も持っている技術や文化も異なっていたはずである。大陸から来た人たちは完全な支那人で、支那語を話していたはずだが、朝鮮半島南部は当時日本文化圏だったため、朝鮮から来た人は縄文人の子孫で、日本語を話していたと見られ、同じ文化圏内での移動と見なくてはならない。

かつては、日本列島在来の縄文人と、渡来系弥生人の混血により弥生時代の「日本人」が形成され、その子孫が現代日本人と見られていたが、核ゲノムの解析により、朝鮮半島から来た渡来系弥生人は実は「縄文人の子孫」だったことが明らかになった。狐に抓(つま)まれたように思う人もいるだろうが、先ずは次頁の図表6を見て頂きた

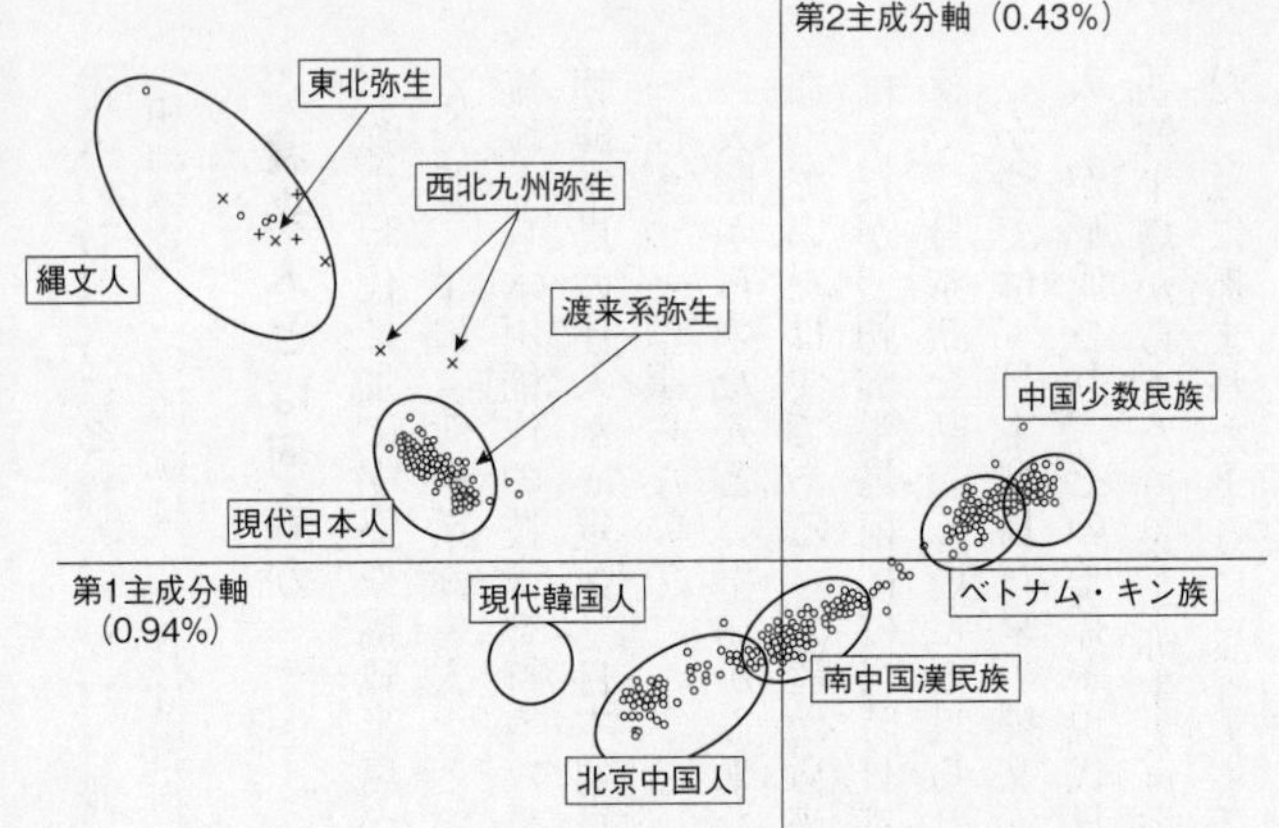

図表6　東アジアの現代人と縄文人、弥生人を含めた核ゲノム主成分分析の結果
（篠田謙一『日本人になった祖先たち』新版、2019より作成）

い。

この図表は東アジアの現代人の核ゲノムの主成分分析の結果に、縄文人と弥生人を含めて表示したものである。古人骨から核ゲノムの解析をするのは困難であるが、近年は徐々に進み、ようやく縄文人、弥生人、現代人の関係性が少しずつ分かり始めてきた。国立科学博物館人類研究部長の篠田謙一（しのだけんいち）博士が、この図表について次のように説明している。

「核ゲノムの解析に成功した女性は典型的な渡来系弥生人と考えられたので、女性の持つ核ゲノムは、渡来人の源郷と考えられる朝鮮半島や中国と類似すると考えられました。しかし、そのSNPデータを元に縄文人や現代の東アジアの集団と共に主成分分析を行ってみると、予想に反してその遺伝的な特徴は現代日本人の範疇に収まるもので、むしろその中でも縄文人にやや近い位置を占めていることがわかりました」（篠田謙一『日本人になった祖先たち』新版、二〇一九）

この図表を鳥瞰して見れば、縄文人に大陸系諸民族の血が混ざった結果、現代日本人が形成されたことが分かる。この図表から、いくつか重大なことを読み取ることができる。第一に、現代日本人は縄文人に近いという点である。現代日本人は大陸系諸民族よりも縄文人に近い位置にあるため、かつて縄文人を圧倒するほどの渡来人が日本列島に押し寄せたとは考えられない。むしろ、縄文人が、海を渡ってやって来た渡来人たちを受容し取り込んできたことを示している。

第二に指摘すべきは、この図表に表示された渡来系弥生人（恐らく半島からの渡来人）は大陸系諸民族そのもの、あるいは大陸系民族に近いと思われていたところ、実際、その遺伝的特徴は縄文人に近かった、あるいはほとんど弥生人と同じだったということである。したがって、縄文人と渡来系弥生人が混血したところで、大きな血統の変化が起きないことの説明が付く。

約七〇〇〇年前にほとんど無人だった朝鮮半島に、日本の縄文人が移り住んだことは既に述べた。その集団に、大陸系の人たちの血が混じったのが弥生時代の朝鮮半島人（縄文系半島人）であり、その人たちが日本列島に渡ってきたのが渡来系弥生人だったのである。現代にたとえるなら、日系人の里帰りと同じで、ブラジルの日系三世が日本に移住するようなことに該当する。

この図表で「渡来系弥生人」とされるのは、大陸系諸民族そのものではなく、大陸系と縄文人との間に位置するため、大陸系と縄文人が混血した人たちだったと見られる。ということは、この図表のサンプルとされた「渡来系弥生人」は、約七〇〇年前に日本列島から朝鮮半島に移住した縄文人の子孫である縄文系半島人が、弥生時代になって日本列島に戻ってきた人と見る他ない。

このように、縄文時代に日本列島から朝鮮半島に移住した集団の子孫が、弥生時代になって日本列島に戻ってきたのが渡来系弥生人の一部を占めているとなると、縄文人と渡来系弥生人が遺伝的に近いのは当然である。つまり、半島から来た渡来系弥生人は縄文系半島人なのであるから、縄文人と縄文系半島人の混血は、縄文人の子孫同士の混血だったことになる。これも現代に置き換えるなら、日本人と日系人が混血するような意味となろう。

もし弥生時代の日本人の末裔が現代日本人なら、縄文人と渡来系弥生人の中間辺りに現代日本人が位置していないとおかしい。ところが、現代日本人は渡来系弥生人と同じような位置にある。つまり、現代日本人の位置が、想定される位置よりも大陸集団の方に寄っているのである。このことも、渡来人が実は日系人（縄文人の子孫）だったことで説明が付く。このことは同時に、縄文人と弥生人の混血の結果が現代日本人ではないということも示す。縄文人の子孫が弥生人であり、その子孫が現代日本人ということを核ゲノムからも確認することができた。

❖朝鮮人とは何か

これまで、約七〇〇〇年前にほとんど無人だった朝鮮半島に、縄文人（日本人）が移り住んだことは述べた。この時に半島に移住した縄文人こそ、現代韓国人の祖である。しかし、半島の縄文人がそのまま現代韓国人になったのではない。その後、彼らは大陸集団と混血していくことになる。約三四〇〇年前、朝鮮半島に畑作農耕と青銅器が伝わり、朝鮮半島は青銅器時代に入るが、これは華北の勢力が黄河文明を朝鮮半島に持ち込んだ結果と考えられる。

再び図表6を見て頂きたい。縄文人と少人数の帰化人が混血して現代日本人が形成されたことは述べたが、同様に、現代韓国人も縄文人と大陸集団の混血の結果形成されたことが、視覚的に分かる。現代韓国人は大陸集団の線上にないことから、現代韓国人は他の大陸集団とは異なった遺伝的特徴を持つが、その特徴とは、まさに縄文人と大陸集団の混血であるということになる。

現代韓国人が縄文人寄りなのは、日本が朝鮮を併合した影響と見る人もいるだろう。しかし、日本統治時代の朝鮮にはそれほど多くの日本人が住んでいたわけではない。明治四十三年（一九一〇）の日韓併合から十年が過ぎた大正九年（一九二〇）の時点で、朝鮮に住む日本人の数は僅か一七万一五四三人だった。その後増加するも、昭和六年（一九三一）で五二万四六六〇人、昭和十七年（一九四二）で七五万二八二三人である。人口比で見ても、大正期までは全体の一％未満で、昭和六年の時点でも二・五％程度である。しかも、その期間も三十五年という短さであり、終戦後はほとんどの日本人が帰国した（呉善花『生活者の日本統治時代』二〇〇〇）。よって、大陸集団に属していた朝鮮人が、日韓併合により日本人との混血が進行して遺伝的特徴がかくも変更されることは想定できない。現代韓国人に繋がる基礎集団は、大陸集団ではなく縄文人であってこそ、初めてこの遺伝的特徴が説明可能となる。

現代日本人と現代韓国人は一本の線の上に乗っているが、その位置が微妙に異なる。現代日本人の方が縄文人に近く、現代韓国人の方が大陸集団に近い。この図表でいう「渡来系弥生人」は弥生時代に半島から来た人と見られ、その半島人が他の民族と混血することなく現代に至ったなら、現代韓国人は同じ位置にあるはずである。ところが、実際は更に大陸集団の方に寄っていることから、古墳時代以降、縄文系半島人と大陸集団との混血がより進んだことを意味する。朝鮮の歴史は、大陸の様々な勢力に次々と攻められた歴史であるから、そのことと一致する。

かつて、「日本人の先祖は朝鮮人」といわれたが、実際はその逆で「日本人（縄文人）の子孫が朝鮮人」だったのである。正確にいえば、約七〇〇〇年前にほとんど無人だった朝鮮半島に、日本の縄文人が移り住み、その後何千年もかけて大陸集団との混血が進行し、現代韓国人・北朝鮮人が形成されたということである。

このことは、Y染色体DNAのハプログループを見れば一目瞭然である。Y染色体は、父から息子に継承されるものであり、民族のY染色体DNAハプログループの頻度は、その民族が誰に支配されたかを示していると述べても過言ではない。

例えば、チンギス・ハンは多くの女性との間に生涯で一〇〇人以上の子を儲けたといわれている。その後、長期間モンゴル帝国がユーラシア大陸の広い面積を支配した。大陸では古くから「戦争には兵士による女性の強姦が付き物」といわれる。その中でも最悪と評されるのがモンゴル帝国だった。モンゴル帝国に攻め滅ぼされた都市は、悉く破壊され、男性は皆殺しとなり、女性の一部は戦利品として諸侯や軍人たちに与えられたとされる。チンギス・ハンの直系の子孫は現在約一五〇〇万人いると推計されているのは、その結果であろう。

また、英国レスター大学のマーク・ジョブリング教授らの遺伝学研究チームが二〇一五年一月十四日にオンライン版「Nature」で発表した論文によると、アジア人男性のDNAを分析した結果、現在のアジア人男性の約四割が、チンギス・ハンを含む一人の男性のいずれかの血脈を受け継いでいることが分かったという。

Y染色体DNAハプログループの頻度が「その民族が誰に支配されたかを示している」というのはそのことを意味する。国や民族が攻め滅ぼされても、女性の一部は生き延びてmtDNAを子孫に残すことができても、戦いに敗れた男性たちはそのY染色体DNAを子孫に残すことは難しい。

四九頁の図表2は東アジアのY染色体頻度を示している。現代韓国人のO2は漢民族から受け継がれたと推定されるが、その頻度は現代日本人より相当高いことが分かる。朝鮮の歴史は、大陸集団に攻められ続けた歴史であり、縄文系半島人が漢民族を中心とする大陸集団に圧倒されて、現代韓国人が成立したと見られる。

そのことは、縄文系のD1a2aを含むD系統が、現代韓国人に極端に少ないことからも分かる。かつて縄文系半島人は、縄文人と同じ程度のD1a2aが見られたはずである。まさに縄文系半島人たちは大陸集団に圧倒され、かつての縄文人のY染色体DNAを受け継ぐ子孫が激減してしまったことを示している。Y染色体DNAハプログループの頻度から、かつて日本から半島に渡っていった縄文系半島人が、漢民族を中心とする大陸集団に長年に亘(わた)って蹂躙(じゅうりん)された結果、現代韓国人・北朝鮮人が形成されたことが分かる。

紀元前二世紀まで朝鮮半島にあったとされる箕子朝鮮は、殷の第二十八代太丁の子である箕子が建てた国であり、この時期に朝鮮半島が殷の文化の影響を強く受けた考古学的事実と符合する。箕子朝鮮は途中で燕（支那春秋時代の王朝）に占領された時期があり、その後は、燕の武将衛満が箕子朝鮮を滅ぼして衛氏朝鮮を建国した。そして、紀元前一〇八年に前漢が衛氏朝鮮を滅ぼして漢四郡を置いて以来、次に公孫氏、続けて魏が約四〇〇年間半島を直接支配した。その後朝鮮は、三国時代を経て統一王朝時代に至るが、歴代支那王朝は次々と朝鮮を支配し、朝鮮は常に支那王朝の強い影響下にあった。朝鮮が支那の影響から完全に解放されるのは明治二十八年（一八九五）、日清戦争後の下関条約を待たなければならない。

このような朝鮮の歩んで来た歴史は、現代韓国人・北朝鮮人のｍｔＤＮＡとＹ染色体ＤＮＡのハプログループの頻度に反映されていると思われる。特にＹ染色体ＤＮＡハプログループのＤ１ａ２ａ（岩宿・縄文系）は三万五〇〇〇年前以前に日本列島で発生したタイプだが、現代韓国人の四・〇％にこの岩宿・縄文系タイプが残っているという事実がある。このタイプは現代日本人の約三五％に残っているが、朝鮮では約七〇〇〇年掛けて四・〇％まで、より急速に減退している。他方、現代韓国人の持つＯ２（漢系）の頻度は現代日本人より格段に高く、現代中国人のそれに近い。このことは、約七〇〇〇年前に日本列島から無人の朝鮮半島に移り住んだ縄文系半島人が、大陸系諸民族との混血を続けた結果が韓国人・北朝鮮人であることを、力強く裏付けている。

❖朝鮮語はなぜ日本語に似ているか

元外交官で外交評論家の岡崎久彦（おかざきひさひこ）氏は、著書『隣の国で考えたこと』（一九八三）で「少しでも韓国語を勉強した人は、誰もが、この似方はただごとではないと思わざるを得ません。私自身、韓国語を覚え始めた時、二十年以上外国を渡り歩いて来て、初めて外国語でない言葉を習っているという感じがしました」と述べている。朝鮮語学習者のほとんどが、日本語との類似性を実感していて、朝鮮語は日本人にとって最も学習しやすい言語の一つといえる。

朝鮮語と日本語は文法に共通点が多く、語順も同じだが、比較言語学においては、規則的音声対応がないため、同系ではないとされている。また、人称代名詞と指示代名詞が異なる他、親族関係や身体の部位の名称などの基礎語彙も異なっている。類似性はあるが、基本的なところで異なる点が多いため、この二つの言語がどのような関係なのか、多くの仮説が示されてきた。

異なった言語の影響を受けると、最初に変化が生じるのは一般名詞である。例えば、明治以降に欧米諸国から文化を取り入れた結果、現代日本語には多くの外来語がある。しかし、いくら日本人が欧米と交流しても、人称代名詞が入れ替わったり、語順が変わったりすることはない。

朝鮮語と日本語の間で規則的音声対応がないにもかかわらず、文法が似通っていることは、仮に同系なら、この二つの言語は、相当古い時代に分かれたものと推定することができる。言語学者の服部四郎氏は、著書『日本語の系統』（一九九九）で、日本語と同系であると証明されたのは琉球語だけであるとしつつも、言語年代学の方法で朝鮮語と日本語の距離を検討した結果「日本語と朝鮮語とがもし同系であるとしても、その分裂年代は今から四〇〇〇年まえ以後ではまずあり得ない」と述べている。

この見解は、朝鮮人の先祖が日本列島の縄文人であるという考えと一致する。ほとんど無人だった朝鮮半島に、日本列島の縄文人が渡って行ったのは、約七〇〇〇年前であり、その時に日本語と朝鮮語が分裂した。縄文系半島人は、その後、弥生語の基礎となった縄文語を話し続けるも、長年大陸集団から蹂躙され、単語の多くは支那語に置き換わり、文法だけが元の縄文語（和語）のまま残ったと考えられる。

日本列島に残った日本人（縄文人の子孫）と、朝鮮半島に移り住んだ日系人（縄文系半島人）が話す言葉は、七〇〇〇年間別々の道を歩んできた。大戦後の占領を除いて外国の支配を受けたことがない日本列島と、支那王朝の支配を受け続けてきた朝鮮半島では、同じ日本語でも歩んだ歴史が異なる。その違いが現代日本語と現代朝鮮語の違いだった。文法だけ一致するも、重要語彙を含め大半の単語が異なり、規則的音声対応がないのは、そのような理由と見られる。

ところで、現代日本語と現代中国語では、文法が全く異なり、特に語順が全く異なる他、人称代名詞や指示代名詞も被らず、規則的音声対応もないことから、完全に別系統の言語である。当時の弥生語と支那語も同様に別系統である。民族の歴史は言語の歴史ともいえる。言語は民族と共にあり、また民族と共に衰えるものなのである。

❖縄文語と弥生語と現代日本語の関係

日本人と朝鮮人の関係性は、考古学と比較言語学からある程度明らかになったが、同様に、縄文人と弥生人の関係性も、考古学だけではなく、比較言語学からも知ることができる。

現代の日本の方言の分布からその祖語である弥生語を復元し、さらに弥生語からその祖語である縄文語を復元することで、縄文人と弥生人の関係性を示したのが小泉（こいずみ）保（たもつ）教授である。既に紹介したように小泉教授は、柳田国男（やなぎたくにお）氏の提唱した「方言周圏論」を駆使して、縄文語を復元した。この手法は、中央の近畿から新しい語彙を送り出し、それが波紋状に広がった結果、末端の地域により古い形が残る傾向があるという考えに基づく。

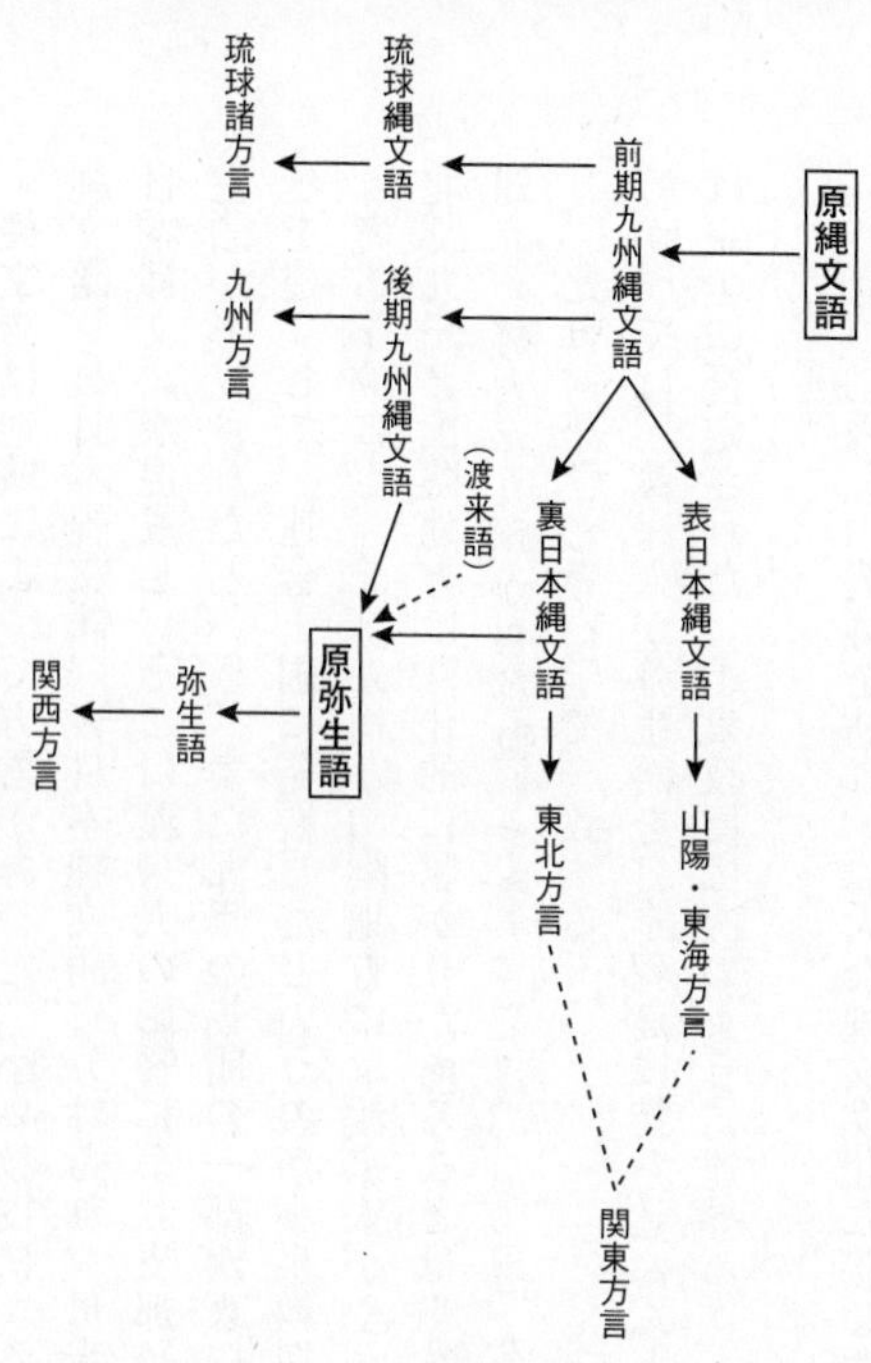

図表7　原縄文語、原弥生語と現代日本語の関係
（小泉保『縄文語の発見』新装版、2013より作成）

やはり重要なのは、日本語と同じ規則的音声対応がある同系統の言語は、日本列島以外に存在しないことである。そのため、日本語は日本列島で誕生したと考える他ない。日本列島が大陸と陸続きだった時代に、固有の言語を持った何系統かの人たちが日本列島に到来し、海面が上昇して列島が地理的に隔てられると、列島独自の縄文文化が醸成され、それと歩調を合わせるように縄文語が成立したと考えられる。小泉教授は「異質の複合言語が競合しながら次第に統一され原日本語が定立されたと推測するしかないだろう」と述べる。

縄文語は地域によって方言があった。小泉教授によると、大きく九州縄文語、琉球縄文語、裏日本縄文語、表日本縄文語に分けられ、母音の特徴から、九州縄文語と裏日本縄文語が混成し、そこに渡来人の影響により支那語的な語彙が入り込んで、原弥生語が形成されたという。また九州の集団の一部が東に移動して、その勢力が大和朝廷を建立して、連合王国に発展したというのが小泉教授の見解である（図表7）。

考古学的にも、北部九州と山陰地方には渡来人がやってきた痕跡が見られるため、北部九州と山陰地方は文化的に繋がりがあることは当然といえよう。また、大和朝廷建立の勢力が九州から移動してきたことは、考古学からも指摘されていることであり、比較言語学と考古学で一致する。

かつては、渡来人が弥生語を日本列島に持ち込んだとの説が有力だったが、現在では完全に否定された。小泉教授は次のように述べる。

「青森の三内丸山遺跡を訪れ、偉大な縄文文化に接したとき、この文化を築きあげた人々の子孫がこの地に代々住みついてきたであろうこと、また琉球の島辺に生活している人々と言葉をかわすとき、やはり太古の祖先から世々この土地で暮らしてきたであろうことを筆者は信じて疑わない。その人たちの言語が、二千年ほど前に外来者たちによって突如一変させられたとは到底考えられない。いまも北の果てや南の端で語られている言葉が縄文時代から言い伝えられたものであると思うのが、自然の理に適っているのではないだろうか」（小泉保『縄文語の発見』新装版、二〇一三）

また服部四郎教授も「先進的な弥生文化の担い手たちが北九州から畿内地方に移住して、そこで古墳文化を発達させた」という考えを述べている。また教授は、神武天皇の東征は「古事記や日本書紀のこの事件に関する記述を単なる神話としてかたづけるのは無理だから、これをなんらかの歴史的事実の記憶の反映とみることは不可能ではなかろう」とも述べている（服部、前掲書）。

縄文語は琉球と東北地方に残されていて、弥生語と文法が同じであるばかりか規則的音声対応があるため、縄文語と弥生語は同系統の言語であることは間違いない。そして、いずれも日本列島以外にはない言語なのである。縄文人が弥生人になったことは、考古学だけでなく、比較言語学からも証明された。

❖弥生土器と金属器

弥生時代の三大要素は水田稲作と弥生土器と金属器であるが、弥生土器と金属器についてはまだ触れていなかったのでここで述べていきたい。

弥生時代の「弥生」は弥生式土器（弥生土器）に由来し、その「弥生」の名は、明治十七年（一八八四）の調査で初めて弥生土器が出土した東京の本郷弥生町遺跡に由来する。かつて学界では弥生土器の出現を弥生時代の始まりと考えていたが、土器の種類で縄文時代と弥生時代を区別することはできないとの見解が支配的となり、水田稲作の開始を弥生時代の始まりと考えるようになった。弥生時代の開始年代が五〇〇年遡ったことで、かつて縄文時代晩期の縄文土器とされていたものが弥生土器と呼ばれるようになり、やはり土器で時代は区切れないことが改めて確認された。縄文土器と弥生土器の間には連続性があり、別文化の産物ではない。

弥生土器は赤褐色で薄手で固い特徴がある。縄文土器が野焼きだったのに対し、覆い焼きという土や藁を被せて燃焼する技術が広まり、高温で焼くことができるようになったことで、良質な土器を作れるようになった。

ところで、朝鮮半島の土器は、最初は約七〇〇〇年前に日本の縄文土器が普及して、その後、約五五〇〇年前に支那北東部の遼河文明の影響を受けた櫛目文土器が作られるようになった。そして、約三五〇〇年前からは無文土器が作られるようになり、そこから朝鮮半島における青銅器時代が始まったと観念されている。朝鮮半島の土器は、時期が下るに従って文様が少なくなり、後期になると無文化が進む。日本の学者の多くは、日本の弥生土器の特徴が「無文」であることから、朝鮮半島の無文土器文化の影響を受けたのが弥生式土器と見てきた。

しかし、例えば山口県平生町（ひらおちょう）の岩田（いわた）遺跡から出土した縄文土器が無文土器であり、西日本では縄文時代中期末（約四〇〇〇年前）以降、次第に文様のない縄文土器が増加している。朝鮮半島よりも先に日本では土器の無文化が生じていたことになる。縄文時代の土器がそうだったように、どう見ても朝鮮式土器よりも日本の弥生式土器の方が先行しているといわざるを得ない。

確かに、大陸文化が朝鮮半島経由で日本列島に伝えられることもあった。しかし、無条件に常に大陸や半島が先行しているという前提で物事を考えるのは問題である。福岡県の曲り田遺跡では稲作、土器、鉄器が揃っていたため、従来は弥生時代の初期からこの三要素が揃っていたと考えられていたが、弥生時代の開始年代が五〇〇年遡ったことで、弥生時代の早期に三つの内、鉄器だけはなかったことが判明した。北部九州で鉄器が使用されるのは紀元前四世紀頃であるため、水田稲作開始から約六〇〇年後になる。

つまり、初期の水田稲作は石器で行われていたことになる。日本の稲作が「石器時代」として始まったとなると、日本の弥生時代も世界と同じ過程を踏んでいたことになる。そして時代が下って鉄器が使われるようになり、北部九州では紀元前二世紀頃から石器から鉄器への置き換えが進む。そして、紀元一世紀頃になると石包丁以外の石器の農具は、ほとんどが鉄器に置き換わる。

また支那や朝鮮半島では先ず青銅器が作られるようになってから鉄器が作られるが、不思議なことに日本列島では青銅器と鉄器がほとんど同じ時代から使われるようになった。青銅器は祭祀用で、有力者の墓に青銅製の剣を副葬し、あるいは銅鐸を用いた広域祭祀が行われ、また鉄器は生活で用いられたと考えられている。

青銅器と鉄器は支那の東北部の文化で、半島経由で日本列島に伝えられた。日本列島で青銅器が本格的に使用されるのは弥生前期末で、その時期の鋳型が出土していることから、使い始めた時期から作り始めていたと推定されている。特に佐賀平野では初期の青銅器鋳型が数多く出土していて、最古の鋳型とされるのは佐賀市の鍋島本村南遺跡から出土した銅矛鋳型で、弥生時代の早い段階から青銅器が生産されていたことが分かっている。

近畿で青銅器生産が始まったのは、弥生前期末頃と見られている。北部九州には遅れるものの、かなり早い段階で近畿に伝わっている。和歌山県御坊市の堅田遺跡、兵庫県神戸市の楠・荒田町遺跡、京都府向日市の鶏冠井遺跡などから、弥生時代前期末から中期初頭にかけての石製鋳型が出土している。

ところで、日本で最も古い青銅鏡を製造した痕跡は、平成二十七年（二〇一五）に福岡県春日市の須玖タカウタ遺跡で発見された青銅鏡の鋳型の破片で、紀元前二世紀頃のものとされる。これまでその年代の古い鏡は大陸から運ばれたものばかりだったが、この発見により日本での青銅器の製造開始年代が約二〇〇年繰り上がった。須玖タカウタ遺跡は、支那の正史『魏志』倭人伝に登場する奴国（「どこく」と読む説あり）の中心部にあり、多くの青銅器が生産された場所として知られていた。ところで「正史」とは、国家が編纂した正式な歴史書を意味する。

この時発見されたのは多鈕細文鏡の鋳型で、この鏡はこれまで朝鮮半島で四八面、日本で一二面が発見されている。多鈕細文鏡は、紐を通すつまみ「鈕」が鏡の裏面に複数付いた、細線の幾何学紋様を施した鏡で、従来全て朝鮮半島製と考えられていた。しかし、国内でこの鋳型が発見されたことで、日本でも製造されたと考えられるようになった。

従来の考古学では、朝鮮の文物と似たものが出土すると、反射的に「朝鮮から運ばれたもの」と認定していたが、今後はその考え方は改められなければならないだろう。明治以降、建築、鉄道、船をはじめ多くの西洋由来の文物を日本人が精巧に再現し、その後には西洋を凌駕する技術を獲得した事例は多い。世界最古の磨製石器を作り、世界最古級の土器を作った日本人のモノづくり精神は、この時代にも息衝いていたのである。

鉄器に関しては、使用は早い時期から認められるが、生産の痕跡が認められるのは時期が若干遅れる。また製鉄に関しては、国内では現在確認できる最古の痕跡が六世紀後半であり、それ以前の鉄器は、列島外から搬入されたものか、搬入された鉄素材から作られたものと見られる。

鉄器は青銅器とほぼ同時期に日本列島に伝えられた。特に早い時期の鉄器としては、愛媛県西条市小松町の大久保遺跡で出土した鋳造鉄斧の破片があり、これは支那からの舶載品であると見られている。鉄器の使用は近畿よりも九州と四国が早かった。北部九州では、弥生時代中期から鉄製農具や鉄製武器が広く使われていた。九州には弥生時代中期末葉の鉄器生産遺跡があり、近畿では兵庫県淡路市の五斗長垣内遺跡などの弥生時代後期の鉄器生産遺跡が発見されている。北部九州の石器生産が弥生中期末でほとんど行われなくなるのに対して、近畿ではその後も盛んに石器生産が続けられていることからも、九州と近畿の、石器社会から鉄器社会への移行時期の違いを見ることができる。近畿では多くの青銅器が出土するが、鉄器の出土は少ない。

このように日本列島では、近畿よりも北部九州の方が早い時期に鉄器社会に入った。それに対して、近畿が鉄器社会に入ったのは弥生時代後期後半であり、その時期には大きな差が見られる。鉄器は近畿より九州が先行していた。鉄器生産が近畿よりも九州が先行していた考古学的事実は、ヤマト王権の成立を検討する上で重要な意味を持つことになる。

❖環濠集落を代表する吉野ヶ里遺跡

稲作は共同作業で行われるため、人々は水田の周辺に村を営んで集団で定住し、また収穫した穀物を貯蔵するための高床倉庫を造り、共同で管理するようになった。集落同士の交流も盛んになる一方、土地や水の権利を巡って争いが起きるようになり、集落を守るために周囲に壕や柵を廻らせた環濠集落が作られるようになった。佐賀県の吉野ヶ里遺跡はその代表格である。この時代には、日本列島に数多くの小国が分立したと見られる。

吉野ヶ里遺跡は日本最大の環濠集落跡として知られている。外敵から守るために三重の壕を廻らせているのが最大の特徴で、内壕の内側には楼観（物見櫓）があり、外壕は全長二・五キロメートルに及び、広いところで幅約七メートル、深さ約四メートル、断面はV字型で一旦降りたら自力では登れないほどの急斜面で、壕の内側が背の高い木製の柵で覆われていたと考えられている。これを攻め落とすのは容易ではない。吉野ヶ里遺跡は日本城郭の原点ともいわれ、公益財団法人日本城郭協会発表の「日本一〇〇名城」にも登録されている。

吉野ヶ里に集落が形成され始めたのは紀元前四世紀頃である。その後、大規模な集落へと発展した。最盛期は三世紀頃で、集落には約一二〇〇〇人、また共同体全体では五〇〇〇人以上が住んでいたとされる。現在の吉野ヶ里遺跡は有明海から二〇キロメートルも離れているが、弥生時代には直ぐ南に大きな湾が迫り、有明海まで二キロメートルの距離で、海までは水路で繋がっていたと見られる。しかも、有明海は巨大な内海で船の安全な航行が可能である。稲作をしながら海の幸を享受し、他の地域と交易することができた。

　吉野ヶ里は縄文時代の集落とは明らかに様相が異なる。遺跡の内部には水田の跡がなく、壕の外に大規模な集落があることから、周辺の複数の集落をも束ねる存在だったと思われる。ここに古代国家の原型を見出すことができる。三重の壕に囲まれた吉野ヶ里の北内郭（きたないかく）には、大きな主祭殿（しゅさいでん）と楼観（ろうかん）があり、高床式住居には宗教的指導者が住み、そこが国の中心部だったと推定されている。また、南内郭（みなみないかく）には多くの竪穴式住居と楼観があり、権力者たる王やその一族が住んでいた場所と考えられている。

　吉野ヶ里は防衛を目的とした環濠を持ち、傷付いた人骨や金属製の武器が出土したことから、弥生時代の北部九州が戦乱の時代だったことを物語っている。また、墳丘墓からは、銅剣やガラス管玉（くだたま）などの副葬品が見つかり、首長や宗教指導者が存在していたことが分かる。吉野ヶ里はその後、古墳時代に入ると急速に衰退し、終焉を迎えたと見られている。現在は国の特別史跡に指定されている。

❖縄文文化を継続した沖縄と北海道

弥生時代に入っても水田稲作をせずに従来の縄文文化を継続した地域がある。それが沖縄と北海道である。そのため、弥生時代の地理的な範囲は、東北北部から九州南部までとなり、沖縄と北海道は弥生文化の範疇には入らない。

沖縄の先史時代は、人が住み始めてからが後期旧石器時代で、土器が使われるようになって以降を貝塚時代というが、水田稲作が九州から本州に伝播しても、沖縄ではこれを選択せず、九州と交流しながらも従来の狩猟採集を主とする生活を続けた。そのため、九州と本州が弥生時代に入っても、沖縄は弥生時代に入らなかった。本州の縄文時代に相当するのが前期貝塚時代、弥生時代に相当するのが後期貝塚時代と呼ばれている。沖縄で本格的に水田稲作が行われるようになるのは十二世紀頃まで待たなければならない。

九州との交流が盛んだったにもかかわらず、沖縄人が農耕を受け入れなかったのは、沖縄の生活環境が豊かで安定していたため、新しい生活文化を取り入れる必要がなかったからと思われる。九州や本州の人たちが水田稲作を選択したのと同様、沖縄人は水田稲作を取り入れないことを選択した。沖縄では本州の平安時代頃までこの貝塚時代が続く。貝塚後期文化は、サンゴ礁のリーフでの網漁を中心とした生活だった。

他方、北日本では、弥生文化は弥生時代前期の内に東北北部にまで及んだ。青森県弘前市の砂沢遺跡には弥生前期の水田跡が、また青森県田舎館村の垂柳遺跡には弥生中期の水田跡がある。東北の弥生文化は、信仰に関係する道具が縄文文化から続いて用いられているなど、縄文から弥生への連続性を強く示している。このことからも、弥生人が縄文人を駆逐したのではなく、縄文文化と弥生文化の担い手が同じ人たちだったことが分かる。北海道では稲作を取り入れず、縄文時代の文化がその後も継続した。そのため、本州が弥生時代に入った後の北海道を続縄文時代といい、その時代の文化を続縄文文化という。大型の海獣や魚を捕獲した他、後半期には内陸の河川で鮭などを獲るようになった。また、弥生後期に東北北部の弥生文化との接点があり、交易が行われていたことが分かっている。

北海道の縄文人が農耕を取り入れなかった理由としては、緯度が高く稲作に適さなかったため、もしくは、資源が豊富で農耕を取り入れる必要がなかったためと指摘される他、階層化を拡大させるために狩猟採集を選択したとも指摘されている。

一般的に縄文時代は格差のない時代だったといわれるが、北海道では縄文後期には首長の墓と見られる特異な墓が出現していることから、列島で最も階層化が進んでいた可能性がある。北海道の縄文人は、狩猟の生産を拡大して他の地域との交易を盛んにすることで、階層化の拡大を目指したという主張は説得力がある（瀬川拓郎『アイヌの歴史』（二〇〇七）。

ところで、北海道の続縄文時代には、まだアイヌ文化はなく、アイヌ人も存在していない。アイヌ文化が成立するのは、十三世紀の鎌倉時代後半期を待たなければならない。

世界は日本をどう書き始めたか～『漢書』地理志

日本で文字が書かれるようになったのは四世紀以降で、弥生時代を通じて日本で文字が書かれた形跡はない。しかし、支那王朝はいち早く文字を使用していて、正史に日本列島に関する事柄を記述していたため、それらの文字史料から弥生時代の日本列島の様子を窺い知ることができる。

支那王朝の正史に記された日本に関する最古の記録は紀元八〇年頃に成立した『漢書』地理志である。ここには紀元前一世紀頃の日本の様子が次のように書かれている。

「然東夷天性柔順、異於三方之外、故孔子悼道不行、設浮於海、欲居九夷、有以也夫。楽浪海中有倭人分為百余国、以歳時来献見云」（然して東夷の天性柔順、三方の外に異なる。故に孔子、道の行われざるを悼み、設し海に浮かばば、九夷に居らんと欲す。

以有るかな。楽浪海中に倭人あり、分ちて百余国と為し、歳時を以って来たりて献見すと云ふ）（『漢書』地理志燕地条）

短文であるも、当時の日本列島は一〇〇以上の国に分かれていたこと、また、いずれかの国が支那王朝に定期的に貢物を献上していたことが分かる。ただし、この朝貢については日本側の史料では確認できない。また、支那の良い風習が廃れてきたので、孔子も「東へ行こうではないか」と仰った、という記事に続いて「楽浪海中に倭人あり」と繋がることは重要である。

『漢書』に記された「楽浪」とは楽浪郡のことを指す。漢の武帝が衛氏朝鮮を滅ぼして設置した四つの郡の一つが「楽浪郡」で、王朝の出先機関として機能した。現在の北朝鮮の平壌辺りにあったと考えられている。楽浪郡は紀元前一〇八年に設置され、漢から魏を経て西晋の三一三年まで、実に四〇〇年以上続いた。

また、文末の「～と云ふ」から、このことは漢の中央政府が直接知ったのではなく、出先機関の楽浪郡からの伝聞により知ったことが分かる。何らかの日本の政治勢力が楽浪郡に使者を派遣して定期的に朝貢し、また支那王朝は楽浪郡を通じて「倭人」との交流を持ったことが窺える。

またこの一文は、支那王朝が日本列島の倭人の存在を最初に認識したことを意味する。従来、支那王朝は朝鮮の状況は知っていても、その先にある日本列島のことは知る由もなかった。しかし、楽浪郡が設置されてから、支那王朝は楽浪郡を通じて日本列島の政治勢力と外交関係を開き、以って日本列島の状況を知ることができるようになったため、それを正史に記述したのである。

『漢書』では「楽浪海中有倭人」とあるが、その後の正史である『後漢書（ごかんじょ）』では「倭在韓東南大海中」、『魏志』では「倭人在帯方東南大海之中」とあるように、「有」ではなく「在」が用いられている。「A有B」は「AにBがある」、また「B在A」も「AにBがある」と訳せるが、後者が単に「AにBがある」事実を伝えるのに対し、前者は初めてBを発見したという意味合いを含む。支那の正史で最初に日本列島の「倭人」に言及した『漢書』だけが「在」でなく「有」を用いていることは、歴代の正史の編纂者らが、「有」と「在」を正確に使い分けていたことを意味する。

　ところで朝貢とは、支那王朝の周辺国が、支那皇帝に貢物を献上して忠誠を誓うことである。皇帝は朝貢してきた国の使者に、受け取った貢物の何倍もの価値がある金銀財宝を持たせる他、その王に称号、官職、印などを授けてその国を属国とする。それを冊封（さくほう）という。朝貢する国は、冊封を受けることで、自国統治の正当性を得る他、支那王朝から攻められる危険がなくなり、また他国から攻められにくくなるだけでなく、朝貢する度に価値ある土産物を受け取ることができるため、大きな利益を得る。

他方、支那王朝は、冊封体制を維持するのに多額の費用が掛かるも、戦争して直接統治するのに比べれば安くつく。また、多くの諸外国を従わせることでその覇権を内外に示すことができ、朝貢しない国を敵国と見做(みな)して敵味方が明確になるという利点がある。このように、朝貢する国と朝貢を受ける国の両者で利害が一致するため、歴代の支那王朝は冊封体制を敷いてきた。

では、『漢書』に見える、紀元前一世紀頃に日本列島から漢に定期的に朝貢した「倭人」とは一体何者なのであろうか。一〇〇カ国以上あるという国の一つなのか、あるいは、多くの国を従える中堅国家が存在していたのか、今のところ分かっていない。

しかし、紀元前一世紀頃の日本列島に、外国との外交関係を樹立した「国」が存在していたというのは、同じ弥生時代の中にあっても列島に何らかの大きな変化が生じたことを意味する。一〇〇以上の地域勢力がどのようにして初期国家を形成していったのだろうか。それを検討するために、先ずは『古事記』の記述から眺めていきたいと思う。

❖神武天皇東征と「八紘為宇」

『古事記』は、神倭伊波礼毘古命(かむやまといわれびこのみこと)が天皇にご即位になる経緯を次のように記す。ある時、伊波礼毘古命は兄の五瀬命に「何地に坐さば、平けく天の下の政を聞こし看さむ。猶東に行かむと思ふ」（一体どこに住めば、平和に天下を治めることができるのでしょうか。東に行ってみませんか）と申し上げ、二柱は東に向けて出立なさった。この東征の旅は「平和に天下を治める」ための御決心だったことを確認しておきたい。

船で日向（九州南部）をお発ちになった一行は、その後、豊国の宇沙（大分県宇佐市）にお立ち寄りになり、竺紫の岡田宮（福岡県芦屋町の遠賀川河口付近か）に一年、阿岐国の多祁理宮（広島県安芸郡府中町）に七年、吉備（岡山県と広島県東部）の高島宮（所在未詳。児島半島に「高島」という地名がある）に八年お留まりになった。各地では豪族が服属の徴として大御饗（立派な食事）を献上して二柱をもてなした。

そして、浪速之渡（大阪湾の沿岸部）に船を進めると、登美能那賀須泥毘古が軍を興して待ち構えていたので、戦いになった。この戦で五瀬命は手に矢を受けてしまい「我々は日の神の御子なのに、日に向かって戦ったのが良くなかった。これからは、回り込んで、背に日を負って敵を討とう」と仰せになり、一行は紀伊半島の反対側に回り込んで大和の地を目指すことにしたが、紀国（和歌山県）の男之水門に至り、傷が悪化した五瀬命は命を落としてしまう。

兄を亡くした伊波礼毘古命は、それでも兄の遺志を受け継いで遠征を続けた。一行が熊野村（和歌山県新宮市付近か）に着いた時、その土地の神の毒気に侵され、御子は急に体調をお崩しになり、従う兵士たちも皆具合を悪くして寝込んでしまった。そこへ地元に住む高倉下という人が現れ、剣を献上した。するとその剣が勝手に熊野の荒ぶる神々を切り倒した。聞くと高倉下はある夢を見て、その命に従って、倉に置かれていた剣を御子に献上しに来たという。この霊剣を授かったことで、兵士たちは悉く目を覚ました。

そこで、高天原にいらっしゃる高御産巣日神が、荒ぶる神が多いことをご心配になり、八咫烏を遣わせ、伊波礼毘古命たちを大和の地に導かせた。その後は順調に進むことができたが、中には従わない豪族もいた。苦しみながらも戦いに連勝し、周辺の首長たちを従わせながら進み、やがて邇芸速日命と出会う。邇芸速日命は天孫が地上に降り立ったと聞いて自らも降り、大和の支配者である那賀須泥毘古の妹を妻として一族の長となっていた。伊波礼毘古命よりも先に大和を平定していたのである。しかし、伊波礼毘古命がやって来ると、邇芸速日命は伊波礼毘古に大和の地を差し出し、自ら服従した。邇芸速日命は物部氏の祖と伝えられている。

これで、天つ神御子は長い東征を終え、畝火の白檮原宮（奈良県畝傍山東南の地）にて初代の天皇にご即位になった。これで天皇が誕生した。神倭伊波礼毘古命は後に「神武天皇」と呼ばれるようになる。

神武天皇がご即位前に橿原宮を都にお定めになるに際して発せられた「神武天皇建国の詔」が『日本書紀』に収録されている。およそ次のような内容である。

「聖人は制度を立てるものであり、その道理は必ず時勢に適合するものである。いやしくも民にとって利益になることであれば、聖の業に妨げは起きないであろう。そこで山林を切り拓いて宮殿を作り、謹んで皇位に即いて、民を哀れみ愛さなくてはならない。上は天つ神が国をお授け下さった徳に応え、下は瓊瓊杵尊が正義を養った御心を広めようと思う。その後に、四方の国々を統合して都を開き、天下を覆って家とすることは、はなはだ良いことではないか。見渡せば、畝傍山の東南の橿原の地は国の奥まった安住の地であろう。そこに都を定めよう」

ここで注目して欲しいのは「四方の国々を統合して都を開き、天下を覆って家とすることは、はなはだ良いことではないか」の部分である。ここは、建国の精神の核になる部分で、読み下し文の「八紘を掩ひて宇と為さむ」を取って「八紘為宇」と表現されることがある。

そもそも、伊波礼毘古命と五瀬命の二柱が東征を決断なさった理由は「平和に天下を治める」ためだった。世の中が平和であればこのような決断は不要であり、このお言葉は、世の中が乱れ人々が戦に明け暮れていたことによるものと見られる。故に、二柱は平和を実現するための行動に出たと見なければならない。

実際、弥生時代は戦乱の時代だった。支那の後漢の正史である『後漢書』東夷伝（とういでん）には、二世紀後半に「倭国大乱」が起きたと伝えている。この時期は多くの地域で防衛を意図した環濠集落や高地性集落が作られた他、戦没者が埋葬された遺跡も見られることから、やはりこの時期は日本列島、あるいは西日本地域では戦争が絶えなかったことが分かる。

詔に見られる「八紘為宇（天下を覆って家とすること）」は、平和に天下が治まった状態の描写であり、「日本列島を私たちの家とすること」というような意味になる。「私たち」は同じ家に住む家族であることが前提となっていることにも注目して欲しい。日本列島は島国であり「私たち」とは、すなわち「日本人」を意味する。

つまり「八紘為宇」とは「私たち日本人は皆家族であり、日本列島は私たち日本人の家である」という意味になろう。日本人同士が殺し合いに明け暮れていた動乱の時代に、そのような呼びかけをして「奪えば足りなくなるが分け合えば余る」という和の精神を皆で実践し、平和で豊かな国とすることを目指したのである。これが我が国の建国の精神であり、その精神性は「大御心（おおみごころ）」として歴代天皇によって継承され、現在は天皇陛下が体現なさっていらっしゃる。とても大切な部分なので、該当箇所の読み下し文も掲載しておく。

「六合を兼ねて都を開き、八紘を掩ひて宇と為さむこと、亦可からずや」（四方の国々を統合して都を開き、天下を覆って家とすることは、はなはだ良いことではないか）

（『日本書紀』神武天皇建国の詔、抄録）

このような精神に則って東征が行われたために、各地の豪族たちが伊波礼毘古命に恭順の意を表したのではなかろうか。弥生時代後期の動乱に疲れた首領たちが、伊波礼毘古命の登場を転機と捉えて歓迎したことは容易に想像が付く。『古事記』の東征において一部勢力は反抗したが、それも自ずと排除される話が多く、本格的に戦う場面は僅かである。正しい血筋の人が正しい事を言うことで、自然と道が拓けていったように思えるのである。

❖邇邇芸命はなぜ天皇にならなかったか

さて、ここで一つ謎掛けをしてみたい。邇邇芸命は天照大御神から国を「知らせ」と命ぜられたのであるから、天孫降臨の直後に天皇に即位あそばして、国家統治を開始すべきである。ではなぜ邇邇芸命はそれをなさらず、天皇の成立は邇邇芸命の曾孫に当たる伊波礼毘古命の代まで待たなければならなかったのか。

その答えは、先述の邇邇芸命の求婚にある。邇邇芸命と木花之佐久夜毘売(このはなのさくやびめ)の結婚が成立したことで、邇邇芸命は山の神の義理の息子になり、山の神の霊力を受けることになった。そして、生まれた火遠理命(ほおりのみこと)は、天照大御神の曾孫であるだけでなく、山の神の孫でもある。こうして、山の神を完全に身内にしてしまったのである。つまり、天皇となって国を治めるには、山の神の全面的な協力が不可欠だったことを意味する。

しかし、この結婚だけではまだ不十分だった。火遠理命は綿津見神(わたつみのかみ)(海の神)の娘とご結婚になり鵜葺草葺不合命(うかやふきあえずのみこと)がお生まれになった。これにより、鵜葺草葺不合命は、天つ神(あまつかみ)だけでなく、山の神と海の神の両方の霊力を受け継ぐことになった。「森」に覆われた日本列島は「海」に囲まれていることからして、山の神と海の神の系統を受け継ぐことができれば、それは大きな力を発揮することができたはずである。これは同時に、天つ神御子といえども山と海を自由にすることができないことを意味している。

その鵜葺草葺不合命が綿津見神のもう一人の娘と結婚なさってお生まれになったのが、初代神武天皇となる神倭伊波礼毘古命(かむやまといわれびこのみこと)である。このようにして、天つ神御子(あまつかみみこ)が葦原中国(あしはらのなかつくに)を「知らす」者としての正統な系統が整えられていったのである。

世界史の常である武力で統合する手法ではなく、力のある勢力を取り込んで身内にしてしまうというこの発想は、日本建国とその日本の未来に、絶大なる安定を齎すことになる。

したがって、この謎掛けの答えは「天皇になるための環境が整っていなかった」ということになる。先述の通り、天照大御神だけでなく、葦原中国で強い霊力を持つ神々の霊力を受け継ぐことで、初めて「国を知らす者」としての正統かつ説得力のある存在になり得た。天孫降臨から四代の時を経てようやくその環境が整ったといえる。このようにして、大自然と大宇宙の力を余すところなく受け継いだ神倭伊波礼毘古命が、初代天皇となる。ただし「天皇」という称号を用いるようになったのは後代のことであり、当初は「大王」などと称していたと見られている。

❖神武天皇の結婚相手は誰か

さて、では神武天皇となった伊波礼毘古命は誰と結婚したのか。もう答えは出せるはずである。神武天皇の大后は、大和の地で最も力を持った神の娘でなくてはならない。大神神社に鎮座する大物主神の娘、伊須気余理比売である。『古事記』によると、ある日、大物主神が勢夜陀多良比売を一目見て気に入り、その美人が大便をする時、大物主神が赤く塗った矢に化けて、厠の溝に流れ下り、その美人の陰（性器）を突いた。するとその美人は驚いて立ち上がり、その矢を床に置くと、その矢は立派な男になったという。こうして二人は結ばれ、産まれた子が伊須気余理比売だった。

この結婚により、天つ神御子（あまつかみみこ）は大物主神を身内にしてしまったのである。神武天皇と伊須気余理比売の子孫が現在の皇室に繋がるため、歴代天皇は大物主神の子孫ということになる。これにより、歴代天皇は代々、大物主神の霊力を受けることになった（図表8）。

攻め滅ぼすのではなく、身内にしてしまうというこの手法は、和の国の建国に相応しいといえよう。確かに、敵将を倒すだけではその地域の人々の心を従えることはできない。だが、地域の人々が大切にしている首領の家族になってしまえば、戦いを経ずに地域を治めることができよう。

神武天皇は葦原中国において、天照大御神、大山津見神、綿津見神の子孫として説得力のある血統でありながら、大物主神の義理の息子となることで、より多くの人たちから慕われる存在になっていったと見られる。

❖神武天皇「非実在説」を検証する

戦後において、初代の神武天皇は「伝説の人物で実在しない」といわれてきた。多くの日本人がそれを信じているのが現状である。確かに『記』『紀』の神武天皇に関する記述は、神話的な要素を含んだものもあり、全てが史実ではないが、だからといって全てが虚偽、あるいは神武天皇は存在しなかったことにはならない。

そもそも、日本列島で刻まれた現存する最古の文字は、熊本県玉名(たまな)市の柳町(やなぎまち)遺跡から出土した短甲(たんこう)（木製の鎧(よろい)）の「田」の文字（四世紀初頭）であり、神武天皇の時代に文字はなかった。文字のない時代については、出来事の詳細や、固有名詞や日付は伝わらない。しかし、「初代」天皇の記憶は口伝によって伝えられ、後に『記』『紀』に記されたのである。詳細が伝わっていないのはむしろ当然である。

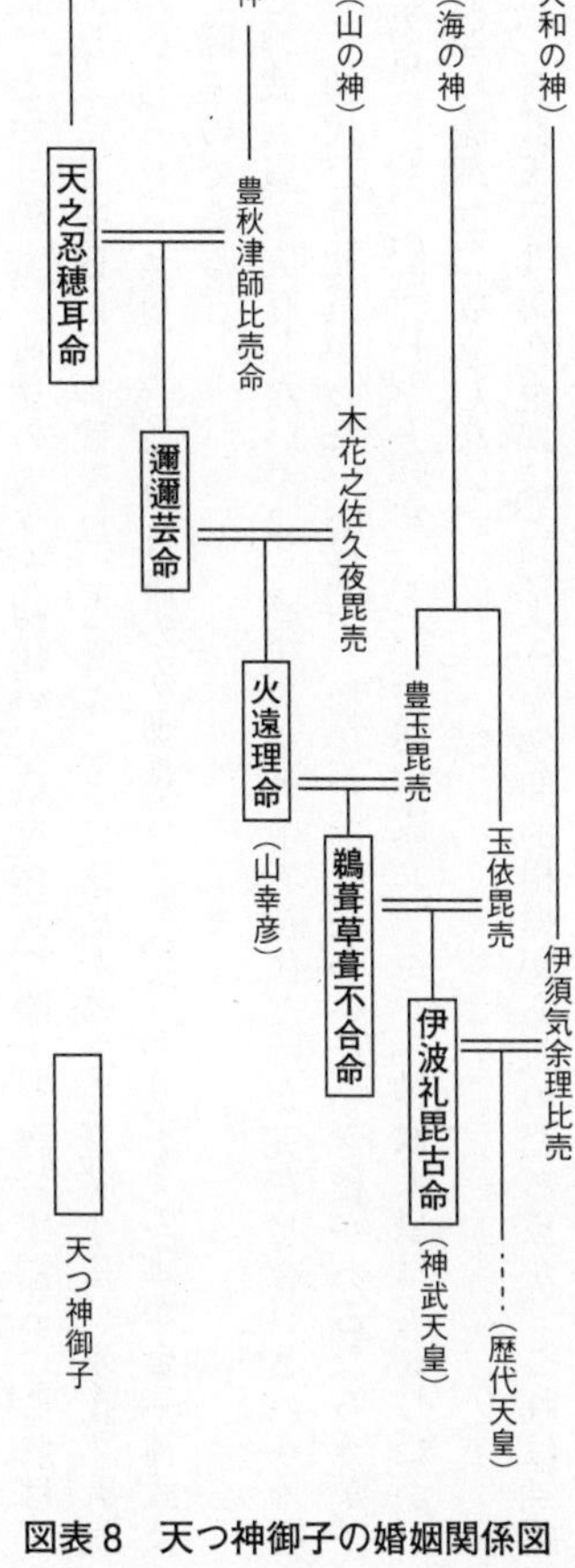

図表8　天つ神御子の婚姻関係図

「神武」というのも、後世の人々が初代の天皇を称えて贈った諡号（しごう）である。これは、初代天皇のことを後に「神武天皇」と呼ぶことに決めたことを意味する。現在、天皇陛下がいらっしゃる以上、遡れば誰かが初代だったのであり、その誰かを「神武天皇」と呼ぶのである。

もし神武天皇が実在しないなら、歴代天皇の中で初代だけが実在しないという矛盾に陥る。初代だけ社長がいない会社や、初代だけ校長がいない学校があるだろうか。「神武天皇はいつの時代の人物か」との命題は成立するが「神武天皇は実在したか」との命題は論理的に成立しない。

では、神武天皇非実在説にはどのような学問的根拠があるのだろうか。これは「悪魔の証明」に属する問題である。以前筆者は、神武天皇が実在しないという根拠が知りたくて、戦後公表された神武天皇非実在を述べた学術論文を全て読み込んだことがある。するとその大半は「いるわけがない」「いないに決まっている」というように、端（はな）から実在しないことを前提に立論していた。実在しないことの学問的根拠を示した論文は、何と一本もなかったのである。

それらの論文には、残念ながら、とても学問的とはいえない非論理的な記述が多かった。『古事記』には神武天皇は一三七歳まで生きたと記されていて、古代の人が一三七歳まで生きるわけがないから神武天皇は実在しないという主張がそれである。もしくは『日本書紀』の年代をそのまま信用すると、神武天皇の即位は紀元前六六〇年となり古過ぎてあり得ないという主張である。

確かに、古代の人物が一三七歳まで生きたというのは信じ難い。しかし、記述の一部が非合理だからといって、全てを否定するのは、およそ学問的な態度ではない。もし非合理な記述が実在しないことの証拠となるなら、王妃マーヤの右の脇腹から生まれて直ぐに立ち上がって七歩歩き、天地を指して「天上天下唯我独尊」と唱えた釈迦や、処女にて懐胎した聖母マリアから生まれたイエス・キリストも実在しなかったことになってしまう。

非合理な記述があれば、その部分は信じないのが学問的に正しい態度である。もし神武天皇が一三七歳まで生きたというのが信じられないなら、その部分は無視すればよい。非合理なことを根拠に導き出された結論は非合理であるから、「一三七歳まで生きた」という非合理な記述を信じて導かれた「神武天皇は実在しない」との結論は、論理的には非合理である。その結論に辿り着くまでの間に一度「一三七歳まで生きた」という部分を信じなければならないからである。これは、嘘つきが「自分は嘘をついている」と言った時のパラドックスと同じである。

他にも『記』『紀』の神武天皇に関する記述の中に、天から霊剣が授けられると、敵が勝手になぎ倒されていく場面など、科学的には信じ難い記述もあるが、同じ理由で、神武天皇が実在しない理由にはならない。このように、非合理な記述を取り上げて、神武天皇の存在そのものを否定するのは、文献批判の初歩的な誤りである。

また『記』『紀』には歴代天皇の埋葬に関する記事があり、『記』『紀』編纂時には既にそれらの陵墓が存在していたと思われる。もし『記』『紀』に虚偽の天皇が記載されていたなら、虚偽の陵墓が後世に造作されたことになる。虚偽の陵墓が当時から認知されたとは到底考えられるものではない。さらに『日本書紀』の天武天皇元年（六七二）の記事には、壬申の乱で神武天皇陵を拝ませたとある。とすれば、六七二年の時点で神武天皇が実在したと信じられていて、陵墓も存在していたと考えなくてはならない。

確かに「非科学的」「非合理的」なものを否定する考え方には一定の説得力がある。しかし、そのような「非科学的」「非合理的」な記述の中にも、一定の真実が含まれている場合がある。『記』『紀』には、神武天皇の東征が書かれている。国家を統一する力が九州から来たことなどは、考古学の成果とも符合するため、一定の史実性を見出すことができる。正史に記されているにもかかわらず、その全てを『記』『紀』編纂者の作為として片付けるのは乱暴である。

大和に本拠地を構える大和朝廷が、正史を編纂するに当たり、なぜわざわざ九州に天孫が降臨した物語を書き記したのだろう。単純に考えれば、大和の地に天孫が降臨したと記した方が大和の地を神聖化でき、出雲の国譲りの物語も生かせたはずである。にもかかわらず、天孫が降臨したのは九州で、神武天皇が九州から大和に東征したと記したのは、単に編纂者の作為ではなく、ヤマト王権の起源が九州にあり、国家統一の動きが九州から起こったという伝説が史実として語り継がれていたからではなかったか。

国家でも会社でも、創始者の名前と事蹟は時代が下っても記憶されるものである。一人の偉大な指導者を中心に、九州から大和へ集団の移動があり、ヤマト王権の基礎が固まったという伝承は、『記』『紀』が編纂された七世紀まで、史実として伝承されたと考えなければならない。

❖「欠史八代」は欠史ではなかった

神武天皇だけでなく、第二代綏靖天皇から第九代開化天皇までの八代を「欠史八代」と呼ぶ研究者が多い。いずれも伝説の天皇で実在せず、第十代崇神天皇が初代天皇であるという。『記』『紀』の編纂者が、天皇の歴史をより長く思わせるために捏造したという考えである。八代の天皇について、『記』『紀』には、崩御の年齢、宮廷の所在地、御陵の所在地、配偶者と子の名前などを記しているだけで、具体的な事蹟がほとんど記されていないのもその証拠だとされる。

しかし、それについては次のように反論できる。『記』『紀』は天皇の系譜を記した『帝紀』と天皇の事蹟を記した『旧辞』を参照して編纂されたと見られるが、『記』『紀』は『帝紀』に『旧辞』を加えて原型が作られたのであるから、『旧辞』部分が欠けたからといって、直ちに『帝紀』部分も虚偽であるとはいえない。

そもそも存在が確実とされる第二十四代仁賢天皇、第二十五代武烈天皇、第二十七代安閑天皇、そのほか複数の天皇も『旧辞』部分を欠いている。もし『旧辞』部分の存在が実在の条件とするなら、それら実在した天皇も実在しなかったことになってしまう。

それに、第二代から第九代までは事蹟が書かれていないと指摘されるが、具体的な事蹟が書かれた箇所もある。例えば、第七代孝霊天皇の条では、皇子の若日子建吉備津日子命が吉備国（岡山県、広島県東部）を説得して平定したという記事がある。

第八代孝元天皇も実在しないとされていたが、昭和四十三年（一九六八）に発見された埼玉県行田市の稲荷山古墳出土鉄剣銘に「意富比垝」と書かれていたことから、孝元天皇の皇子である大彦命（『古事記』では大毘古命）の実在が確認された。それにより、その父である孝元天皇も実在したと考えられるようになった。

また、特に『古事記』に記載された詳細な系譜からは、地方の豪族と次々と同盟関係を結んでいったことを知ることができ、事蹟を雄弁に物語っているといえる。『古事記』には天皇と皇子たちが誰と結婚したかが記されているが、当時は恋愛結婚などあるはずもなく、全て政略結婚であり、その系譜を見ていると、当時のヤマト王権がどの地域のどの豪族との関係を深めていったかが、手に取るように分かる。また、主流から外れた皇子たちが、全国に散らばっていき地方豪族の祖となっていく様子も記されている。

例えば、第二代綏靖天皇の兄の神八井耳命は、天皇に即位することはなかったが、その子孫については緻密に記載がある。具体的には、次に列挙する氏族らの祖であると記されている。

意富臣（大和国十市郡飫富の一族）、小子部連（天皇の側に仕える小子部を統率した氏族）、坂合部連（詳細は不明）、火君（肥後国八代郡の豪族）、大分君（豊後国大分郡の豪族）、阿蘇君（豊後国阿蘇郡の豪族）、筑紫三家連（筑前国那珂郡三宅郷の豪族）、雀部臣（和泉国に居住した一族で、仁徳天皇の御名代である雀部を管理した）、雀部造（和泉国に居住した一族）、小長谷造（武烈天皇の御名代である小長谷部を統率した一族）、都祁直（大和国山辺郡都介郷の一族）、伊余国造（伊予国の豪族）、科野国造（信濃国の豪族）、道奥石城国造（陸奥国磐城郡から常陸国多珂郡の豪族）、常道仲国造（常陸国那珂郡の豪族）、長狭国造（安房国長狭郡の豪族）、伊勢船木直（伊勢国多気郡の豪族）。

船木の一族）、尾張丹羽臣（尾張国丹羽郡丹羽郷の豪族）、島田臣（尾張国海部郡嶋田郷

これはほんの一部を示したに過ぎない。果たして、ありもしない系譜をここまで細かく書くだろうか。子孫もいるはずであるから、虚偽の婚姻ばかり書いてあったら、どうしてそれを社会が受け入れよう。戦争による華々しい成果を挙げることが天皇の事蹟ではない。周辺諸国と友好関係を樹立して強固な同盟関係に発展させることは立派な事蹟というべきである。

もしこれら八代の天皇の実在を否定してしまうと、それまでの歴代天皇に連なる多くの日本人の祖先の実在を否定することになる。伊賀、名張、春日、吉備、阿倍なども存在しなかったことになってしまう。

しかも、第二代から第九代は、ヤマト王権が周辺の豪族を束ねて、統治範囲を関西一円に広げていった時期と見られるが、大和朝廷が戦争を経ずにその統治範囲を全国に拡大したことは、考古学的事実と一致する。戦後長らく「欠史」として無価値の烙印を捺されていたこの部分の記述は、実は、戦いを経ずに話し合いで国を統合していった、壮大な日本統合の経緯を浮き彫りにする、貴重な記録だったのである。

武力で周辺諸国を統合した欧州や支那の列強と異なり、大和朝廷は、話し合いで国

を統合する道を選び、政略結婚を通じて全国の豪族と血縁関係を結んでいった。文字通り、全国の豪族を家族として身内に取り込んだのである。山の神や海の神の娘を娶っていった日向三代や、三輪山の神の娘を娶った神武天皇の結婚に対する考え方は、その後も歴代天皇によって継承され、平和に列島を統合する上で絶大なる効果を発揮したと思われる。

❖『日本書紀』の紀年は創作なのか

では神武天皇はいつの時代に実在したのだろう。『日本書紀』に記された第二十六代継体天皇以前の紀年を西暦に対応させるのは、日本史分野の未解決の難問題といえる。江戸時代以降、新井白石、本居宣長を始め、多くの研究者たちが取り組んできたが、未解決のままである。にもかかわらず、近年は難しい数字を扱うが故に倦厭されるのか、取り組む研究者がほとんどいない。

『古事記』『日本書紀』を読むと、初期の頃の天皇の多くは一〇〇歳以上の寿命で、それを直ちに信じるのは難しい。また『日本書紀』が記す神武天皇の御即位の「辛酉年」は西暦で紀元前六六〇年、すなわち弥生時代の前半になるため、聊か古過ぎるように思える。

また『記』『紀』はいずれも国家が編纂した公文書であるが、『古事記』と『日本書を表示しているが、崇神天皇の宝算は『古事記』は一六八年とするが、『日本書紀』は一二〇年と記していて、『記』『紀』の間で既に矛盾が生じている。このようなことから、戦後の研究者の多くは『記』『紀』は価値のない書物としただけでなく、初期の天皇は全て架空の人物として取り扱ってきた。

だが、信じられない記述や、矛盾を指摘して、全体を否定するのは学者の態度とはいえない。むしろ、なぜ『記』『紀』で矛盾が生じているのか、なぜ一〇〇年以上にもなる天皇の宝算を書き記したのか、といった点に目を向けるべきである。

しかし、この問題は大き過ぎて、とても通史の本書では深入りできないため、主要な論点だけ確認して、神武天皇が大まかに何世紀の人物だったのか、見当を付けるまでに止める。

『日本書紀』の紀年で基点となるのは、継体天皇治世の「継体十七年」である。百済の武寧王が薨じた記事が見える。次のように、百済側も含めて三つの史料の年代が完全に一致するため、「継体十七年＝西暦五二三年」と考えてよい。

『日本書紀』（継体紀）

継体十七年（癸卯）（五二三）　夏五月、百済の王武寧薨せぬ

『三国史記』（百済本紀）

武寧二十三年（癸卯）（五二三）夏五月、王薨ず、諡を武寧という

『武寧王墓誌銘』

寧東大将軍百済斯麻王、年六十二歳にして癸卯年（五二三）五月丙戌朔七日壬辰崩ず

『古事記』は七一二年、『日本書紀』は七二〇年に成立した。いずれも奈良時代である。年代が確定できる武寧王薨去年は『記』『紀』成立の約二〇〇年前であり、そこから更に何百年も遡って、継体天皇以前の二十五代の天皇の事蹟を記述するのは、相当困難な作業だったと思われる。

『古事記』は余り多くの日付を書いていないが、『日本書紀』は神武天皇から持統天皇までの約一三六〇年間に亘る全体の期間を通じて、一六六四件の日付を「干支」を用いて記している。干支は「十干」と「十二支」の組合せの六〇通りあり、一日毎に順番に進み六十日で一周する。当然、太陰暦には閏月が入る。『日本書紀』には一四件の干支に誤りがあることが指摘されているが（内田正男『日本書紀暦日原典』新装版、一九九三）、その前後の日付の干支に狂いはなく、一四件の錯誤は他の一六五〇件に何ら影響を及ぼしていない。神武天皇の御即位時の干支「辛酉年」「春正月庚辰

朔」も正しく記載されていて、『日本書紀』に最初に登場する具体的日付である、神武天皇の東征出立の日の干支「(甲寅年)冬十月丁巳朔辛酉」も正しい。電子計算機のない当時、一〇〇〇年以上前の特定の日付の干支を正確に割り出すのは至難の業だったはずである。もし『日本書紀』が単なる創作物語だったのなら、なぜそこまでする必要があろうか。

『日本書紀』編纂は、当時のエリートを集めて行われた、日本国の正史を書き上げる一大国家事業だった。むしろ『日本書紀』の編纂者たちは、謙虚な姿勢を示している。例えば、継体天皇の崩年を「継体二十五年」と書きつつも「継体二十八年」説もあることを述べ、「後に勘校へむ者、知らむ」(後に勘合する者が明らかにするだろう)と書き添えている。また、欽明紀にも、判断の難しいものは一つを選んで異伝を注記している。

四世紀以前は文字史料のない時代であり、そこまで遡って記す以上、矛盾や異説があるのは当然であり、それらの矛盾や異説を『日本書紀』の編纂者は自ら判断して取捨選択するのではなく、矛盾や異説をそのまま書き残すことで後世の判断に任せるという態度は、正史編纂者としては立派な態度であると評価できる。初期の頃の天皇が異常なほど長寿なのは、『記』『紀』編纂者たちのそのような編纂態度の結果だったと思われる。『記』『紀』の紀年を現代の暦に比定するのは「後に勘校へむ者」たる現代人の責任なのであって、『記』『紀』編纂者の責任ではない。むしろ原史料の記述を今に残してくれたことに感謝すべきである。

❖日本では「一年」は「一八〇日」だった

これまでの先人たちの研究の結果、『記』『紀』には一部共通した原史料があり、『記』『紀』の間の矛盾は、その原史料の解釈の違いによること、また解釈の違いは『記』『紀』の編集方針の違いであること、などがある程度分かってきた。原史料から落とし込んでいるとすると、『記』『紀』の紀年は完全な創作ではないということになる。

貝田禎造（かいだていぞう）氏は著書『古代天皇長寿の謎』（一九八五）で、『日本書紀』が記す崇峻（すしゅん）紀以前の日付が極めて不自然であるも、そこには規則性があることを指摘し、決して「でたらめ」や偶然、あるいは表記した人の癖ではないことを数理的に証明した。

貝田氏は、『日本書紀』が記す一六六四件の日付を分析し、第二代綏靖（すいぜい）紀から第三十二代崇峻紀では、記事の約九二％が月の前半、つまり一日から十五日に集まっていることを示し、また第二～五代、第七～九代、第十三代、第十五代、第二十四代、第二十五代の天皇紀には十六日から三十日の日付が一件もないことを述べ、そこには何らかの規則性が内在している可能性があるとした。そして、十六日から三十日の月の後半の日付を記しているのは、天皇の所在地、行幸の日程、外国や外国人などの記事に限定されることから、一カ月を三十日とする暦と十五日とする暦の二重構造により日付が表記されていると指摘した。

当時、大陸や半島では一カ月を三十日とする太陰暦が使用されていたが、従来の日本では一カ月を十五日とする独自の暦を使用していたということになる。新月から満月、そして満月から新月の夫々(それぞれ)十五日の期間を一カ月としていたと思われる。『日本書紀』には一月から十二月までの日付が記載されているため、一年は十二カ月だった。ということは、一カ月が三十日と十五日では、月の進み方が二倍異なるから、大陸で用いていた太陰暦で一年進む間に、日本の原始暦では二年進む計算になる。この見解に立てば、かつての日本の一年は一八〇日間だったことになる。

このことは既に明治時代から指摘されていた。ウィリアム・ブランゼンは明治十三年(一八八〇)に、冬至と夏至、もしくは春分と秋分で一年と数える暦があったのではないかと述べていた。また『魏志(ぎし)』倭人伝の裴松之(はいしょうし)注に「魏略(ぎりゃく)ニ曰ク、其ノ(その)俗正歳(ぞくせいさい)(太陰暦)四節(しせつ)ヲ知ラズ、但(ただし)、春耕秋収(しゅんこうしゅうしゅう)ヲ計(はか)ツテ年紀ト為ス」とあるのは、日本が「一年二倍暦」を使用していたことに対する魏側の観察を記録したものであると指摘したのは、山本武夫(やまもとたけお)博士だった(『日本書紀の新年代解読』一九七九)。貝田氏はこの「一年二倍暦」(春秋年)を数理的な考察により立証したといえる。貝田氏は「一年四倍暦」があったことも主張するが、現時点では余り支持されていない。四倍暦では一年は九十日となる。

その後、紀年論で功績があった研究として、高城修三（たきしゅうぞう）氏の『紀年を解読する』（二〇〇〇）が挙げられる。同書は、山本博士の研究を出発点として、春秋年、累積年、虚構年などの各論点を精査し、紀年の原史料の復元を試みた労作である。ちなみに「累積年」とは、天皇の崩御後の新天皇の即位を、当年中に行う場合（当年称元法）と、翌年初めに行う場合（越年称元法）があるも、『日本書紀』は原史料が重複法で書かれていた治世年数をそのまま越年称元法に変更したため、継体天皇以前は、皇位継承の度に紀年が一年ずつ繰り上がるとの指摘である。また「虚構年」とは、事実とは無関係に挿入された年があるという指摘である。近年では高城氏の主張を批判して貝田氏の主張を再評価した宝賀寿男（ほうがとしお）氏の『「神武東征」の原像』（二〇〇六）がある。

累積年については、継体天皇以前に一代当たり一年ずつ繰り上がっても最大で二十五年であるため影響は限定される。虚構年をどのように捉えるかの問題はあるにせよ、春秋年は、最初の頃の天皇の年紀を何百年も手前に戻すことになるため、大きな影響がある。

春秋年により、初期の頃の天皇の宝算や治世が長過ぎる問題は完全に治癒されることになる。神武天皇の宝算は『古事記』では一三七歳、『日本書紀』では一二七歳、最も長い第十代崇神天皇は『古事記』では一六八歳、『日本書紀』では一二〇歳であるため、これらを半分とすると、全て常識的な範囲に収まるのである。

❖神武天皇はいつの人物か

では、春秋年、累積年、虚構年などを考慮して『日本書紀』の紀年を補正したらどうなるだろうか。春秋年がいつまで用いられていたと見るか、また一年を三カ月とする一年四倍暦を採用するか、虚構年をどのように設定するかなどで補正の内容は大きく変わるため、簡単ではない。

高城氏は雄略(ゆうりゃく)天皇の即位年が、春秋年から太陽年に切り替わった年であると分析している。また宝賀氏は仁徳天皇以前に「一年四倍暦」を当てている。『日本書紀』が第十代崇神天皇即位を紀元前九七年とするのに対し、山本説では二六〇年～三一九年、貝田説では三一六年、高城説では二八四年、宝賀説では三一五年となる。ばらつきはあるも、最大六十年以内の開きである。

また『日本書紀』が神武天皇即位を紀元前六六〇年とするのに対し、貝田説では一七六年、宝賀説では一七五年となる。また、高城氏は崇神天皇から、それ以前の天皇の治世年数を春秋暦にして遡ると、神武天皇即位は紀元前二十九年となるとしつつも、第二代綏靖天皇から第四代懿徳(いとく)天皇までの三代の宝算が『古事記』では二十三歳

〜二十五歳であるから父子相続とは考えにくく、歴代の平均治世などを持ち出して「二世紀中」と結論している。

しかし、弥生時代において結婚の時期は早かったと思われるため、十五歳前後で結婚しても不自然ではなく、三代続けて宝算が二十代そこそこだとしてもあり得ないということはない。兄から弟への継承を、系譜上父子継承と伝承した可能性もあり、また、父子の年齢が近過ぎると思っても、そこに無理に兄弟相続を含んだ「平均値」などを持ち込む必要などない。

このように、近年の紀年研究では、神武天皇即位年を二世紀後半以降とする意見が多いが、これは考古学的事実と一致しない。三世紀初頭には奈良県の纒向（まきむく）遺跡に初となる前方後円墳が造られ、そこから「古墳時代」に入ることになる。古墳については第二部で詳しく述べるが、纒向遺跡の前方後円墳の出現はヤマト王権成立のサインであり、この王権は四世紀末までには日本列島のほぼ全域を統治する統一王権に発展し、大和朝廷と呼ばれるようになる。纒向遺跡が初期の頃の天皇の都であることは動かしがたい事実である。

纒向遺跡では三世紀初頭から中頃にかけて、九〇メートル級の前方後円墳が五基造営される。最初の前方後円墳がある程度の規模であることから、これほどの規模の複数の古墳を造営するのは小規模な国では不可能で、関西の広い部分を治める中規模の国だったと見られている。したがって、もし神武天皇即位を二世紀後半とすると、三世紀初頭に纒向遺跡を造営したのは神武天皇か第二代綏靖天皇になってしまい、これでは早過ぎるように思える。

『記』『紀』によると、神武天皇一行は孤軍奮闘しながら遠征した小さな集団だったと読み取れる。高天原から霊剣は下されたものの、神武天皇が出立なさった日向地域からの援軍はなく、途中滞在なさった多祁理宮（安芸国）や高島宮（吉備国）からの援軍もなかった。そして長髄彦との戦いでは呆気なく敗退してしまった。その弱小集団がヤマトの一角に何とか建てた小さな国がヤマト王権の始まりであり、最初から大規模だったとは想定できない。また、九州にあった強力な国家勢力が周辺の小国を併合しながら東に移動してきたという考古学的事実もない。

既に示したように『古事記』には第二代綏靖天皇から第九代開化天皇までの天皇の御事蹟として全国の豪族との婚姻を進めて同盟を拡大していくことが書かれている。このような同盟政策を実行していくことで、長い時間をかけて徐々に勢力を拡大していったのがヤマト王権であって、武力で周辺国を併合して伸し上がった国ではないのである。ヤマト王権成立の兆しが生じた瞬間に王権の基盤が完成したとは考えにくく、小さな地方政権が時間をかけて王権の基盤を築いたと考えなくてはならない。この点からも、纒向遺跡が神武天皇か綏靖天皇の都と見ることはできず、神武天皇即位が二世紀後半以降という見解には疑問がある。

ところで、神武天皇の実在時期について、斬新なるも説得力のある論を提示してくれたのが長浜浩明氏である（『古代日本「謎」の時代を解き明かす』二〇一二）。縄文時代の海面が高かった時代は、大阪平野は巨大な湾で、生駒山の麓まで海水で満たされていたが、その後海面が下がると、かつての湾は狭くなり水深も三～四メートルほどの潟となり、海への開口部も狭くなっていった。そして、時代が下がり紀元前一〇五〇年～紀元前五〇年頃になると、潟の開口部は更に狭まり、満潮時は海水が開口部から潟内部に勢いよく逆流し、また干潮時は潟の水は開口部から大阪湾へ流れ出したという。それが「浪速」（難波）の由来と考えられる。

神武天皇が難波にお着きになる際の『日本書紀』の記事に「方に難波の碕に到るときに、奔潮有りて太だ急きに会ふ（速い潮流があってとても早くついた）。因りて名けて浪速国と為ふ」とあるが、これは神武天皇の船が満潮時に開口部から潟に入り込む潮流に乗ったことを描写したものと思われる。その後一行は船で白肩津（枚方の津）まで至っている。しかし、長浜氏によると、このように速い潮流に乗れたのは、開口部が狭まり大阪平野が潟となったこの時期に限られるという。西暦一五〇年になると、開口部はほとんど閉ざされ、潟は湖となり、僅かに空いた開口部からは湖の水が海に流れ出すだけとなったからである。こうなったら、神武天皇一行は速い潮流に乗って潟の内部に入り込むことはできなかった。したがって、神武天皇が難波に至ったのは遅くとも西暦一〇〇年までということになる。

年紀の考察で「一年四倍暦」を適用すると神武天皇即位は三世紀から四世紀となるが、「一年二倍暦」だけであれば、いみじくも高城氏が「紀元前二十九年」といったように、紀元前後まで遡ることになる。長浜氏は春秋年を用いて神武天皇の即位を紀元前七〇年としている。

❖神武天皇東征と火山の噴火

次に、筆者が高千穂（たかちほ）神社の後藤俊彦（ごとうとしひこ）宮司から、紀元前後に九州で大きな噴火があったことが神武天皇の東征の動機になった可能性があると教えられ、南九州の火山の噴火の歴史を調べてみたのが図表9である。紀元前後から九州が火山の活動期に入ったことが分かる。

特に注目したいのが、鹿児島県の開聞岳（かいもんだけ）が紀元前後にＶＥＩ（火山爆発指数）４に相当する「大規模」なマグマ噴火を起こしたことである。この規模の噴火は、世界でも三十六年に一度程度しか起きない。同規模の噴火に天明（てんめい）三年（一七八三）の浅間山（あさまやま）の噴火が挙げられる。「天明噴火」と名付けられたこの噴火は、直接の死者は一一五一人だったが、同年のアイスランドのラキ火山の影響と相まって、東北地方を中心に

鶴見岳	AD1C	VEI2（中規模） マグマ噴火、火砕流降下
由布岳	紀元前後	VEI3（やや大規模） 山体崩壊によるマグマ噴火
開聞岳	紀元前後	VEI4（大規模） マグマ噴火
久重山	AD1C ～ AD2C	水蒸気噴火
硫黄岳	BC2C ～ AD12C	活動期 マグマ噴火を繰り返していた
桜島	BC10C ～ AD11C	活動期 マグマ噴火を繰り返していた
開聞岳	AD2C	VEI3やや大規模 マグマ噴火
久重山 黒岳	AD3C ～ AD4C	VEI5（非常に大規模） マグマ噴火

図表９　紀元前後から四世紀にかけての九州の噴火
（気象庁編『日本活火山総覧（第四版）』ウェブ掲載版より作成）

天明の大飢饉を引き起こした。

また同じ時期に大分県の由布岳ではＶＥＩ３に相当する「やや大規模」な山体崩壊によるマグマ噴火が起きた。同規模の噴火に平成二年（一九九〇）から平成七年（一九九五）にかけて噴火した長崎県の雲仙岳が挙げられる。

ＶＥＩ４とＶＥＩ３の規模の噴火が、ほとんど同じ時期に同じ九州で起きたことは、九州の弥生人の生活に甚大な影響を及ぼしたに違いない。農耕にも大きな被害が生じ、九州や西日本で小国同士の争いが生じたと思われる。実際、弥生時代晩期には九州と西日本で戦争の跡を示す出土物が多く見られる他、中国地方では高地性集落が作られるようになるため、一致する。神武天皇の時代は戦乱の時代だったことは既に述べた。伊波礼毘古命と五瀬命の二柱が東征を決断なさった理由は「平和に天下を治める」ためだったことと符合する。先述の「浪速」の潮の流れと合わせて、神武天皇の東征の時期は、紀元前後と見ることは可能である。

❖「邪馬壹国」とは何か

『漢書』地理志の次に支那王朝の史料に日本に関する記述が現れるのは、『後漢書』東夷伝（とういでん）である。西暦五七年に倭の奴国が朝貢しに来たこと、漢の光武帝（こうぶてい）が奴国の使者に「漢委奴国王（かんのわのなのこくおう）」（読み方不詳。「委」は「倭」とは異なり「い」と読み、「奴」は蔑む言葉で「ど」と読むとの説もある）と記した印綬（いんじゅ）（金印）を授けたこと、二世紀後半に倭国大乱があったことなどを記している。

倭国大乱については、この時期に瀬戸内海を中心に防衛上、高地性集落遺跡が集中していることと符合する。またこれら高地性集落遺跡は、九州勢力の進攻に対して造られたとする見解があり、『記』『紀』の神武天皇東征伝説や、邪馬壹国東遷説と符合するとの意見もある。また、三〇余りの国と通交があったとも書かれている。弥生時代の北部九州には、王都と見られる大規模な環濠集落や、王墓と見られる墳墓が点在していた。また近畿にも大規模な環濠集落があった。

『後漢書』東夷伝の次に支那の史料に日本が現れるのは、『魏志』倭人伝である（ただし、成立年代では『後漢書』よりも『魏志』の方が早い）。ここには二世紀後半から三世紀にかけての日本の様子が、およそ次のように書かれている。

「邪馬壹国（やまいこく）は、当初男性が治めていたが、七、八〇年で倭国に大乱があった。その後、女王卑弥呼（ひみこ）を共立したことで政治的統合を回復した。卑弥呼は鬼道（きどう）に通じ、人々を巧みに治めた。既に年長だったが、夫はなく、弟が助けて国を治めた。景初（けいしょ）二年（二三八）卑弥呼は魏に朝貢し、『親魏倭王（しんぎわおう）』の称号を得た。正始（せいし）八年（二四七）頃、男王が支配する狗奴国（くなこく）との戦いの最中に卑弥呼は没し、径百余歩の大きな塚に葬られた。次に男王を立てるも国はまとまらず、十三歳の女王壹与（いよ）を立てたことで再び政治的統合を果たした」（『魏志』倭人伝、部分要約）

ところで、一般的には「邪馬台国」（邪馬臺国）と表記されるが、『魏志』倭人伝には「邪馬一国」（邪馬壹国）と表記されている。「台」の旧字体が「臺」、「一」の旧字体が「壹」であり、「臺」と「壹」は似ているも、意味も読みも異なる別の字である。『魏志』原文に「邪馬壹国」と書かれている以上、これを勝手に修正するのは適切ではない。邪馬台国ではなく「邪馬一国」か「邪馬壹国」と表記するのが相当である。『魏志』より後に編纂された『後漢書』には「邪馬臺（たい）国」との表示があるが、これは誤記なのか、邪馬壹国と邪馬臺国は別の国なのか、いまのところ判断する材料がない。後者の場合は邪馬壹国の後継国が邪馬臺国となる。

邪馬壹国とヤマト王権の関係はよく分かっていない。「邪馬壹国」という国号は日本側の史料には見えず、支那側の史料でも『魏志』倭人伝とそれを引用した文献以外には見出せない。その後の支那側の史料も、三世紀半ばに壹与が朝貢したという記述を最後に途絶え、義熙九年（四一三）の倭王讃の朝貢までおよそ一五〇年間、倭国に関する記録が存在しないため、邪馬壹国とヤマト王権の関係はその後の支那側の史料からも何も読み取れない。

また、『魏志』は邪馬壹国の位置について記すも、その通りに辿ると日本列島を越えて沖縄の遥か南の台湾かフィリピンの沖に到るため、何らかの書き間違えや、特別な読み方があるのではないかと、多くの解釈が提示されてきた。その場所を巡っては、主に九州説と畿内説に分かれて、二〇〇年以上激しい論争が続けられている。これを邪馬壹国論争という。本書は通史なので、この問題に余り深入りはしないが、日本の建国を考える上で必要な範囲で述べる。

邪馬壹国を理解するための筋道は次の通りである。第二部で示す通り、畿内に本拠地を置くヤマト王権が成立するのは遅くとも三世紀前半であり、また『魏志』は邪馬壹国の朝貢と卑弥呼の死亡がいずれも三世紀前半のことと記しているため、この年代が正しいなら、ヤマト王権と邪馬壹国は同時代に存在していたことになる。

すると、可能性として邪馬壹国とヤマト王権が同一の場合と、並立していた場合の二通りが想定される。ヤマト王権が政権基盤を整えて後に列島の大半を統治する大和朝廷になったことは動かしようがない事実であるため、後者の並立説を採ると、邪馬壹国は大和朝廷成立過程のいずれかの段階で滅ぼされた一地方政権に過ぎないことになる。他方、前者の同一説によれば邪馬壹国は一定の地域を支配した中央政権であり、『魏志』の記述通り、二世紀中頃には既に一定の勢力を持っていたことになる。そして、ヤマト王権の本拠地が三世紀に畿内にあったのは明らかなので、邪馬壹国の場所は並立論ならば九州説が、また同一論ならば畿内説が想定される。

また、九州説には様々な異説がある。七世紀末まで九州に日本を代表する王朝（邪馬壹国）があり、大宰府（だざいふ）がその首都だったとする九州王朝説や、九州に本拠を構える邪馬壹国が本拠を畿内に移動したという邪馬台国東遷説、また邪馬壹国は高天原であり、卑弥呼は天照大御神とする邪馬台国＝高天原説など様々である。

❖「邪馬壹国畿内説」を支持する考古学

畿内説は、奈良県桜井市の纒向遺跡を卑弥呼の王都とする説である。第二部で述べるように、纒向遺跡には大型古墳が多いだけでなく、平成二十一年（二〇〇九）に行われた纒向遺跡の発掘調査で、大型建物を含む四棟の掘立柱建物群が発見されたことで「卑弥呼の王宮」ではないかと注目された。ヤマト王権の王都たる纒向遺跡は、三世紀における広域統治の中心地だったことは間違いない。そのため、考古学界では畿内説が優勢となっている。

しかし、畿内説の最大の弱点は、九州の邪馬壹国と畿内のヤマト王権が並立していた可能性を排除できないことである。例え三世紀最大の建物が纒向にあり、列島最大の市場機能を纒向が担っていたとしても、だからといって邪馬壹国が畿内にあることにはならず、邪馬壹国が九州になかったことにもならない。三世紀には日本列島で書かれた文字はないため、今後、纒向が最先端の都市であることを示す文物が出土しても、それは畿内説の根拠にはならない。この問題について考古学は、状況証拠を提示することしかできない。もし畿内説が証明されるとしたら、魏王が卑弥呼に下賜したとされる「親魏倭王（しんぎわおう）」の金印が纒向遺跡から発見されなければならない。

また、畿内説の立場から、畿内を中心に分布している三角縁神獣鏡（さんかくぶちしんじゅうきょう）は、魏王が卑弥呼に下賜したものと主張されてきた。しかし、同一形式の鏡が支那大陸で一点も出土していないことから、これらは日本列島で製作された鏡ではないかと反論されている。弥生時代中期から後期の畿内では、支那王朝と直接やりとりした痕跡がほとんど見られないのも畿内説の弱点である。

他方、北部九州は支那王朝との繋がりがはっきり見える。前漢の紀元前一〇八年に楽浪郡が設置されて以降、北部九州に漢文化が直接入るようになった。紀元前一世紀後半の弥生時代中期末から北部九州の甕棺（かめかん）（須玖岡本（すぐおかもと）D地点甕棺、三雲南小路（みくもみなみしょうじ）一号甕棺など）に漢鏡の副葬が見られるようになり、その後も継続して流入している。また、朝鮮半島よりも九州の方に漢鏡が多いため、楽浪郡から列島に直接持ち込まれたと見られる。そして『後漢書』に記されている「漢委奴国王」と彫られた金印が福岡県福岡市東（ひがし）区志賀島（しかのしま）から出土していることから、「奴国」が博多湾にあったと考えられる。その他にも、北部九州には支那王朝との交渉を示す遺物が顕著に認められるのである。

そもそも、「邪馬壹国」も「卑弥呼」も『魏志』に表記されていることであるから、文献に書かれたことの解釈と評価は、先ず文献から見出すのが正しい筋道ではなかろうか。文献史学から導かれた解釈と評価を、考古学や民俗学などの他分野から検証するのが本来の手順である。もし史学が出した答えが正しければ、他分野から検証しても矛盾はないはずである。

ところが、邪馬壹国論争では、考古学が先行していて、ともすれば考古学だけで答えを見出そうとする風潮がある。これでは、状況証拠だけで刑事裁判の判決を下すようなものである。そもそも、邪馬壹国の時代は日本列島で文字が書かれていないため、何を掘り当ててもそこに文字はないのであるから、考古学だけで論争を決着させることは、原理的に不可能なのである。

❖邪馬壹国問題は文献史学で解決できる

では、文献史学から邪馬壹国をどのように解釈できるだろうか。長年数々の論点が議論されてきた結果、徐々に煮詰まってきたように思える。

邪馬壹国論争で問題となるのは『魏志』が記す邪馬壹国までの行程である。記述の通りに辿ると日本列島を通り越えてフィリピン辺りまで行ってしまうという問題は、次の二つの視点から解決された。一つは、当時の支那では一里を四三四メートルとする「長里」だけでなく、一里を七六メートルとする「短里」の用法もあり、『魏志』倭人伝では短里が用いられたという主張がある。またもう一つは、当時皇帝が人民向けに発する文書には、特に軍事関係の事については数字を一〇倍にして発表する「露布」の原理があり、誇大里数が用いられたとの主張がある（孫栄健『邪馬台国の全解決』二〇一八）。

そもそも、『魏志』は「（帯方）郡より女王国に至るまで万二千余里なり」とし、また帯方郡（現在のソウル）から狗邪韓国（朝鮮半島内にあるが場所は諸説ある）までが「七千余里」、次に対馬国（対馬）までが「千余里」、一大国（壱岐）までが「千余里」、そこから海を渡った末盧国（唐津市、佐世保市、福岡市など見解は分かれる）までが「千余里」とある。つまり、帯方郡から末盧国までで既に一万里を消化してしまっているため、そこから女王国までは最長でも二〇〇〇里しか残っていないことになる。この一点において、邪馬壹国が九州以外にあるとは認められず、まして畿内にあるとは想定不能である。

また、末盧国から女王が住む奴国までの経路についても諸々の議論があった。従来は『魏志』に記された順序に従って末盧国、伊都国、奴国、不弥国、投馬国、邪馬壹国まで辿ると考えられていた（連続説）。しかし、伊都国までは連続読みと同じだが、その先は表記方法が異なることから、伊都国から奴国、伊都国から不弥国、伊都国から投馬国、伊都国から邪馬壹国というように、「伊都国」を基点に読む説（放射説）が主張された（榎一雄『邪馬台国』一九六〇）。先述の全行程の距離が「万二千里」であることと符合するため、現在は放射説が支持されている。

しかし、帯方郡から「女王国」までの距離「万二千里」の内訳については、放射説でも数字が合わないとの指摘があった。帯方郡から末盧国までが一万里、末盧国から伊都国が「五百里」、伊都国から奴国が「百里」であるから、帯方郡から奴国までの距離は一万六〇〇里となり、一四〇〇里足りないとの指摘である。これについては、『魏志』が対馬国について「方四百余里可りなり」、また一大国について「方三百里可りなり」と記していて、実際の行程でも対馬と壱岐を船で周回して次の目的地に向かったに違いないため、二つの島を半周する行程である四〇〇里×二と三〇〇里×二の合計一四〇〇里を足すことで、帯方郡から「女王国」までの距離が完全に「万二千里」と一致すると主張される（古田武彦『「邪馬台国」はなかった』一九七一）。この「島めぐり読法」により、放射説の矛盾が解消された。

❖「春秋の筆法」で『魏志』を読む

先程「女王が住む奴国」と何の前触れもなく書いたが、これには少々説明を要する。従来は「倭国＝邪馬壹国＝女王国」と考えられていた。しかし『魏志』は「倭国」「邪馬壹国」「女王国」をそれぞれ厳密に使い分けているとし、「邪馬壹国」は「女王国」を含む三〇カ国の総称であると主張したのが孫栄健氏だった（孫、前掲書）。孫氏は次のようにいう。

『魏志』は帯方郡から邪馬壹国までの行程を明記していて、当然その行程の最終地点が邪馬壹国であり、書かれている方角から、邪馬壹国は全行程の中で最も南に位置すると読める。しかし、『魏志』より後に編纂された『後漢書』は、邪馬壹国ではなく奴国を「倭国の極南界なり」と記すため、一見矛盾するように思える。

孫氏はこの矛盾を解決するのが戸数表示だという。つまり『後漢書』の後に編纂された『晋書』倭人伝に「魏の時に至りて、三十国の通好あり、戸は七万有り」とあるが、『魏志』では三〇国の総戸数を単純に足し算すると一五万戸以上になり、邪馬壹国だけで七万戸であるから、完全に食い違っている。かつて、このような中国正史の間の矛盾は、誤記などと軽くあしらわれてきた。しかし、孫氏は中国史書には「春秋の筆法」という独特の記述原理があり『魏志』編纂にもこの筆法が用いられていること、中国正史には「前史を継ぐ」という原則があり、『魏志』と前後関係にある『後漢書』『晋書』の解読結果を補助仮説として、逆算して『魏志』を解釈する手法を用いて筆法を読み解くことができるという。

この手法によれば、『晋書』を書いた房玄齢は、魏時代の三〇国の総戸数を七万戸と解釈したことになる。つまり、邪馬壹国と魏時代の三〇国を同じもの、つまり、邪馬壹国とは三〇国の総称と解釈したことになる。その上で『後漢書』が奴国を「倭国の極南界なり」と書いた点に戻れば風景が一変するという。では『後漢書』を書いた范曄はどのような解釈をしたのか。

『魏志』は帯方郡から不弥国までを「里数」で、またそれに続けて投馬国と邪馬壹国を「日数」で説明していて、その行程は南に行くことを示しているのだから、連続して読めば邪馬壹国が「極南」のはずである。しかし、『魏志』は途中「里数」から「日数」に表記を変更しているところに「文の錯え」があると孫氏は指摘する。「文の

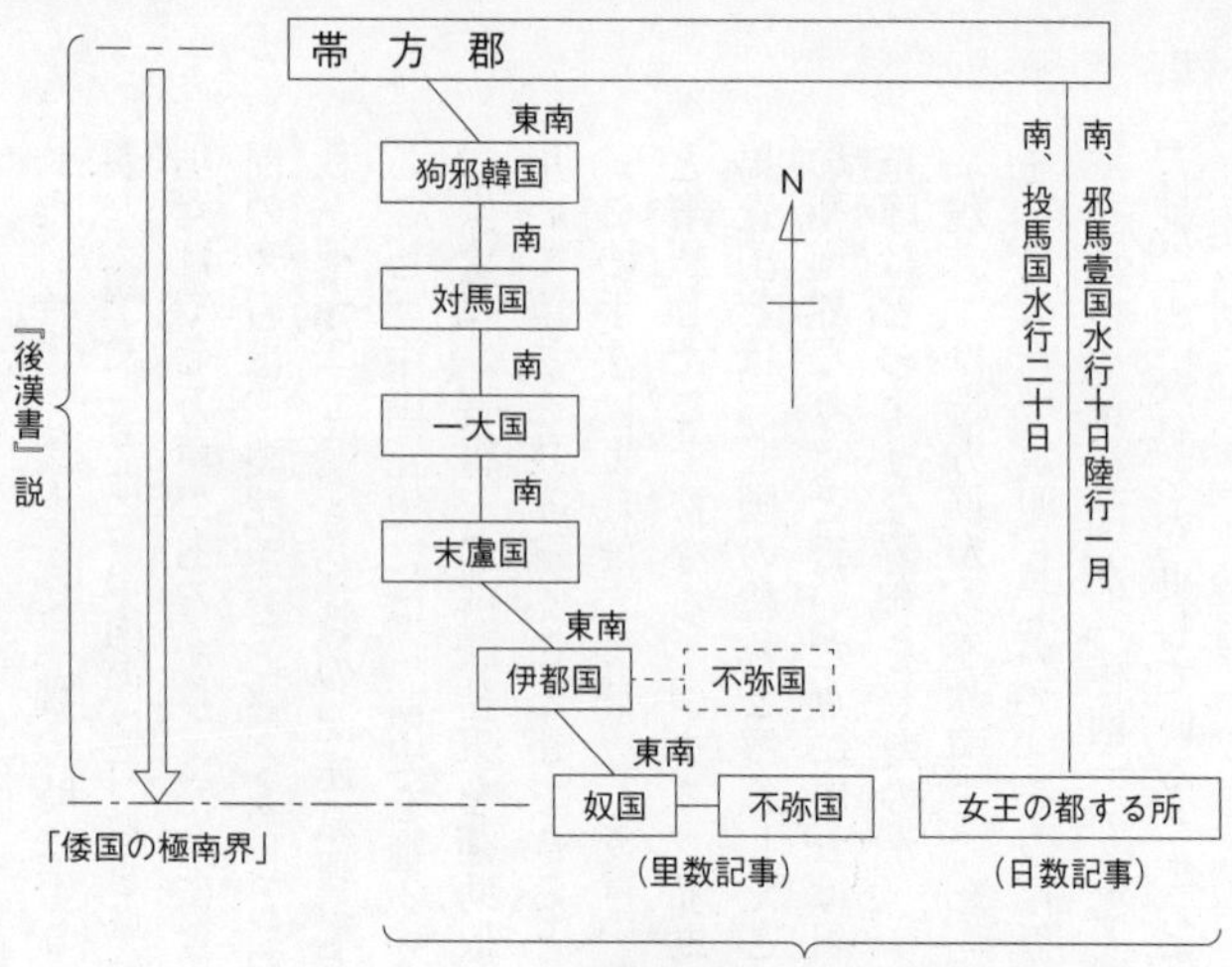

図表10 『後漢書』と『晋書』は『魏志』をどう解釈したか
（孫栄健『邪馬台国の全解決』決定版、2018より作成）

錯え」とは、これまで連続していた表現を一部変えることで、そこに特別の意味を持たせる「春秋の筆法」の一つだという。そこで、その邪馬壹国が連合国名であるとすると、投馬国と邪馬壹国はそれまでの行程とは連続していないことは明らかで、よって投馬国と邪馬壹国は放射説の基点である伊都国からの日数ではなく、帯方郡からの日数であると説く。すると、『魏志』は伊都国の東に不弥国があり、また伊都国の東南に奴国があって、次の記述とは行程が連続しないことから、奴国が極南界になるという（図表10）。

孫氏のこのような考察により、奴国が極南界であるという矛盾だけでなく、『魏志』の、帯方郡から「女王国」までが「万二千余里」という記述と、「邪馬壹国」まで「水行すること十日、陸行すること一月なり」という記述の疑問が解けた。この「水行」「陸行」の起点は伊都国ではなく帯方郡だったと理解できる。「邪馬壹国」とは女王連合三〇国の総称であり、「女王国」はその内の一国ということになる。

そこで「女王国」とは何かが問題となる。孫氏は、『魏志』は「女王国より以北は、其の戸数・道里を略載することができる」としていて「以北」に女王国自体が含まれること、また、放射説の基点を伊都国として、末盧国から奴国への経路を「末盧国→伊都国→奴国」とすることで先述の帯方郡から女王国への距離「万二千余里」と符合することを述べ、やはり「倭国の極南界」である奴国こそが「女王国」であると結論する。

孫氏によると、『魏志』を書いた陳寿が「女王国より北の戸数道里を書いておいたぞ、つまりその一番南が女王国だぞ」と文に秘めたのに対して、『後漢書』を書いた范曄が「よくわかった、極南は奴国だ、つまりこれが女王国だな」と答え、「戸数・道里」には『晋書』を書いた房玄齢が「七万」と応じていたという。陳寿の筆法に対して、何百年の時を超えて范曄と房玄齢が筆法で答えていたというのは何とも面白いと思った次第である。

孫氏の主張はあくまでも仮説だが、これまで有効な反論がなされていない。邪馬壹国が女王連合三〇国の総称だったなら、「邪馬壹国がどこにあるか」という論争は、根本的に考え直さなければならない。孫氏は、福岡空港から「日本」行きの飛行機がないのと同じように、伊都国、不弥国、投馬国などから「邪馬壹国」への行程などあろうはずもないという。長年、邪馬壹国の所在地を巡って議論が続いてきたにもかかわらず未だに場所が特定できないのは「幻」を追っていたからではなかったか。孫氏の説は邪馬壹国論争に大きな一石を投じたといえよう。

❖邪馬壹国は九州の地方政権だった

文献史学のこれまでの議論の積み重ねにより、邪馬壹国の所在地は九州と結論付けられるとしてよいだろう。そして、邪馬壹国が九州にあることに対して、今のところ考古学から有効的な反論はない。他方、考古学の成果により、三世紀以降の日本列島で最も大きな市場として機能したのが纏向遺跡であり、そこに大王の館と見られる居館があったことも分かっている。邪馬壹国が九州にあり、同時期に大きい勢力であるヤマト王権が畿内にあったのなら、邪馬壹国は九州の地方政権だったことになる。そこで、邪馬壹国とヤマト王権との関係が問題となる。

七世紀末まで九州に日本を代表する王朝である邪馬壹国があり、大宰府がその首都だったとする九州王朝説（古田武彦氏）や、九州に本拠を構える邪馬壹国が本拠を畿内に移動したという邪馬台国東遷説（安本美典博士他）、また邪馬壹国は高天原であり、卑弥呼は天照大御神とする邪馬台国＝高天原説といった異説があることは示した。邪馬壹国とヤマト王権の関係については未だ不明なことが多く、文献史学でも考古学でも、この繋がりをまだ示せていない。この問題について深入りはせず、筆者の大まかな見解を述べるにとどめておきたい。

九州王朝説は、いわゆる「倭の五王」や推古天皇までもが邪馬壹国の王であるとする。しかし、三世紀に畿内で前方後円墳が造営されるようになって以降、古墳時代を通じて古墳の密集地が九州ではなく畿内だったこと、六世紀に仏教が伝来して以降、仏教文化の中心地が九州ではなく畿内だったこと、三世紀に纒向遺跡が造営されて以降、列島最大の王宮と行政府は九州ではなく畿内にあったことなどから、七世紀まで日本を代表する中央政府が九州の邪馬壹国だったとは認められない。また、もし七世紀までの天皇が邪馬壹国の王なら、なぜ大和朝廷はそれら別の国の王を自らの先祖として『記』『紀』に書き記したのか説明がつかない。『日本書紀』は『魏志』を引用しているが、「倭女王」とするだけで卑弥呼の名を書いていない。それだけで、卑弥呼は大和朝廷の女王ではないことが分かる。

次に、邪馬壹国東遷説については、既に示したように、神武天皇東征は小規模な集団であって強国の後ろ盾があったとは考えにくいこと、大国が西から東に向けて小国を併合していった考古学的事実が認められないこと、仮に大国が東に勢力を伸ばしても本拠地を九州から畿内に移すのは不自然であってその目的が不明であることなどから頷(うなず)けない。

また、邪馬台国＝高天原説は、学問的意味はないと考える。『古事記』が高天原の場所に言及していない以上、神話の地名を現実世界の地図に求めることは論理的に不可能であり、学問的主張にはなり得ない。敢えて国文学の見地から反論するとしたら、『古事記』は高天原を天空世界として描写していて、天つ神の住むところは地上ではないと思われる、となる。

なお、考古学の視点では、支那王朝との通交は、庄内式期(しょうないしき)においては北部九州に、布留式期(ふるしき)以降は奈良のヤマト王権にその本拠が認められる。主導権が交代したか、あるいは九州勢力が東遷したかのいずれかだが、先述のように邪馬壹国の東遷は認められないので主導権交代が妥当と考えられる。ただし、地方政権だった邪馬壹国が、どのように大和朝廷に組み込まれていったかについては、ほとんど何も分かっていない。

❖『古事記』における弥生時代

『古事記』のどこからどこまでが縄文時代に該当するかを検討したので、弥生時代でも同じことを試みたい。やはり、水田稲作の開始が弥生時代の始まりとなるが、『古事記』には水田稲作が地上に伝えられた経緯が書かれていないので問題となる。『日本書紀』には三大神勅の一つである斎庭(ゆにわ)の稲穂の神勅「吾が高天原に所御(きこしめ)す斎庭(ゆにわ)の穂(いなほ)を以て、また吾が児に御(まか)せまつるべし」があるため、天孫降臨によって地上に水田稲作が伝えられたと見ることができる。しかし『日本書紀』にそう書いてあるからといって、直ちに『古事記』でもそうと決め付けることはできない。

そこで参考になるのが、邇邇芸命(ににぎのみこと)の子である海幸彦(うみさちびこ)と山幸彦(やまさちびこ)が稲作をしていたという記述である。海幸彦と山幸彦は、それぞれ海で魚を捕り、山で獣を捕って暮らしていたというのだから、縄文時代の狩猟と採集を中心とした生活をしていたのかと思いきや、『古事記』によると、二人とも水田稲作をしていた。山幸彦は、綿津見神(わたつみのかみ)（海の神）の教えに従って、兄が高い所に乾いた田を作るなら低い所に湿った田を作り、兄が低い所に湿った田を作るなら高い所に乾いた田を作って、塩盈珠(しおみつたま)と塩乾珠(しおふるたま)を使って兄を苦しめたという話が書かれている。何と、二人とも兼業農家だったのだ。父の邇邇芸命以降は寿命を与えられたことから分かるように、二人とも「人」であり、田を営んでいる以上、この時代は既に弥生時代に入っていると見なくてはならない。それ以前に地上で稲作がなされていた記述はなく、やはり水田稲作は天孫降臨により地上に齎されたと考えられる。また、高天原では、須佐之男命が天照大御神の田を荒らしたことが『古事記』に見えるため、天孫降臨以前に高天原には水田があったことが分かる。ところで、天照大御神は機織小屋を主催していらっしゃることから、天照大御神も兼業農家だったことになろう。高天原を「知らす」神は、手に職を持ち、衣を織って水田で稲を育てていらっしゃったのである。

ところが『古事記』には、須佐之男命が高天原を追放されて地上に降る際に、大気都比売神を殺すと、その体から稲、粟、小豆、麦、大豆の五穀と蚕が生じ、神産巣日神がこれを取り上げ地上に授けたと書かれている。また、神名は異なるが『日本書紀』にもほぼ同一の話がある。天孫降臨より前に稲も地上に伝えられていたなら、『紀』の斎庭の稲穂の神勅により天孫降臨で稲が地上に伝えられたことと矛盾する。しかし、吉田敦彦教授（「日本神話における稲作と焼畑」一九八八）がこの疑問に明確な答えを出した。

❖二系統あった農耕の伝来経路

問題の糸口は『出雲国風土記』と『播磨国風土記』にあった。ここには、オオナムチ（大国主神）が単独で、あるいはスクナビコナ（少名毘古那神）と共に稲種を広めて回ったと読める箇所がある。しかし、『記』『紀』には二神が稲を持って巡行し、あるいは水田を拓いたという逸話はない。吉田教授は、天孫降臨以前に地上に伝わったとされる農作が、天孫降臨により地上に伝わった農作と別系統であるという。

つまり、少名毘古那神の正体を知っていたのは田畑の番をする案山子の崩彦とそこにいるヒキガエルの谷蟆だけで、しかも少名毘古那神は小さい神であることから、穀粒を象徴する農耕の神と考えられ、また『紀』の一書と『伯耆国風土記』に、少名毘古那神は粟の穂が実った時に、粟の茎に弾かれて常世国に去ったと描写されている。このことから、少名毘古那神が神格化している穀物は粟に代表される畑作の作物であるという。また『紀』の一書には、天稚彦の様子を探るために地上に遣わされた雉が、天に帰るのを忘れるほど地上に粟と豆が生えていたとある。

このような少名毘古那神と粟に代表される畑作作物との関係性を明確に示す記述は『古事記』にはないが、これを暗黙の前提として書かれた記述は散見されるという。大気都比売神の死体から穀物を取り上げたのは神産巣日神だった。その神産巣日神の手の指の間から生まれたのが少名毘古那神であり、神産巣日神は大国主神に少名毘古那神と共に国を作ることを命じている。そして、国生みでは四国の粟国（阿波国、徳島県）を大宜都比売とし、大気都比売神と同一視している。また、神生みにも大気都比売神が誕生する場面が描写されている。火之迦具土神が生まれた時、伊耶那美神が火傷を負って命を落とすが、大気都比売神は火之迦具土神が生まれる直前に生まれている。吉田教授は、このように伊耶那美神が身体を焼かれながらも人間の生活に必要なものを生み出していったことが語られていて、穀物の神の次に火の神が生まれていることから、焼き畑を象徴するものと見ることができるという。また、大気都比売神が羽山戸神（はやまとのかみ）という名の山の神と結婚したことも、平野ではなく、山との関係を思わせるものである。

他方『日本書紀』には高天原で水田が営まれるに至った経緯が詳述されている。第五段一書第十一には、保食神（うけもちのかみ）が口から飯、魚、獣を出して食べさせようとしたのに激怒した月夜見尊（つくよみのみこと）が保食神を切り殺したところ、その死体から牛馬、粟、繭、稗、稲、麦、大豆、小豆が生えたとの記述がある。大気都比売神の話と酷似しているが、そこから先が異なる。これらが高天原に届けられると、天照大神がお喜びになり「このものは、地上の人々が食べて生活すべきものである」と仰せになり、粟、稗、麦、豆を「陸田種子（はたけつもののたね）」とし、稲を「水田種子（たなつもののたね）」として、高天原で栽培することになり、早くもその年の秋には立派な稲穂に育ったという。このことは『記』『紀』の、その後、須佐之男命が高天原の田や畔を壊した記述と符合する。そして、海幸彦と山幸彦の水田の話まで、地上で稲作が行われていたことを思わせる記述は『記』『紀』にはない。

吉田教授の見解に立てば、先ず高天原で畑作農業と水田農業が始められ、神産巣日神により地上に伝えられ大国主神と少名毘古那神が広めたのが粟を中心とする畑作であり、後に天孫降臨で邇邇芸命により地上に伝えられたのが水田稲作だったと結論できる。この解釈により『古事記』『日本書紀』『出雲国風土記』『播磨国風土記』の記述が矛盾することなく理解できる。

ところで、『記』『紀』には八岐大蛇（やまたのおろち）を退治するために須佐之男命が酒を作らせたとの記述があるが、米から作る日本酒なら、天孫降臨前に稲作が行われていたことになってしまう。しかし、『記』『紀』のどこにもこの酒が米から作られたとは書いていない。『日本書紀』第八段一書第二には「衆菓（もろもろのこのみ）を以ちて酒八甕（さけやはら）を醸（か）むべし」とあるように、これは果実酒だったことが分かる。

さて、農耕の伝承経路が二系統あったということは、粟を中心とする畑作が縄文時代から行われていて、後に長江中下流域から水田稲作が伝わったという考古学的事実と一致する。そして水田稲作が開始されることを以って、時代は弥生時代に移行することになった。『記』『紀』の記述は単なる創作ではなく、事実を反映して描かれていることがこの点からも理解できよう。

第二部
日本の古代

4 古墳時代

❖前方後円墳の出現が意味するもの

三世紀前半を境に、日本列島の状況は大きく変化した。新しい時代の到来を物語るのは前方後円墳（ぜんぽうこうえんふん）の出現である。前方後円墳は上から見ると鍵穴のような形をしている特徴的な形式の古墳で、時代が下って朝鮮半島南部の栄山江（えいざんこう）流域に見られる約一四基を除いて世界では日本列島にしか見られない。そのため、前方後円墳は日本列島独自のものといえる。

ちなみに、朝鮮の前方後円墳は、五世紀後半以降のもので年代が新しく、日本列島の主要勢力であるヤマト王権との直接的な関係を示す日本系の甲冑（かっちゅう）が副葬されているのが確認された事例もあり、日本人、もしくは日本と強い繋がりがある者が造ったと見られる。韓国の学者たちは「前方後円墳は韓国発祥」と主張したが、年代が新しいため、彼らの主張は直ぐに否定された。

三世紀、三輪山（みわやま）の麓に位置する奈良県桜井（さくらい）市の纒向（まきむく）遺跡に九〇メートル級の大型の前方後円墳が短期間の内に五基造られた。これらは纒向古墳群と呼ばれていて、その一つの纒向石塚古墳は三世紀初頭の築造とされ、今のところ最古の前方後円墳である。纒向遺跡のある奈良盆地の東南地域は古くは大和と呼ばれていた。纒向遺跡を本拠とするヤマト王権は、まもなく統一王権となる大和朝廷の前身の王権である。ヤマト王権の大王は後に「天皇」と呼ばれるようになり、現在の天皇陛下は、この時代の前方後円墳に埋葬された大王の男系の子孫に当たる。

初期の前方後円墳は、初期のヤマト王権の大王墓と見てよい。『日本書紀』は、第十代崇神天皇が「磯城」に瑞籬宮（奈良県桜井市金屋付近）、第十一代垂仁天皇が「纒向」に珠城宮（奈良県桜井市穴師、纒向遺跡内）、そして第十二代景行天皇が「纒向」に日代宮（奈良県桜井市穴師、纒向遺跡内）を置いたと記す。いずれも三輪山の麓に位置し、考古学的事実と一致する。

纒向遺跡に前方後円墳が造られたことで古墳時代が幕を開けた。この時代は飛鳥に宮都が置かれる第三十二代崇峻天皇治世の崇峻天皇五年（五九二）までの約三七〇年間続く。この時代の文化を古墳文化という。ところで、七世紀までは元号を使用していないため、各天皇の即位年を「〇〇天皇元年」とし、以降「〇〇天皇××年」もしくは「天皇」を省略して「〇〇××年」と表記する。また、特定の天皇の治世であることが明らかな場合は「治世××年」と表記する場合もある。

三世紀中頃には纒向遺跡の直ぐ南に、約二七八メートルの巨大前方後円墳の箸墓(はしはか)古墳が造営され、その後は更に巨大な古墳が続々と造られるようになる。古墳時代を通じて造営された前方後円墳は約四七〇〇基、前方後方墳(こうほうふん)は約五〇〇基で、北海道、東北北部、沖縄を除いた日本列島のほぼ全体に分布している。方墳や円墳を含めれば約一五万基となる。墳丘の長さが三〇〇メートル以上のものは七基、二〇〇メートル以上が四〇基、一〇〇メートル以上が三三六基確認されている。日本列島のような狭い空間に、短期間の内に夥(おびただ)しい数の巨大墓が造営されたのは、世界史上、例がない。これは日本の歴史の大きな特徴といえる。

古墳の多くは、表面に石が敷き詰められ、円筒形や人や馬などを象(かたど)った埴輪(はにわ)が置かれた。早い時期の古墳には、副葬品として銅鏡、勾玉、銅剣などが、また遅い時期の古墳には、馬具、鉄製の武器や農具などが収められた。

前方後円墳は見せる墳墓だった。古墳は交通の要衝に造られていること、装飾されていることから「見られる」ことを意識して作られていることが分かる。前方後円墳は地域による若干の違いはあるものの、時代毎に同じような変遷を辿っているため、全国的に共通性が認められる。また、古墳の大きさから被葬者の社会的な地位を知ることができるため、古墳そのものが被葬者の階層性を示す役割を担っていると見られる。前方後円墳は大和朝廷が作り出す共通の秩序の元で、地方の首長や豪族たちが序列化されたのを「見せる」ものと考えてよい。

前方後円墳は、大和に突如現れたのであり、大和や他の地域で発展して完成したものではなかった。前方後円墳の特徴の内、大和を起源とするものとしては、周濠の存在、階段状に積み上げる段築、北頭位の採用などが挙げられる。しかし、礫の積み方、葺石の様子、埋葬施設の特徴、墳丘の巨大化など、古墳の重要部分は吉備（岡山県、広島県東部）、鏡・玉・武器などを副葬することは北部九州の特徴である（橋本輝彦「前方後円墳の出現を巡る諸問題」二〇一一）。また吉備と出雲は文化的繋がりが強い。このように、大和、吉備、出雲、北部九州の埋葬文化の特徴を融合させて新たに創造したのが前方後円墳だった。総じて、吉備の影響が特に強いといえる。『古事記』の第七代孝霊天皇の条に、皇子の若日子建吉備津日子命が吉備国を説得して平定したという記事があり、このことと一致する。

また、共通の特徴を持つ前方後円墳が、間もなく京都南部、大阪、兵庫、岡山、さらには四国、北部九州、関東でも造られる。各地の王が纒向の大王を頂点とする連合政権に加わり、古墳と埋葬と祭式の形式を共有することでその繋がりを示したと見られる。よって、前方後円墳の分布範囲は、ヤマト王権の影響が及んでいる範囲ということになる。また、中央と地方の関係は徐々に強化されるため、その範囲は、ヤマト王権の統治範囲となる。

大和と吉備のいずれが主体だったか、あるいは序列があったかは論者によって見解が異なるが、ヤマト王権は吉備を含む西日本の複数の勢力の首長が連合して樹立した王権というのが、現在は通説となっている。筆者としては、大王が同じ血族の子孫に継承されていることから、各国は決して並列関係ではなかったと見ている。ヤマト王権は、纒向の大王を頂点とした連合政権として発足し、徐々に中央の権力を強化したと見るのが、文献史料と考古学資料から矛盾がない。

また、前方後円墳の出現は、このような首長連合のヤマト王権の成立を示すものであり、大王を頂点とする政治体制が発足したことを意味する。このようにして、ヤマト王権の勢力は、四世紀初頭までの短期間の内に、畿内から北部九州にまで拡大し、その後、四世紀末までには日本列島のほぼ全域に拡大することになる。統一王権となってからは「大和朝廷」と呼ぶ。前方後円墳は、我が国の建国を知る上で重大な意味があった。前方後円墳の広がりは、日本列島が、ヤマト王権の大王が作り出す秩序の元に統合されていったことを意味する。

❖小国の統合と邪馬壹国の滅亡

では、小国は攻められてもいないのになぜ、ヤマト王権の首長連合体制に組み込まれていったのだろう。そこには何らかの利点や必要性があったはずである。この点を整理して前方後円墳体制を提唱したのが都出比呂志博士だった。

　列島各地の首長が、鉄を中心とする必需物資や威信財を安定的に入手するために、古墳の形で出自や系譜の差を、また古墳の規模で政治的実力を表すという原理を、各地の首長同士が承認し合ったのが、前方後円墳体制だという。また、鉄の原料は朝鮮半島南部から、鏡や剣などの威信財は支那や朝鮮から入手するか、半島から原料を入手して自力で製作するしかなく、これを必要とする地域社会は、自立権力としては存在できなかった。その結果、各地の首長たちは自らの地域権力を維持するため「日本列島規模の政治センターへの求心力を持たざるをえなかった」という（都出比呂志『前方後円墳と社会』二〇〇五）。このような相互承認により、列島に安定した平和が訪れたことは押さえておきたい。

　各地の首長たちがそのような実利を求めて争うように古墳を造ったのが古墳時代の始まりだった。しかし、古墳の儀礼や埋葬方式の根幹を畿内中枢勢力が握っている以上、首長たちが挙って古墳を築造することが、中央と地方の関係をさらに強化する結果を招いたと指摘される（下垣仁志「古墳と政治秩序」二〇一九）。

　弥生時代晩期の日本列島にいくつの国があったかを見極めるのは難しいが、支那の正史の記述は参考になる。紀元前一世紀頃の日本の様子を記した『漢書』地理志燕地条には「分ちて百余国と為し」とあり、一世紀から二世紀の日本の様子を記した『後漢書』東夷伝には「凡そ百余国あり」とあり、また三世紀前半の日本の様子を記した『魏志』倭人伝には「今、使訳の通ずる所三十国なり」とあり、魏の使節が往来している国だけでも三〇国があったことが分かる。これらの記述から、列島全体では一〇〇カ国以上の国があったと見てよさそうである。それらの国が、前方後円墳が出現した三世紀初頭から四世紀末までの約二〇〇年弱の間に、大和の大王の作り出す秩序の元に統合されることになる。

弥生時代は、鉄の原料は朝鮮半島東南部に依存しているため、北部九州がその原料の受け入れ窓口だったと見られる。弥生時代には支那鏡の分布は北部九州を中心としていたが、三世紀になると、その中心は畿内に移動する。その時期が前方後円墳の出現の時期と一致する。そして、三世紀に入ると、北部九州で纒向や吉備の土器が急増するため、北部九州の一部は、ヤマト王権との関係を深めたと考えられる。二世紀までは魏と外交していた主体（邪馬壹国）が北部九州にあり、三世紀以降はその主体が畿内に切り替わったと見てよい。三世紀以降の九州には戦争の形跡がほとんど見られないことから、平和裏に主導権が移行したと考えられる。しかし、北部九州にはヤマト王権に最後まで反発する集団があった。

ヤマト王権が北部九州を完全に勢力下に置いたのは、『日本書紀』が記述する通り、第十四代仲哀天皇の九州遠征の時と見てよい（若井敏明『邪馬台国の滅亡』二〇一〇）。『日本書紀』によると、仲哀天皇八年、天皇が筑紫（福岡県）に至ると、伊覩県主（伊都国、福岡県糸島郡）が出迎えて天下平定を懇願したという。その後、儺県（奴国、福岡県博多地方）に至り、橿日宮（福岡県福岡市東区香椎）に留まった。伊覩県主は積極的に仲哀天皇一行を出迎えていることから、既に友好関係が樹立されていたと思われる。三世紀に入って以降、纒向や吉備の土器が急増したことは既に述べたが、三世紀中葉には北部九州にも前方後円墳の那珂八幡古墳（福岡県福岡市博多区）が造られたことや、北部九州の埋葬の特徴が纒向の前方後円墳に採用されたことから、遅くとも三世紀前半までには北部九州の一部にはヤマト王権の影響が及んでいたことが窺える。

しかし、わざわざ仲哀天皇が九州に遠征したのは、一部勢力が従わなかったからで、その勢力を『日本書紀』は熊襲と呼んでいる。だが、仲哀天皇が崩御となり、神功皇后が熊襲を討伐することになった。討伐が始まると熊襲は数日の内に服従し、その後、賊の羽白熊鷲と田油津媛を誅伐し、北部九州は平定された。羽白熊鷲は荷持田（筑前国夜須郡、福岡県甘木市）、また田油津媛は山門県（筑後国山門郡山門郷、福岡県みやま市）を本拠とする勢力だった。この戦いにより神功皇后の九州遠征は終了した。

奴国や伊都国などの邪馬壹国を構成する複数の国がヤマト王権に服従し、最後まで抵抗した国が討伐されたことで、邪馬壹国はここに滅亡したと見てよい。『魏志』が「倭国」と表現したのは邪馬壹国のことであり、同時に存在していたヤマト王権とは別だった。『日本書紀』によると、九州の南部は既に景行天皇の遠征で平定済みであるから、神功皇后の熊襲征伐により、西日本の統一が成し遂げられたと見られる。

ところで、神武東遷説に立つ安本美典博士は羽白熊鷲の本拠地を、また新井白石や若井敏明博士は田油津媛の本拠地を、それぞれ邪馬壹国の所在地と推定している。また『魏志』を春秋の筆法で読み解いた孫栄健氏は、『後漢書』が奴国を「倭国の極南界なり」と記していることから、奴国を「女王国」とし、邪馬壹国を連合国名と見ている。孫氏の見解に立つなら、熊襲と羽白熊鷲と田油津媛は奴国より南に位置するため、邪馬壹国に属さない国ということになる。

仲哀天皇の九州遠征の年代を実年で確定するのは困難だが、高城修三氏の、春秋年を採用した紀年解読では仲哀末年は三四二春年としているのは一つの参考になる。

❖大きな戦争を経ずにできた統一国家

前方後円墳の出現は、国々を束ねる指導者が現れたことだけでなく、防衛のための環濠集落に代表される弥生時代の習俗とは一線を画すもので、列島に秩序ある時代が訪れたことを示している。弥生時代の後期は『後漢書』に「倭国大乱」と記されたように、日本列島は戦乱の時代だった。中国地方の高地性集落や、埋葬された戦傷人骨などの戦争の痕跡が見られたが、三世紀初頭を境に列島からそれらの戦争の痕跡が見られなくなる。また、弥生時代特有の環濠集落が紀元前後になくなり始め、三世紀前半頃には列島から完全に消滅したこととも符合する。その後は、環濠のない大規模集落が列島の主要な地域に現れることになる。そして、その中核を成すのが纒向遺跡だった。

ここで、国が統合される過程について『記』『紀』がどのように記しているか確認しておきたい。ヤマト王権が統一王権に成長した当時、国内ではまだ文字を用いていなかったため、国内の文字史料はない。しかし、七世紀に編纂された『記』『紀』（完成は八世紀初頭）には王権の勢力が拡大したことについて記述があり、考古学の成果と一致する部分がある。

『古事記』は、神武天皇即位の後、第二代綏靖天皇から第九代開化天皇までの間に、婚姻を通じて列島内の同盟政策が進められたこと、また『日本書紀』は第十代崇神天皇が北陸（北陸道）、東海（東海道）、西道（山陽道）、丹波（山陰道）の四方面に四道将軍を派遣したこと、そして、第十二代景行天皇が九州の中南部に遠征して熊襲を討ったこと、また『古事記』はその皇子である倭建命が西征して熊襲を征討し、続けて東征して東国の反乱を鎮めたことを伝えている。神話的要素の強い逸話もあるが、この時期に王権が拡大したことは史実であり、史実を反映した記述と考えられる。

前方後円墳が造られるようになるまでに、日本列島からは戦争の痕跡が消え、環濠集落も姿を消した。また、三世紀には奈良盆地とその周辺を統治していたヤマト王権が、四世紀末までには日本列島の大半を治める統一王権に発展していて、これらの考古学的事実から、日本では戦争のない時代に統一国家が完成したことが分かる。

世界の歴史では、統一国家が成立するには大規模な戦争を経るのが常だが、日本では平和な時代に統一国家が成立した。通常、大戦争を指揮して勝利を収めた者が国王となり、国と民を所有するものである。例えば、米国も独立戦争と南北戦争を経て国の礎が定まったし、支那でも戦争を制した者が秦を樹立して始皇帝となった。インド、バルカン半島、ブリテン島その他どこでも普通はそのようにして統一国家ができるものである。大きな戦争を経ずに数十やそれ以上の国が統合した事例は、人類史上二例しか確認できない。一つは日本、そしてもう一つは二十世紀に成立した欧州連合（EU）である。そのEUですら多くの問題を抱え、将来が危ぶまれている。

それが可能となった理由を示すのは困難だが、『古事記』の国譲りの逸話にその要素が見える。大国主神は話し合いにより天照大御神に国を譲ることにした。この話は神話として書かれているが、古墳時代にヤマト王権と出雲国が統合したことを元に描写していると思われる。大国主神は国譲りに際して宗教の自由を条件としたことは既に示した。ヤマト王権は軍事力で諸国を攻め滅ぼしたのではなく、国同士が連携を深めて、やがて強固な国家へと統合していったものと思われる。その結果、日本列島各地に、個性豊かな文化が残ったと考えられる。

古墳時代にいくつかの王朝交代説が主張されているが、その一つとして第十代の崇神（すじん）天皇王朝説があるので、それについて述べておきたい。崇神天皇の推定在位年代は三世紀後半に該当し、纒向の前方後円墳のいずれかに葬られたと見られる。

崇神天皇王朝説の根拠は次のようなものである。崇神天皇以降、天皇や皇子女などの名に「入（いり）」が含まれるようになり、それが第十二代景行（けいこう）天皇まで続くため、その三代を「イリ王朝」と称し、その初代が崇神天皇であるという。また『日本書紀』では崇神天皇のことを「御肇国天皇（はつくにしらすすめらみこと）」、また『古事記』では「初国を知らす御真木天皇（はつくにしらすみまきのすめらみこと）」と称するため、崇神天皇が初代天皇だという。

この説については次のように反論できる。先ず、初代神武天皇が実在したことと、第二代から第八代までの天皇が実在したことは本書で既に述べた通りである。よって、崇神天皇より前に天皇（もしくは大王、王）が実在していたその一点だけでこの説は否定される。

また、巨大古墳が成立したことは、畿内の首長だけでなく、吉備や北部九州を含んだ広域の連合王権が成立したことを意味する。連合王権初期にその中心を担ったのが崇神天皇だった。したがって、連合王権が発足した際の最初の大王であるという意味であれば妥当する可能性があるが、連合王権の盟主たる崇神天皇が、新王朝を樹立した途端にその盟主になったと見ることはできない。その前から王権が存在していたはずである。『記』『紀』も神武天皇が統一王権を樹立したとは書いていない。神武天皇が建てたのは小さな国であり、その後、徐々に国が栄えたのである。

　また、崇神天皇から名前に「入」が付きはじめ、それが三代続くから「イリ王朝」という新しい王朝ができたというのは、実に短絡的な主張である。これを根拠に立論するなら、名前に「入」の字を持たない第十三代成務（せいむ）天皇の代で王朝交代があったことを併せて主張しなければならないが、成務天皇の代での王朝交代説は主張されていない。また、明らかに王朝交代がないにもかかわらず、天皇の御名の傾向が変わることもあるため、この主張は学問的根拠を欠いている。

　御肇国天皇の名称については、連合王権の成立を「国のはじめ」と捉えた呼称と理解すれば矛盾はない。それに、他の王朝交代説と同じで、崇神天皇の時代に文化的断絶や戦争の痕跡は認められず、王朝交代を裏付ける考古学的事実は存在しない。

　また、従来は崇神天皇を架空の天皇とする見解が主流だったが、現在の学界では、存在を肯定する考えが主流になっている。

❖三種の神器の所在

瓊瓊芸命によって高天原から地上に齎された三種の神器は、歴代天皇によって宮中に祀られていたが、『日本書紀』によると、崇神天皇は天照大御神をお側でお祀りすることを畏れ、八咫鏡を宮の外に祀ることにし、笠縫邑（場所については諸説ある）に遷した。そして後の第十一代垂仁天皇の代に、倭比売命に託されて伊勢の五十鈴川のほとりに斎宮が建てられ、そこに八咫鏡が奉安された。これが伊勢の神宮（三重県伊勢市）の創建である。八咫鏡はそれよりおよそ一八〇〇年間失われることなく、現在も神宮の内宮の御神体として大切に守られている。

『古事記』を補完する目的で書かれた『古語拾遺』によると、崇神天皇は八咫鏡を遷すに当たり、八咫鏡と草薙剣の形代（複製し神霊を遷した神器）を作り、その形代が天皇の「護身の御璽」として宮中に祀られることになったとある。現在、皇居に奉安されている鏡と剣は、この時に作られた形代が受け継がれたものであり、形代が作られなかった勾玉は、本体がそのまま宮中に受け継がれていることになる。

次に『古事記』の第十二代景行天皇の条は、主に倭建命の物語を収録している。父の景行天皇は、猛々しく荒い性格の倭建命を恐れ、左遷する口実として西方の熊曾建を討つように命じた。何も知らない倭建命は、勇んで出発し、熊曾建兄弟を討伐して大和に戻ると、父天皇は、今度は「東の方の国々の荒ぶる神と従わない者どもを説得して平定せよ」と命じた。倭建命は途中、伊勢の神宮に参り、その地にいた叔母の倭比売命に「天皇は、本当は私が死んだらよいと思っておいでなのではないでしょうか。なぜ西の方を平定して、帰って来てすぐに、軍勢も与えられないまま、今度は東の方の平定のために遣わされるのでしょう」と言って悲しみ嘆いた。そして出発する際に、倭比売命は草薙剣を賜い、倭建命は東国へ遠征した。草薙剣は、須佐之男命が八岐大蛇を退治した時に尻尾から現れ、高天原へ伝えられた霊剣である。

山河の荒ぶる神や従わない者たちを悉く説得して平定すると、倭建命は、大和へ帰る途中の尾張国で美夜受比売と結婚した。倭建命は持っていた草薙剣を、美夜受比売の元に置いて、伊吹山（滋賀県と岐阜県の境の山）の神を討ちに出掛けたが、山の神と素手で戦うと、倭建命はその神の霊気に打たれてしまった。すっかり弱った倭建命は、能煩野（三重県鈴鹿市）に至り、次の和歌を詠むと、息を引き取った。

「倭は　国のまほろば　たたなづく　青垣　山隠れる　倭しうるはし」（大和は国の中でも最も優れた国である。畳み重ねたようにくっついた、国の周囲を廻る、青々とした垣のような山々の内に籠もっている。大和は美しい）

美夜受比売は、残された草薙剣を祀るために宮を創建した。それが熱田神宮（愛知県名古屋市）である。草薙剣は、熱田神宮に祀られて以降、失われることなく現在まで大切に奉安されている。ところで、平安時代末期に壇ノ浦の合戦で第八十一代安徳天皇と共に海中に没した草薙剣は、宮中で奉安していた形代であり、熱田神宮に祀られた草薙剣の本体は失われていない。その後、伊勢の神宮が新たな剣を宮中に奉り、草薙剣の形代として宮中に奉安されている。

ところで、壇ノ浦の合戦では、八咫鏡の形代と八尺瓊勾玉の本体は回収されたため、滅失を逃れた。このように、八咫鏡は伊勢の神宮、草薙剣は熱田神宮、八尺瓊勾玉は宮中に、それぞれ本体が奉安され、現在に至る。

❖大和朝廷の都「纒向遺跡」

纒向遺跡は日本列島最初の王都と呼ぶに相応しい都市であり、計画的に造営され、その面積は最盛期には三平方キロメートルに達し、当時日本列島における最大規模の集落だった。纒向遺跡は計画的に造営された集落遺跡で、都市の中で高度な鉄器生産が行われたと推定されている。

平成二十一年（二〇〇九）に行われた纒向遺跡の発掘調査で、東西主軸線を合わせた大型建物を含む四棟の掘立柱建物群が発見された。全体で約一万五〇〇〇平方メートルの敷地に巨大な施設があり、中でも居館域の最大の建物は床面積二三八平方メートルに及ぶことが分かった。三世紀中頃までの建物遺構としては国内最大規模である。この発見は王権成立を示すものとして注目された。これまで纒向遺跡から王の居館と見られる遺構は確認されていなかったため、この発見により、纒向遺跡のヤマト王権の王都としての姿が初めて浮かび上がった。

居館の調査について桜井市教育委員会は次のように説明した。

「これらの建物や列柱（柵）群は構築された時期やその廃絶も期を同じくするものとみられ、一連の遺構は明確な設計図に基づいて、強い規格性をもって構築されたものと判断される」「三世紀前半代に纒向遺跡の中心的な人物がいた居館域であったと考えてほぼ間違いないと思われる」「このように複雑かつ整然とした規格に基づいて構築された建物群の確認は国内でも最古の事例であり、既に判明している弥生時代の大型建物や中心的な区画内の内容とは完全に一線を画するものである」「未だ明らかにされていない飛鳥時代以前の大王や天皇の宮の構造を研究する上でも重要な位置を占めるものといえよう」「我が国における国家の形成、およびその変遷過程を探る上で極めて重要な意義を持つ」（橋本輝彦「二〇〇八年以降の調査結果」二〇一一）

纒向遺跡の居館域の発掘に携わった人たちの興奮が伝わってくるようである。纒向遺跡の姿は、纒向遺跡が、広域支配を実現し日本列島に広く影響を及ぼしたヤマト王権の王都であることを示しているといえよう。

また、纒向遺跡からは、北部九州から南関東までの広い地域の土器が大量に出土し、搬入土器の量と範囲はこれを上回る例はなく、纒向遺跡は列島各地と繋がりを持ち、列島最大の市場機能を兼ね備えていたと考えられている。人々の遠距離移動と物品の広域流通が活性化したことは、弥生時代と異なる新しい社会が構成されたことを示している。このように、前方後円墳の出現は、防衛のための環濠集落などに代表される弥生時代の習俗とは一線を画すもので、新しい時代が到来したことを意味する。

かつて箸墓古墳の築造年代を四世紀と見て、古墳時代の開始年代を四世紀とする研究者が多かった。しかし、三角縁神獣鏡（さんかくぶちしんじゅうきょう）の研究が進んで、箸墓古墳の年代を二五〇年前後とする見解が優勢となり、その後、国立歴史民俗博物館がＡＭＳ法の測定結果に土器型式の分析を統合し、箸墓古墳の築造を二五〇年頃としたことで、この年代が通説として支持されるようになった。纒向遺跡が経済的な中核となったのは遅くとも三世紀初頭で、三世紀前半に初期の纒向型前方後円墳が現れ、二五〇年頃の箸墓古墳に繋がるというのが一般的な理解となっている。

問題となるのは、どの古墳を最初の前方後円墳とするかである。古墳時代は前方後円墳の出現によって始まるため、それによって古墳時代の開始年代が異なってくる。箸墓古墳が前方後円墳であることについて異論はないが、纒向古墳群の五基の古墳を前方後円墳と見るか、あるいは弥生墳丘墓と見るかで意見が分かれている。したがって、箸墓古墳を最初の前方後円墳と見る学者は、古墳時代の開始年代を三世紀中頃とし、また纒向遺跡にある初期の古墳を前方後円墳と見る学者は、古墳時代の開始年代を三世紀初頭から三世紀前半としている。

中でも最古となる纒向石塚古墳の築造年代は、三世紀初頭とされているが、これをさらに古いものとする見解もある。纒向石塚古墳の濠から出土した木の板の年代測定をしたところ、一七七＋一八年という年輪年代が得られていて、石野博信（いしのひろのぶ）博士のように、その築造を一九〇年頃と主張する学者もいる（石野博信『大和・纒向遺跡』二〇一一）。このように、古墳時代の開始は二世紀末に遡る可能性も指摘されている。

いずれにせよ、三世紀には纒向遺跡が列島経済の中核となったことは動かしがたい事実であり、その纒向遺跡に本拠を置く初期ヤマト王権が、遅くとも三世紀初頭までには纒向古墳群を形成する纒向型前方後円墳を造りはじめ、三世紀中頃には巨大な箸墓古墳を造るに至ったと見てよい。

ヤマト王権がいつ成立したのかを明確に指し示すのは困難だが、纒向遺跡が造営された三世紀初頭には、少なくとも王権の基盤は成立していたに違いない。現在からおよそ一八〇〇年前のことである。王権成立の兆しが現れた途端に巨大古墳を造営するとは思えないので、ヤマト王権の基礎となった王権は、更に数百年遡ると考えなければならない。すると、日本国の歴史は、一八〇〇年プラス数百年、すなわち「二〇〇〇年前後かそれ以上」と捉えることができる。

さて、古墳時代の始まりを示す纒向遺跡は、三世紀初頭に突然現れて、四世紀中頃に突然消滅した。通常の集落のように自然発生的に成立したのではなく、政治的理由により人工的に造られたことが分かっている。では、纒向遺跡に備わっていた機能は、消滅後どこに移動したのだろうか。古墳時代の謎の一つに数えられているが、答えは『日本書紀』から簡単に導き出せる。景行天皇は治世五十八年に、纒向宮から近江国（滋賀県）の志賀（滋賀郡、大津市）に遷都し、高穴穂宮と称したとの記述があり、纒向遺跡が突然消滅した考古学的事実と一致する。纒向の機能は、大津に移動した。

ところで、三角縁神獣鏡は、古墳時代の各地の古墳から、同じ鋳型から作られたものが出土していることからも、地域間で政治的な繋がりがあったことが分かっている。従来は支那からの舶載鏡と考えられていたが、支那での出土例がないため、国産の仿製鏡であるとの説や、支那の技術者を招いて日本で製作したといった説も示されている。支那王朝との関係を背景としたヤマト王権の鏡であることは間違いがない。

❖「謎の四世紀」はどんな時代だったか

三世紀から四世紀にかけては、ヤマト王権が、日本列島の大半を治める統一王権である大和朝廷に発展した時代だが、内外の文字史料が乏しく、まだ分からないことが多い。

国内最古の文字については論争がある。従来、国内で書かれた最古の文字は、埼玉県行田市の稲荷山古墳出土鉄剣銘と、熊本県和水町の江田船山古墳出土鉄刀銘とされ、いずれも五世紀のものと見られている。

ところが近年は、三重県松阪市の片部遺跡から出土した四世紀前半の土器に書かれた「田」の文字、熊本県玉名市の柳町遺跡から出土した四世紀初頭の短甲（木製の鎧）に書かれた「田」の文字、福岡県糸島市の三雲遺跡群から出土した三世紀後半の土器に書かれた「口」の字、同じく三世紀中頃の甕の口縁部に刻まれた「竟」の字、三重県松阪市の貝蔵遺跡から出土した二世紀後半の土器に書かれた「田」の字などが続々と報告されている。しかし、一部には「文字」と認められるか異論もあり、どれが最古の文字であるか確定できていない。それに、これらは一文字だけのものであって、文章になっていないことから「文字史料」とはいえない。したがって、我が国で書かれた最古の文字史料は、五世紀まで確認できないのが現状である。

三世紀については『魏志』倭人伝から日本列島の状況を知ることができるが、次に支那の正史に日本の記述が現れるのは晋の正史『晋書』安帝紀の、義熙九年（四一三）に「倭国」が東晋に朝貢した記述であり、四世紀の支那の正史に日本の記事は見えない。当時の支那大陸は分裂状態にあった。

実際のところ、四世紀に記された、日本の様子を語る文字史料は、国内外含めて百済の王子が日本の天皇に贈ったとされる三六九年の「七支刀」の銘文と、高句麗の好太王（広開土王）の功績を記した碑文の二点しか確認することができない。そのため、この時代の人物の動きを追うのは不可能に近く、「謎の四世紀」と呼ばれている。そして学者の間では、四世紀の日本について共通の認識は未だ確立していない。

七支刀は石上神宮（奈良県天理市）に伝来する神宝で、太和四年（三六九、「太和」は東晋の元号）五月十六日に製造した旨が記されている。当時百済は東晋と国交を結んでいた。また『日本書紀』は神功皇后五十二年の条に、百済の肖古王が「七枝刀」一振りと「七子鏡」を贈ったと記していることから、七枝刀が石上神宮の七支刀と見られている。

好太王碑文は、永楽元年（三九一、「永楽」は高句麗の元号）に日本が朝鮮半島に出兵して百済と新羅を破って臣下にし、同九年（三九九）に日本と百済が強固な同盟を結び、日本が新羅に侵入し、同十年（四〇〇）には高句麗が新羅を助けて日本軍を任那加羅まで追撃し、同十四年（四〇四）には高句麗軍が再び日本の水軍を撃退し、潰滅させた、と記している。

朝鮮半島では北部の高句麗が勢力を強め、南部では百済と新羅が成立して、三国時代を迎えていた。好太王碑文は、四世紀末から五世紀初頭にかけて、大和朝廷が朝鮮半島に出兵して百済を助けて高句麗と戦い、そして負けたことを示している。好太王碑文は高句麗側の史料であるから、戦った相手を誇張して書いた可能性があるが、大和朝廷は鉄資源を得るために朝鮮半島と交流を深めていたため、半島に出兵したことは史実と考えられる。

ヤマト王権と朝鮮の関係について、整理しておきたい。『日本書紀』には、第十四代仲哀（ちゅうあい）天皇の皇后だった神功皇后が仲哀天皇九年に朝鮮半島に出兵し、新羅は戦わずして降伏し、それを見た高句麗と百済も服従することになったとの記事がある（三韓征伐（さんかんせいばつ））。『日本書紀』によると、神功皇后四十七年に新羅を再征討し、神功五十一年に百済が日本に最初に朝貢し、さらに翌年に百済が七支刀を献上した旨を記している。以降、日本と百済は密接な関係となり、鉄資源を独占した。また百済は支那の南朝から先端文化を取り入れていたため、日本は百済経由で先端文化を得ることができた。朝鮮半島南部は日本の生命線といってもよいほど重要な地域だった。

『日本書紀』に書かれているこの時代の年号を実年に落とし込むのは困難だが、七支刀は三六九年の製造であるから、神功四十七年の出兵はそれより数年前のことと見てよい。高城修三氏の紀年解読（高城、前掲書）では神功四十七年は三六六春年、また学界では『日本書紀』の神功紀の後半は一二〇年繰り下げることで実年が得られるとしていて、その年代を三六九年としているため、いずれにしても大きく異ならない。

その後、大和朝廷が六六三年の白村江（はくそんこう）の戦いに至るまで幾度も半島に出兵したのは、百済を支援するためだった。そのことから逆算すると、百済が日本に朝貢することに対して、日本は百済の安全保障を約束したと考えられる。日本と百済の関係が深まることで、日本は鉄資源と先端文化を得ることができ、また百済は新羅と高句麗から国を守ることができた。日本と百済の関係は必然的に重要性を増していったと見える。

だが、その後、百済も高句麗に接近し、日本と距離を置くようになった。それに対して日本が軍事的圧力を掛けたのが好太王碑文にある三九一年の出兵で、それにより再び日本は百済と新羅を服従させたと考えられる。

好太王碑文がいう、日本が百済を助けるために高句麗と戦ったのは史実であり、大和朝廷側が敗北するも、日本が参戦したことにより、高句麗の朝鮮半島統一は阻止され、百済を存続させることになった。

❖朝鮮諸国を従えていた大和朝廷

好太王碑文にある日本と百済の強固な同盟は史実とされる。百済は日本に朝貢しただけではなかった。『三国史記』は百済が王子を人質として倭に差し出したことを記していて、そのことは『日本書紀』の記述と一致する。例えば、腆支王、東城王などは、即位前は日本で過ごし、後に百済王に即位した。また武寧王は日本で生まれて百済に返された。一定期間日本で過ごした百済王が日本語を話せたのは当然で、日本と百済の外交交渉も日本語で行われていたと見られる。また『日本書紀』は武寧王が日本生まれと記している。百済は日本の属国だったことが分かる。

新羅が日本の臣下になったことについては新羅側に明確な記録はないが、好太王碑文にはそのように書かれていて、『日本書紀』は新羅からの朝貢を記録している。また、平成二十三年（二〇一一）に発見された、支那の南北朝時代の梁の『梁職貢図』には、新羅が「あるときは韓に属しあるときは倭に属した」とあり、新羅が一時期「倭」の臣下だったことが分かる。この史料は三韓征伐の史実性を肯定するものである。後に新羅は唐と連合を組んで日本と戦ったことから、新羅は日本を裏切ったことになり、新羅が日本の臣下だったことを記録しない意図があったと理解できる。

日本が高句麗との戦争に敗れた頃から、五六二年に朝鮮半島南部の伽耶諸国が新羅に滅ぼされるまでの間、大和朝廷は半島に拠点を持っていたと考えられる。朝鮮半島南西部を流れる栄山江流域に前方後円墳が約一四基発見されたことは既に示した。五世紀後半から六世紀前半に造られた前方後円墳で、小さくても三〇メートル、最大のものは七〇メートルを超える規模になる。百済王の墓よりも大きいため、一体誰が埋葬されているのか、韓国でも話題を呼んだ。学説は多岐に分かれ、大和朝廷が半島南部に外交の拠点を置いていた、半島南部に日本人が住み着いていた、半島南部に大和朝廷の支配が及んでいたなどと主張されている。しかし、日本列島では前方後円墳の範囲は大和朝廷の統治範囲であるため、半島南西部に前方後円墳が見られることは、同じ理由で半島南西部にまで大和朝廷の支配が及んでいたとするのは十分に可能である。

また、『魏志』韓伝に「韓は帯方（帯方郡）の南にあり、東西は海を以って限りとなし、南は倭と接し、およそ四千里四方」と記述されている。少なくとも当時の魏は朝鮮半島の南部は倭国が支配していたと認識していたことが分かる。韓の「東西は海を以って限りとなし」と表現している以上、韓の支配が半島南部にまで及んでいれば、「東南西は海を以って限りとなし」となっていなければおかしい。

しかも『宋書』倭国伝には、昇明二年（四七八、「昇明」は宋の元号）に倭王武（第二十一代雄略天皇）を「使持節、都督倭・新羅・任那・加羅・秦韓・慕韓六国諸軍事、安東大将軍、倭国王」に任命したという記事がある。『宋書』には、五世紀に五代の倭王が劉宋に朝貢したとの記述があり、劉宋の皇帝が任命したのは倭国王だけでなく、新羅、任那、加羅、秦韓、慕韓を含む六カ国の軍政権を委ねたという。日本が朝鮮に何の政治的実権も持っていなければ、六国の諸軍事を託されるとは考え難い。もし事実に反するなら、諸国から批判があるはずだが、そのような痕跡もない。ところで、劉宋とは南北朝時代の南朝の王朝のことで、周代に諸侯国だった宋や後周の後を継いだ宋などと区別するために、帝室の姓「劉」を冠して劉宋と称することがある。

第一部で述べてきたように、朝鮮半島の歴史は日本の縄文人が住み始めたところから始まり、長期間、日本列島と半島南部は日本文化圏だった。弥生時代以降、半島は支那の殷や周の影響を受けて、中原や北方の民族との混血が進み、列島と半島南部は異なった文化的発展を遂げていった。古墳時代には、半島南部の諸国を日系の有力者が治めていて、列島で連合王権が成立して以降、半島南部の日系諸国が、大和朝廷に加わったのである。

このように、半島南部が「倭国」の一部だったことは『魏志』『宋書』「好太王碑文」が揃って明記していることで、『日本書紀』の記述とも一致する。百済が王子を人質として日本に差し出したことは朝鮮の正史『三国史記』に見える。朝鮮南部に前方後円墳があるため、考古学的事実とも一致する。日本列島のほぼ全域でおそらく一〇〇以上の国が連合王権に加わる流れの中で、半島南部の日系国家だけがこれに加わらないことの方が不自然である。以上の理由から、朝鮮半島南部は大和朝廷の支配が及んでいたと見なければならない。

しかし、戦後の日本の学界は、百済と新羅が日本の属国だったことと、朝鮮半島南部が日本の影響下にあったことを認めてこなかった。日本の歴史学者もそろそろ自虐の先入観を排して真実を見る勇気を持つべきではないか。

❖世界最大規模の仁徳天皇陵

五世紀に入ると大和周辺に大きな古墳が造られなくなり、代わって河内平野に巨大古墳が造営されるようになった。なぜ古墳が大和から河内に移動したかについては諸説あり定まらず、『記』『紀』にも記載がない。河内でも二カ所に分かれて造営されていること、そして六世紀にはまた大和に戻ることなど、合わせて古墳時代最大の謎とされる。

古墳時代に造られた古墳の中で最大の規模を誇るのは、大阪府堺市にある仁徳天皇陵（大仙陵古墳）である（「陵」とは天皇の墓のこと）。百舌鳥古墳群を構成する古墳の一つで、令和元年（二〇一九）に「百舌鳥・古市古墳群」が世界文化遺産に登録され注目を集めた。

この古墳は面積では、秦始皇帝陵や、エジプトのクフ王のピラミッドを凌ぐ世界最大の墓である。墳丘の長さは五二五メートル、体積は一六四万立方メートルで、高さ三三メートルの東京タワーを寝かせてもまだ二〇〇メートル近く足りない。また、後円部の高さは三九・八メートルという大規模な構造物である。盛り土の体積は、一〇トントラック二七万台分に相当する。また、三重周濠と外堤を持ち、外堤まで含めると長辺は八四〇メートルの巨大な墓域となる。

そして、このような巨大古墳を、重機のない時代に人力で造り上げたことは、現代人には想像も付かないことである。大林組が昭和六十年（一九八五）に試算した結果によると、現在、古代の工法で仁徳天皇陵を建設した場合の工期と費用は、多い日で二〇〇〇人、延べ六八〇万七〇〇〇人を動員して、十五年八カ月の工期を要し、工費は七九六億円に上るという。これは貨幣価値でいうとスカイツリー二基分に相当する。ただし、この試算は二重目の濠までで、また埴輪の製作も除外されているため、実際には更に大きな国家プロジェクトだった。実際には円筒埴輪が約二万四〇〇〇本、その他の埴輪を含めると計三万本近くの埴輪が並べられていた。

ところで、支那最大の王墓は秦始皇帝陵で、南北が三五〇メートル、東西が三四五メートルの方墳である。また朝鮮半島最大の王墓は、新羅の都、慶州に残る五世紀の皇南大塚古墳で、王と王妃の円墳が合体した古墳の長さが一二〇メートル、高さ二二メートルである。

四世紀末から五世紀初頭にかけて皇位にあったと見られる第十五代応神天皇からは、『記』『紀』の記述も詳しくなる。応神天皇の皇子で次に皇位に就いた第十六代仁徳天皇は国史を代表する名君と称えられる。仁徳天皇治世では、日本史上最初の大規模工事とされる大阪平野の開発と治水工事が行われ、農業生産が格段に高まったと伝えられる。現在淀川下流の両岸には堤防があるが、これはこの時代に整備が始まったものである。仁徳天皇は質素倹約を是とし、その宮殿は飾り気なく、屋根を葺いた茅を切り揃えることもしなかったという。

『日本書紀』には次のような逸話が収録されている。仁徳天皇四年の春、天皇が高台から国を見ると、人家から煙が立っていないことに気付いた。民が貧しいから竈の煙も立ち上らないのではないかと心配した天皇は「五穀が実らず、民は困窮しているのだろう。都ですらこの様子であるから、地方はもっと困窮しているに違いない」と嘆き「今から三年、全ての課税と役務を止めて、民の苦しみを和らげよ」と詔した。

その日以来、宮中では、全てが徹底的に倹約されることになった。衣服と靴は擦り切れて破れるまで新調せず、食べ物は腐るまで捨てず、宮殿の垣が破れても造らず、屋根の茅が外れても葺きかえず、雨の度に雨漏りして衣を濡らし、また部屋から星が見えるほどの有様だったという。

そして、三年の後には民の生活は豊かになった。天皇が高台から国を見ると、しきりに炊煙（すいえん）が立ち上っているのが見えた。この時、天皇は皇后に「天が君主〔天皇〕を立てるのは、民のためであり、君にとって民は根本である。だから、民が一人でも飢えるのならば、君は自らを責めなくてはならない」と言った。その頃、諸国の民が、自分たちは豊かになったので、税を納めて宮殿を直さなくては天罰が降ると、税を納めようとしたが、天皇はこれを許さなかった。それから更に三年が経過した治世十年の秋、天皇はようやく課役を命じた。すると、民たちは誰から催促されることもなく、昼夜問わずに力を出し合い、あっという間に新しい宮殿を建てたという。以来、仁徳天皇は「聖帝」と称えられ、歴代天皇が規範にすべき天皇とされた。そしてその聖徳は、一七〇〇年経った現在の皇室に受け継がれている。

『記』『紀』の中でも仁徳天皇までの記事には神秘的な逸話が盛り込まれていて神話の要素が残るが、仁徳天皇の皇子で第十七代履中（りちゅう）天皇以降の記事には、そのような神秘的な逸話はなくなり、より現実的で具体的な記事になる。例えば、神々が大王に命令するような描写は見られなくなる。履中天皇から第二十五代武烈（ぶれつ）天皇までは大王の身内の争いの様子が書かれている。

さて、前方後円墳が大和から河内に移ったことは、この時に政権交代があったことを意味すると主張されてきた。これを河内政権論という。しかし、次のような点から現在学界では支持されていない。

第一に、四世紀までの大和の前方後円墳と、五世紀の河内の前方後円墳は、墳丘、埋葬施設、副葬品などに連続性が見られるが、なぜ前王権の象徴である前方後円墳を継承したのか説明が付かないこと。第二に、五世紀になって王権の性格が変わったと認めることができないこと。第三に、畿内は一体の地域と見做されていて天皇毎に遷都を繰り返してきたのであり、しかも、政権の所在地と天皇の埋葬地は必ずしも近い場所ではないため、前方後円墳が河内に移動しても、王朝交代の根拠とはならないこと、第四に、政治が混乱した形跡もなければ、戦争の形跡もないため、王朝交代は認められないこと、などが挙げられる。

王朝交代は、統治体制が入れ替わることを意味するため、これを主張するにはそれなりの根拠が示されなければならないが、古墳の場所が移動したというだけでは状況証拠にすらなっていない。河内政権論には何の根拠もないといえる。

また、河内政権論の派生形として騎馬民族征服王朝説も主張された。同説は、東北アジアの騎馬民族が朝鮮を支配して日本列島に入り、四世紀後半から五世紀に、大和にあった王権を打倒して大和朝廷を立てたという征服王朝説で、戦後、東北アジア史の研究者である江上波夫(えがみなみお)氏によって主張された。同説によると、北東アジアの騎馬民族の流れを汲む応神天皇が、朝鮮から九州に渡って来たというが、学問的根拠は示されていない。現在と比べると考古学的知識が少なかったこともあり、かつては一定の支持を受けた。現在では支持する学者は皆無に近い。

同説への反論は河内政権論への反論で十分と考えるが、騎馬に関係する点を補足しておきたい。江上氏は、五世紀に王朝文化が騎馬民族の文化に一気に切り替わったと主張する。確かに、五世紀の日本に乗馬の文化が入ったことは事実である。しかし、外国から成熟した乗馬文化が一気に日本に入り込んだ事実はなく、日本での乗馬の文化はゆっくり時間を掛けて成熟していったことが、古墳時代を専門にする考古学者たちによって繰り返し反論されてきた。

❖婚姻による国家統合

さて、では前方後円墳はなぜ巨大化したのだろう。この問題は古墳時代の難問の一つとされている。立派な人物を立派な墓に葬りたいという思いは世界各地にあると思われる。しかし、仁徳天皇陵のように長さ五二五メートルというのは異常な大きさであり、単に「立派な帝王だったから」という理由だけでは説明が付かない。しかも、この狭い日本列島に、数百年の内に約四七〇〇基もの前方後円墳が造営されたのは、世界的に見ても異常である。

前方後円墳は、共通性と階級制を「見せる」のがその目的であることは既に述べた。それは、具体的には地方の首長や豪族が天皇との関係性を「見せる」のが目的といえる。天皇と各地の首長、ひいては天皇と民は「血縁、心縁、治縁」で結ばれた関係であり、単なる服属関係ではないのが支那や欧州と異なる点である。

血縁とは、神武天皇の建国の詔に見えるように、日本人は家族である（血縁関係がある）ということを意味する。岩宿時代には原日本人は完成し、一つの言語に統合され、その後少数の帰化人と緩やかに混血して日本人が形成された。日本人が同じ血族なのは歴史の事実である。

しかし、大和朝廷は、そのことを単に振り翳すのではなく、天皇自ら各地の首長の娘を積極的に妃に迎えることで、近親となっていった。武力で攻め滅ぼすのではなく、仲間になることを請い、婚姻を通じて各地の首長と本当の家族になっていったのである。『古事記』には列島各地の豪族が天皇とどのような関係にあるか、夥しい数の婚姻の記述が見られる。例えば、初代神武天皇から古墳時代末の第三十二代崇峻天皇までの歴代天皇は、六〇の豪族から妃を迎えたことが分かる。また『古事記』には初代から第六代孝安天皇までは皇女の記述がないが、第七代孝霊天皇から崇峻天皇までに計六七人の皇女を儲けた。皇子と比べると著しく人数が少ないため、実際にはその何倍もの皇女がいたはずである。『古事記』は原則として皇女の嫁ぎ先を書いていないが、その大半が各地の豪族の元に嫁いでいったと思われる。

また、皇子の中でも皇位を継承しなかった者について、『古事記』はその妃とその子孫について一部を記述している。皇子とその子孫と血縁のある豪族として『古事記』は、初代から第十二代景行天皇までで一六三、また第十三代成務天皇から崇峻天皇までで一〇、合計一七三の豪族を挙げている。皇子たちの多くは全国各地に赴任して政治を担当し、地元の有力者の娘と結婚してその地の豪族となったことが分かる。一部重複はあるものの、合わせると、神武天皇から崇峻天皇までの間で、実に二二三の豪族が歴代天皇の親戚として『古事記』に繋がりが書かれているのである。『古事記』は第十六代仁徳天皇以降、地方の豪族との血縁関係をほとんど書かなくなったため、古墳時代末期の崇峻天皇までの期間で見ても、実際はその何倍もの豪族が天皇の親戚になったものと思われる。

そして、それら『古事記』に記載された、天皇と血縁関係を結んだ豪族の本拠地を眺めると、畿内とその周辺は当然として、山陽、山陰、四国、九州、中部、東海、関東甲信越、北陸各地の豪族、極限でいえば、西は熊本、南は鹿児島、東は千葉、北は石川の能登半島の豪族が含まれる。東北の南部と中部を除けば、前方後円墳の分布範囲の大半に行き渡っているといえる。

皮算用かもしれないが暫くお付き合い願いたい。豪族との血縁関係について『古事記』の記述には相当の偏りがあるため、書かれていないものがどれだけの数に上るかは学問的に示しようがないが、その偏り具合から想像すると最低でも四倍はあったと見てよい。すると、全国の一〇〇〇近い豪族が、古墳時代末期までに天皇との血縁関係があったことになる。そして、それらの豪族の親戚一同は間接的に天皇の親戚になるため、仮に一つの豪族が平均的に一〇の家と親戚関係にあったなら、天皇と血縁関係のある豪族は全国に一万あったことになる。その一万の豪族が、世代を下って分家したら、それらの分家も天皇との血縁関係が認められるため、約三七〇年間の古墳時代を通じて、古墳の数がその五倍や一〇倍造られてもおかしくない。

古墳に埋葬されるのは一族の長と見られるが、前方後円墳と前方後方墳の合計は約五二〇〇基であり、中型や小型の円墳や方墳を含めると総数は約一五万となるため、一万の豪族が天皇との血縁関係にあったという見方は、当たらずも遠からずといえよう。

このような見地に立てば、日本列島の豪族の中で、天皇との血縁関係が全くない豪族は、東北や離島などを除けば、ほとんどなかったといえるのではないか。神武天皇の時代でも日本人は大きく見て同族だったが、崇峻天皇までの三十二代の間に、皇室は、本当に全国の有力者を天皇の近親の家族にしてしまった。日本人を改めて血縁的に再統合したといえよう。大きな戦争を経ずに国を統合するというのは、こういうことだったのである。天皇は日本人の血縁体系の中枢にあり、その天皇の系統は例外なく男系子孫により継承され、現在に至る。これを万世一系という。

だから日本には奴隷がいない。およそ世界の歴史では、戦争により他国を滅ぼすと、その民を奴隷として使役するものだった。こうして、他国を次々と占領していくと、次々と新しい奴隷が最下層に加わり、それを繰り返すことで階級社会が形成される。日本では、古墳時代に戦争を経ずに列島が統合されたことで、各地域の文化や伝統は尊重され、残されただけでなく、奴隷となる者がいなかった。「一君万民」というのは、平等な民が一君を仰いだ歴史的事実を反映している。

❖前方後円墳の本当の意味

このように天皇が血縁体系の中枢にあるが故に、天皇は自然と普遍的精神の中枢として仰がれるのである。歴史的に、天皇は日本人にとって精神的拠り所だった。天皇と民が心縁によって結ばれているというのはそのことを指す。歴代の天皇が民の幸せを祈り、民が力を合わせて天皇の統治を支えてきたことで、天皇と日本人の心縁は時代を経ても変わることなく、繋がってきた。

そして、血縁と心縁の中枢に万世一系の天皇があるが故に、天皇は自然と治縁体系の中枢として仰がれてきた。天皇は神だから尊いのではない。「天皇」という日本民族の伝統的な地位が「神聖である」という思想が歴史的に共有されてきた事実に基づいて「天皇は尊い」という。そしてこれは、天皇と国民が「血縁、心縁、治縁」で繋がってきたことによる。そして、そのような天皇と民の繋がりを「国体」という。血縁、心縁、治縁から成る社会は、他の民族による支配を否定する。天皇と日本人、あるいは日本人同士は、損得や利害ではなく、三つの縁によって結び付けられているから、結束が強い。

このような理解を共有した上で、改めて前方後円墳について考察したい。天皇と各地の首長や豪族は、親戚であり、その子孫から見ればどちらも共通の先祖となる。ならば、豪族一族の長と歴代の天皇が、同じ形式の墓に埋葬され、同じ作法により祀られることは、一族にとっては重大な意味を持つことになる。そして、一族の長が天皇と同じ形式の古墳に埋葬されることで、一族が天皇と血縁関係があることを、視覚的に分からせる効果を生む。故に、大きな前方後円墳が全国に造られたのである。

また、豪族たちは古墳の形や大きさを自ら自由に決定することはできなかった。豪族間でも序列があり、同じ豪族内でも序列があって、豪族間の相互承認によって造営されたと考えられる。これが、天皇が作り出す秩序である。見せるための古墳によって、その秩序が可視化された。無論、天皇との親戚関係がなくとも古墳を造営した豪族もいただろう。それでも、古墳を通じて、中央と地方との秩序立った政治的関係性を見せる機能を発揮したと思われる。

ところで、日本では古より、先祖の御霊が子孫を守ると信じられてきた。古墳に葬られた首長の御霊は、その地域を守り、そして歴代天皇の御霊は、日本を守ると観念されてきたのである。現在、歴代の天皇、皇后、皇族の陵墓は全て、国民の財産として宮内庁が監守している。歴代天皇の御陵では、毎年命日に祭祀が行われている。昭和二十年十一月、大戦が終結してやや落ち着いた頃、昭和天皇は在京の七名の皇族をお召しになり次のように命ぜられた。

「百二十三に及ぶ歴代天皇の御陵に親しく自分がお参りしたいのだが、それはとても今の状態では出来ない。神武天皇の畝傍陵と明治天皇の桃山陵と大正天皇の多摩陵とこの三ツの御陵には自分でご報告をして請願をするが、あとの百二十の歴代天皇の御陵には、ご苦労だが君達が手分けをして代参してくれ」（竹田恒徳「終戦秘話」一九八六）

また、昭和天皇からは、戦争のこのような終戦は自分の不徳の致すところであり、それを謝り、日本の今後の復興に対して御加護を祈るように、そして今回の皇族の代拝で国民と皇室との結びつきをより深めることを希望する、とのお話があった（前掲書）。

現在では、天皇、皇后、皇太后の墓を御陵、その他の皇族方の墓を御墓とし、それらをまとめて陵墓といい、全て国民の財産として宮内庁が管理している。御陵は一八八基、御墓は五五五基、その他分骨所、火葬塚、灰塚などの陵墓に準ずるもの一一〇基、また陵墓参考地四六基を合わせると、総計八九九基にのぼる。これまで宮内庁は陵墓の「静安と尊厳を保持するため」に陵墓への立ち入りを厳しく制限してきた。

陵墓では定期的にお供物が上がり、祭祀が行われている。各陵墓では毎年崩御日に正辰祭が、また崩御の日から三年、五年、十年、二十年、三十年、四十年、五十年、一〇〇年、以降毎一〇〇年毎の崩御日に相当する日に式年祭が行われる。平成二十八年（二〇一六）、天皇陛下（現上皇陛下）は、神武天皇の二六〇〇年式年祭に当たり、神武天皇御陵を御参拝になった。陵墓は宗教施設であり、陵墓自体が崇敬の対象になっている。その点が、秦の始皇帝の兵馬俑や、エジプトのピラミッドなどとは異なる。滅びた王朝の王墓では祭祀は行われていない。

学界からは天皇陵を発掘したいとの声が上がるが、陵墓調査は慎重でなければならない。陵墓は、天皇が国民の幸せを祈る、あるいは祈らせる場所であり、故に陵墓には「静安と尊厳」が必要なのである。

❖列島最古の文字史料が示す日本の統合

前方後円墳の分布が大和朝廷の統治範囲を示していることは何度も触れたが、かつては学説が分かれていた。しかし、関東と九州の二つの古墳から出土した鉄剣と鉄刀により、この議論は決着した。一つは埼玉県行田市の稲荷山古墳出土鉄剣銘、もう一つは熊本県和水町の江田船山古墳出土鉄刀銘である。いずれも五世紀後半に造られた前方後円墳である。同じ時代で、しかも関東と九州という地理的に離れた同じ形の古墳から、「獲加多支鹵大王」という同じ大王の名前が刻まれた鉄剣と鉄刀が出土したのである。この二点は、日本人が記した現存する最古の文字史料である。そして「獲加多支鹵大王」とは第二十一代雄略天皇のことと見られる。

稲荷山古墳は考古学的には六世紀前半とされるが、鉄剣銘には「辛亥」の文字があり、これは四七一年のこととされる。『日本書紀』が記す雄略天皇の在位は四五六～四七九年であるから、これと完全に一致する。『日本書紀』の紀年と一致するのは、雄略天皇が歴代天皇の中で最初になる。また、雄略天皇の名を『古事記』では「大長谷若建命」、『日本書紀』では「大泊瀬幼武天皇」と記されていることとも一致する。

このように、関東と九州の前方後円墳から出土した鉄剣と鉄刀に雄略天皇の名があったことから、この時代の大和朝廷は、少なくとも関東から九州までを勢力範囲としていたことが確認できた。そして、この鉄剣銘と鉄刀銘から、また纒向遺跡の搬入土器の搬出元が広い範囲に渡っていることから、前方後円墳は天皇が作り出す秩序であり、故に前方後円墳の分布範囲はヤマト王権の統治範囲であると決着したのである。
この鉄剣と鉄刀は、中央で作られ、地方の豪族に下賜されたもの、あるいは地方豪族が自ら作らせたものと見られ、それぞれ次のような文字が刻まれていた。稲荷山古墳出土鉄剣銘に見える「大王」の文字は、文献史料での「大王」の語の初出になる。

「辛亥年（四七一年）七月に記す。名はヲワケの臣。先祖代々、杖刀人の長（大王の警護隊長）として仕え、今に至る。ワカタケル大王（雄略天皇）の時、シキの宮にあった時、私は、大王が天下を治めるのを補佐した。この百錬の刀を作らせ、私が大王に仕えてきた由来を記すものである」（稲荷山古墳出土鉄剣銘、五世紀後半、現代語訳、部分要約）

「天下を治めるワカタケル大王の世に、典曹（文書を司る役所）に仕えていたムリテが、八月に大鉄釜を用いて立派な刀を作らせた。この刀を持つ者は長寿にして子孫が繁栄し、統率する力を失うことがない」（江田船山古墳出土鉄刀銘、五世紀後半、現代語

訳、部分要約）

❖宋に朝貢した「倭の五王」

五世紀には日本での文献史料が確認されたとはいえ、点数が少ないため依然として分からないことが多い。その少ない資料を突き合わせて、大和朝廷と支那との関係を眺めていきたい。

晋の正史『晋書』安帝紀が、義熙九年（四一三）に「倭国」が東晋に朝貢したことを記している。支那の正史に日本の記述が復活するのは『晋書』帝紀が、泰始二年（二六六）に「倭人」が西晋に朝貢したと記録して以来、一四七年振りのことだった。続けて劉宋の正史『宋書』倭国伝は、劉宋建国の翌年に当たる永初二年（四二一）に倭王讃が朝貢してから、倭王武までの倭の五王が続けて朝貢してきたと伝える。

倭の五王の名は讃、珍、済、興、武とされ、『宋書』のいう「倭国」が大和朝廷であることは争いがないため、倭の五王が五世紀の天皇であることは間違いない。劉宋からそのように呼称されたのは、劉宋の冊封体制の中で、大和朝廷の大王は、支那風の姓を名乗ることが求められた結果と考えられる。また『宋書』の記述から、倭国王の姓は「倭」だったことが分かっている。これは劉宋の皇帝から与えられた姓と思われる。

讃の比定については諸説あり、応神天皇、仁徳天皇、履中天皇などが主張されるが、珍が第十八代反正天皇か仁徳天皇、済が第十九代允恭天皇、興が第二十代安康天皇、武が雄略天皇と考えるのが有力である。『宋書』は珍と済の続柄を明記していないが、これを兄弟関係と仮定すると『宋書』の倭王の系譜と『記』『紀』の天皇の系譜が一致する。また『宋書』は讃が珍の兄と記すので、讃が第十七代履中天皇である可能性が高くなる。これにより、二つの系譜は完全に一致する。『日本書紀』が雄略天皇の名を「大泊瀬幼武」と記していることは既に述べたが、倭王武の「武」と同じ名称であるから、年代、続柄、名前の三点が一致し、倭王武が雄略天皇であることは明白である。この点から逆算すると、讃、珍、済、興の比定も信憑性が高い。

ではなぜ大和朝廷は四一三年に東晋に、また四二一年に劉宋に朝貢したのだろうか。一般的に支那の周辺国は、支那の皇帝に「王」として認められることにより権威付けられ、自国内での王権の正統性を示すことができた。かつて、大和朝廷も同じ理由で劉宋に朝貢したものと考えられていた。しかし近年では、大和朝廷は、支那王朝の権威を利用して国内統治の正統性を獲得する目的ではなく、高句麗と北魏が同盟を結んだことに対抗して、朝鮮半島南部の軍事指揮権を維持するという、外交上の目的で劉宋に朝貢したものと主張されている（廣瀬憲雄『古代日本外交史』二〇一四）。

一般的には前王が没して新王が即位すると直ちに支那王朝に遣使して王への冊封を

求めるのに対し、大和朝廷は倭王興を除いて即位後に直ぐに遣使していない。特に倭王武は即位後十年以上、遣使していないため、その間は冊封を受けていないことになる。また、五世紀の日本列島は、大和朝廷が統治範囲を列島の大半にまで広げ、巨大前方後円墳が続々と造営された時代であり、大和朝廷の国内統治のために、劉宋から与えられる権威を必要としていたとは思えない。

しかも、大和朝廷が劉宋から受けた官位と官職を国内で用いた形跡は見られない。稲荷山古墳出土鉄剣銘に「獲加多支鹵大王寺在斯鬼宮時吾左治天下」（ワカタケル大王の時、シキの宮にあった時、私は、大王が天下を治めるのを補佐した）、また江田船山古墳出土鉄刀銘に「治天下獲加多支鹵大王」（天下を治めるワカタケル大王）と、いずれも「治天下（天下を治める）」の文字を刻んでいる。そして、文脈上もその「天下」は劉宋皇帝の天下ではなく、明らかに雄略天皇の天下として語られている。

もし大和朝廷の天皇が支那王朝から「倭国王」に任命されたことをその地位の根拠とするなら、日本は支那の天下、つまり支那王朝の秩序の中にあることになる。だが、鉄剣銘と鉄刀銘から分かるように、日本には天皇の天下があった。故に、大和朝廷は、劉宋に朝貢しつつも、それは服従ではなく、独立を前提にして外交上の意図をもって行われたと見るべきである。

さらに、大和朝廷が劉宋に遣使したことは『日本書紀』に記述がない。一般的に、支那王朝に朝貢する国は、遣使の様子を詳らかに正史に記すものである。支那の皇帝から官位と官職を受けることが、自らの地位の根拠であるから当然である。日本が劉宋への朝貢と冊封について正史に記さなかったのは、天皇の地位の根拠を支那王朝の冊封に求めなかったことを意味する。支那皇帝から授かる地位を、国内において自らの地位の根拠として利用しなかった。

　しかし、単に都合の悪いことを書かずに隠そうとしたと見るのは早計である。大和朝廷が朝貢した事実は劉宋の正史には明記されるため、歴史的に隠すことはできない。『日本書紀』に記載しなかったのは、隠す意図ではなく、朝鮮半島での権益を得るために劉宋を外交的に利用したことを後世に伝える意図をもって、記載しなかったものと見るべきである。これは一種の『日本書紀』の筆法と見て差し支えないだろう。後ろめたい気持ちで朝貢の痕跡を消したのではなく、劉宋を上手に活用したことを、「書かない」ことにより暗に示したと理解できる。

　これらのことから、大和朝廷は、支那王朝の権威を利用して国内統治の正統性を獲得する目的ではなく、外交的に朝鮮半島での軍政の正統性を得ることを目的として劉宋に朝貢したことが分かる。朝鮮半島の諸国は支那王朝の秩序にあるため、劉宋の皇帝が大和朝廷に半島南部の軍政権を委ねたことは、高句麗と新羅を牽制することになる。つまり、朝鮮半島で伽耶諸国と百済と連携して高句麗と新羅の連合と対峙していた大和朝廷は、朝鮮半島南部の軍政権を確実なものにするために、劉宋に朝貢したと結論できる。

劉宋の正史『宋書』倭国伝には、倭国が度々使者を送ってきたことと、大和朝廷の支配領域が拡大していったことが書かれている。また『宋書』は、倭の王は朝貢する度に、官位を要求したという。最初は要求する通りの官位を受けられなかったが、四七八年に倭王武が遣使した時、「倭国王」だけでなく、朝鮮半島南部の軍事指揮権が認められ、しかも念願の「安東大将軍」が認められた。

しかし、その翌年に劉宋は滅亡してしまう。以降、大和朝廷は支那王朝に朝貢しなくなり、官位や官職を求めることもなくなった。東晋への朝貢を含めると、六十五年間続いた支那王朝への朝貢はここで中断することになった。日本はそれから一世紀以上の間、外交上、支那王朝を完全に無視することになる。

❖支那王朝への朝貢を断った雄略天皇

朝貢断絶の理由は、宋が滅びたことや、日本国内の政治が混乱したことなども主張されてきたが、朝鮮半島情勢の変化が主要因と見るべきである。朝鮮半島を理由に始まったのが劉宋への朝貢だったため、朝鮮半島由来の原因で途絶するのは理に適って（かな）いる。四七五年には高句麗が百済の首都漢城（かんじょう）（現在のソウル）を陥落させ、百済は滅亡した。その後、日本に滞在していた百済王子（東城王）を送還して百済の復興を支援したが、百済と新羅が同盟を結んで高句麗に対峙するようになり、大和朝廷の半島への影響力は急速に低下していったと見られる。

東アジアの秩序は、中華思想を基礎とする支那王朝の冊封体制によって構成されてきた。そもそも朝貢には、朝貢する側にも受ける側にも利点があった。

支那王朝の利点としては、敵と味方が識別されること、また周辺国を次々と攻め滅ぼして直接統治するより、朝貢貿易で恩恵を与える方が安上がりで済むという打算があった。他方、朝貢する国にとっての最大の利点は、アジアの最高権威である支那皇帝から統治の正統性を与えられることだった。その他にも、多くの利点があり、例えば、大国である支那から攻められる危険がなくなり、他国からも攻められにくくなるため、安全保障上の大きな利点がある。また、朝貢貿易の利益を得られ、最先端の技術と文化と情報を得ることができる。だが、日本はそのような冊封体制と一定の距離を取ってきた。

劉宋への朝貢も、他の東アジア諸国とは全く異なる意図をもって行われたし、日本の「天下」の概念は支那王朝のそれとも異なっていた。日本の「天下」の概念は、『古事記』に見ることができ、天下の範囲は日本列島（北海道と沖縄は含まれない）と朝鮮半島南部に限定されていることが分かる。支那のように、実効支配の範囲や、朝貢国の増減によって天下の範囲が変化することはなく、日本と支那では天下の概念が異なる。

一世紀以上後の第三十三代推古天皇の時代に、対等外交を目指した遣隋使が派遣されるが、日本は歴史を通じて属国としての朝貢をせずに、必要な範囲で支那と交流してきた。実際に六十五年間の朝貢を実践してみて、目的を達成したらあっさりと国交を閉ざした雄略天皇の国家戦略は、その後の日本の外交の在り方を決定付けたといえる。

支那王朝に朝貢して冊封を受けると、様々な恩恵を受けられるため、一度朝貢すると、それを継続するのが普通である。しかし、そのような環境に長年身を置いていると、国の足腰が立たなくなるのもまた事実である。大国に依存すると国際環境の変化などで簡単に倒れる弱い国になってしまう。かつて支那王朝に朝貢した国々はほとんど全て滅びたが、早い時期に朝貢を止めて冊封体制から抜け出した日本だけが現在まで存続していることから、このような考え方は大きく外れてはいないだろう。その後の歴代天皇や為政者たちも、原則として独立の維持に努めてきた。今の日本の独立は、雄略天皇の独立志向の賜物といえる。

ところで『古事記』の第二十三代顕宗(けんぞう)天皇の条に、天皇にとっての復讐のあり方についての記載があって興味深い。顕宗天皇は、かつて父を殺した雄略天皇を深く恨んでいて、自らが即位すると雄略天皇の御陵を破壊して報復を試みる。すると天皇の兄の意祁命が名乗り出てその役を買い、雄略天皇の御陵の傍らの土を少しだけ掘って帰京する。天皇は、兄の帰りが余りに早いため不審に思ってどのように破壊したのか尋ねると、意祁命は「少しだけその陵の傍らの土を掘りました」と答えた。天皇がどうして悉く破壊しなかったか尋ねると、意祁命は次のように言上した。

「父王の恨みとして霊に報復したいと思うのは、それはもっともなことです。しかし、雄略天皇は父の怨敵ではあるけれど、一方では私たちの父の従兄弟であり、また、天下をお治めになった天皇でもあります。ここで今、単に父の仇という意志で、天皇の陵を悉く破壊したら、後の人々は必ず非難するでしょう。ただし、父王の仇には報復しなければならないため、その陵の傍を少しだけ掘ったのです。既にこの辱めによって、後世に示すには十分です」

　これを聞いた天皇は「それもまた大いに道理に叶うことで、お言葉の通りで良しとしましょう」と言って従った。父を殺した怨敵に報いるのでも、傍らの土を掘って十分な辱めを与えたと納得するのが、天皇にとっての正しい報復ということが分かる。大規模な戦争を経ずに列島を統合した大和朝廷の天皇ならではの発想といえよう。

❖皇統断絶の危機と継体天皇王朝説

『日本書紀』は武烈天皇が暴君だったと記す。武烈天皇は御子が生まれない内に崩御し、近親に皇位を継げる者がいなかったため、皇統断絶の危機に直面した。この時、大和の豪族たちは越国三国（福井県坂井市）にいた応神天皇の五世孫（玄孫の子）に当たる男大迹王を天皇に立てることに決めた。男大迹王は河内国の樟葉宮に即位し、第二十六代継体天皇が誕生した。

だが、天皇が大和に入ったのは即位から十九年後のことだった。その理由は畿外出身者の大和入りに抵抗する勢力があったとも、新しい政治を執るために一定の期間を置いたともいわれる。継体天皇は前の武烈天皇からかなりの遠縁であるが、応神天皇の男系の血を引くとされる。

戦後になって、継体天皇の時に王朝が交代したという継体王朝説が主張された。その根拠として継体天皇が応神天皇の五世孫であるということが疑わしいというが、疑いを示すのみで立証に至らず、王朝断絶説（継体天皇王朝説）は現在学界では下火になっている。

継体天皇王朝説の主な根拠として示されているのは次の二点である。第一に、『記』『紀』とは別に継体天皇が応神天皇の五世孫であると記述する「上宮記一云」

の記述を問題とする。「上宮記」は『記』『紀』よりも早い七世紀の成立とされ、その後散逸し、『釈日本紀』『聖徳太子平氏伝雑勘文』に逸文を残すのみで、全体は伝わっていない。この文献が継体天皇の祖と記す「凡牟都和希王」は「品陀和気命」（応神天皇）ではなく、垂仁天皇皇子の「品牟都和気命」を指しているという。「上宮記一云」では垂仁天皇の皇子の五世孫を称していたが、『記』『紀』編纂では応神天皇の五世孫に改めたものであり、易々と出自を改変するところから、本当に歴代天皇の子孫であるか疑わしいと主張される。

この点については、もし「凡牟都和希王」が垂仁天皇の皇子なら、なぜそのことを記さないか疑問であると反論できる。「上宮記一云」には垂仁天皇は継体天皇の母系系譜の祖として記載されているため、垂仁天皇が父系系譜の祖であるにもかかわらず、それを記載しないのは矛盾する（塚口義信「『釈日本紀』所載「上宮記一云」について」一九八二）。また「凡牟都和希王」が垂仁天皇の皇子とすると、継体天皇の父は垂仁天皇の四世孫で、母は垂仁天皇の七世孫となり、世代的に一致せず不自然と指摘される（水谷千秋『謎の大王　継体天皇』二〇〇一）。

第二に、継体天皇即位時は、父系血族による皇位の世襲は確立していなかったが、後に万世一系の原理が成立したため、後追いで継体天皇の出自を応神天皇の五世孫として取り繕ったと主張される。

しかし、大和朝廷の大王が劉宋に「倭」の姓を名乗っていることから、いわゆる「倭の五王」とは同一血族と見られる。関連して、讃、珍、済、興、武が異なった王権という主張もあるが、もし王朝交代があったなら、それを劉宋に隠蔽する必要はなく、また「武」は雄略天皇の名前「ワカタケル」から来ているので王朝名でないことは明らかである。

また、倭王武（雄略天皇）が劉宋に送った上表文に「私の先祖は、自ら甲冑を身に付け、山河を踏破して、一カ所に留まって休む暇もありませんでした」とし、先祖が国中を平らげたことを述べている。このことから、雄略天皇の先祖（原文では「祖（そ）禰（でい）」）が国を平らげ、自らはその子孫であることが分かる。倭の五王は同じ父系親族に属していると見るのが順当であり、珍と済の血縁関係を否定する説は成立し難く、また、血統よりも能力が重視されていたなら、葛城氏や吉備氏などから大王が立てられてもおかしくないが、そういった事実はない（水谷、前掲書）。

この時期既に大和朝廷は古代国家としての体制が整い、天皇の作り出す秩序の元に全国の豪族が束ねられていたことは明白である。そのような状況で、地方豪族が武力だけで政権を倒しても、広く豪族たちに大王として認められるのは不可能だったと考えるべきである。また、継体天皇の即位によって、前天皇の統治機構をそのまま受け継いでいることや、継体天皇が第二十四代仁賢（にんけん）天皇の皇女である手白香皇女（たしらかのひめみこ）を皇后としたことからも、王朝交代は想定できない。

また、即位から大和に入るまでに約十九年の時間を要したことを王朝交代の理由として指摘する論者もいる。だが、中央の物部氏、大伴氏、和邇氏、阿倍氏らの支持を受けて即位したものの、これに反対する勢力もあったため、合意形成に時間を要したものと理解できる。『古事記』の記述から分かるように、天皇の皇子の内、天皇に即位しなかった者の大半は地方で地方政治を担った。皇位継承者が不在となった際に、地方にいた歴代天皇の男系子孫を中央に呼び戻したことに、何ら不自然さはない。また、もし王朝交代があったなら、大規模な戦争があったはずだが、この時期の畿内に戦争の形跡は全く見られない。継体天皇の前後で、古墳の形状を含め文化的断絶も見られない。

よって、継体天皇の即位は、血筋の違う地方豪族が武力によって皇位を簒奪したのではなく、祖先を同じくする二つの皇統が、この婚姻によって再統合したと考えるべきだろう。

継体天皇から大和朝廷が更に勢力を拡大し、急速に発展しているのは事実である。応神天皇の血を引く継体天皇は、大和から離れて越国、近江国、美濃国、尾張国、若狭国などを勢力範囲としていた一族の指導者であり、その継体天皇が即位したことにより、二つの勢力範囲が統合されたと見られる。

皇位継承の原理は「血統」である。初代から現在の天皇陛下に至るまで、皇位は例外なく父系継承の原理に基づき、歴代天皇の男系子孫により継承されてきた。「男系」とは父と子の間の系統を意味し、男系の血筋を受け継がない者が天皇の位に就いたことはこれまで一度もない。

これまで数々の皇位継承が行われてきたが、継承の危機に直面したこともあった。しかし、いずれの場合も、歴代天皇の男系の子孫を探し当て、多くの場合は、先帝の娘や妹と結婚することで、断絶する本家と傍系を一体のものとしてきたのである。

また、皇位継承の本義は「祭祀の継承」に他ならない。祭祀は男系により継承されるという思想は『記』『紀』の崇神天皇の条に見られる。崇神天皇治世では疫病が流行し、その原因を占ったところ、三輪山の神である大物主神（おおものぬしのかみ）が天皇の夢に現れ、意富多多泥古（おおたたねこ）に我が御魂（みたま）を祭らせよと告げた。そしてその人物を探し出したところ、大物主神の男系の玄孫（やしゃご）（孫の孫）だったことが分かった。意富多多泥古に三輪山の祭祀を託すと、疫病は収まり人々は栄えたという。

崇神天皇も、神武天皇と大物主神の娘の子孫であるから、大物主神の子孫であることに変わりはないが、三輪山の祭祀は男系の系統から外れる崇神天皇ではなく、男系の系統にある意富多多泥古が担うべきことが、この逸話によって示されている。祭祀は男系により継承されなければならないのである。思えば、現在でも仏壇や墓は男系子孫が継承するのが一般的である。太古の昔から日本人は、祭祀は男系により継承されるべきとの思想を受け継いできたことが分かる。この点からも、継体天皇が応神天皇の五世孫であることは、祭祀の継承を考えれば不可欠の要素だったといえる。

❖大陸文化の摂取と古墳時代の終焉

五世紀から六世紀にかけては、養蚕、機織り、鍛冶、土木建築などの技術を始め、『論語』や『千字文』などと共に儒学と漢字文化が伝わった。古墳時代の土器は、大きく二種類に分けられ、一つは弥生土器の流れを受け継いだ土師器で、もう一つは五世紀に朝鮮半島から伝えられた須恵器である。須恵器は轆轤を回して形成し、のぼり窯で焼き上げる。また古墳時代には鉄製の農具が普及し、水田稲作がより盛んになった。

そして、農業に関わる祭祀が盛んに行われるようになり、春には豊作を祈願する祈年祭、そして秋には収穫を神々に感謝する神嘗祭が行われるようになった。現在でも全国の神社でこれらの祭りが行われている。そして、毎年、宮中では二月十七日に祈年祭、十一月二十三日に新嘗祭が行われ、天皇陛下が祈りを捧げていらっしゃる。また、御即位の後の最初の新嘗祭は大嘗祭と呼ばれ、天皇の即位儀礼の中では特に重要な意味のある祭祀とされている。このことからも、天皇の存在が稲作と密接な関係にあることが分かる。

六世紀に入ると、百済と新羅が南下して伽耶諸国を併合した。『日本書紀』は、継体天皇六年（五一二）に大和朝廷が任那国の四県（半島の南西部の諸国）を百済に割譲したことと、そして翌年に百済がその見返りとして、日本に五経博士を送ったと記している。五経とは『書経』『易経』をはじめとする支那の古典で、五経博士は五経の学者である。百済は支那文化を積極的に取り入れたことが知られている。百済は、梁（南朝、宋の後継の斉の後継国）から招いた五経博士を日本に送った。その後、第二十九代欽明天皇の治世十四年に、日本の要請により百済から医学博士、易博士、暦博士などが来日した。

六世紀の継体天皇から欽明天皇の時代は、支那の文化を百済経由で積極的に取り入れた時代だった。五世紀末の雄略天皇が支那王朝と最後に通交してから、第三十三代推古天皇が遣隋使を派遣するまで一二二年間、日本は支那王朝との関係を断つが、その間も異なった形で文化を吸収していった。

百済の影響と見られているのが、氏の成立である。新羅で氏が用いられたのは六世紀半ば以降で、百済は五世紀後半から用いていた。日本では倭王の氏「倭」を除けば、遅くとも欽明天皇の六世紀中頃までには氏が用いられるようになった。氏の元となった支那では一文字の氏が主流だが、百済では二文字の氏が多用されていた。日本の氏に「蘇我」「中臣」「物部」などと二文字が多いのは、継体天皇の時代に百済から派遣された五経博士が齎したからではないかと指摘されている。また『記』『紀』の元となった『帝紀』を最初に筆録したのも継体天皇から欽明天皇の時期ではないかと見られている。

しかし、任那国を百済に割譲してから、日本は朝鮮との交流の窓口を伽耶諸国から百済に移し、百済の期待に応えることが多くなる。その後、新羅が伽耶諸国に圧力を掛けるが、継体二十一年（五二七）に朝鮮南部に出兵する近江毛野率いる日本軍を筑紫磐井が阻み、翌年に鎮圧されるという磐井の乱が起き、伽耶諸国の救援に失敗し、伽耶諸国の多くは新羅に併合された。その後、任那復興会議が開かれるも不調に終わり、日本の影響力は大きく低下した。

『日本書紀』によると第二十九代欽明天皇治世の欽明天皇十三年（五五二）、日本と国交があった百済の聖明王が、天皇に釈迦仏の金銅像、仏具、経典を贈ったという。これが仏教公伝である。ただし、年代については諸説あり、現在は他の資料を根拠に第二十八代宣化天皇の治世三年（五三八）が通説となり、歴史の教科書にもこの年代が記載されている。仏教伝来により、これまでと違った新しい文化が起こり、日本の政治に多大なる影響を与えることになる。

この時、仏像の崇拝を巡って蘇我氏と物部氏の間で激しい対立が起きた。仏教を積極的に取り入れようとした崇仏派の代表が蘇我氏、そして逆に、仏教を排斥しようとした排仏派の代表が物部氏だった。蘇我稲目（そがのいなめ）は熱心に受容を訴えたため、欽明天皇は稲目に仏像の崇拝を許した。

試しに拝んでみるように指示するところに、日本人らしさを垣間見ることができよう。日本は後に儒教、道教、ヒンズー教などを次々と受け入れ、世界史上稀に見る独特な文化を形成していく。例えば、現在に伝わる七福神は夷（えびす）だけが日本の神で、それ以外は全て外国の神であることがそのことをよく表している。ならば現代の日本人の、生まれると神道の儀式であるお宮参りを済ませ、結婚する時はキリストに誓いを立て、そして死んだら仏式の葬式を挙げて戒名をもらうのも、古代からの自然な行いともいえる。

次の第三十代敏達（びだつ）天皇は、疫病が流行したことから物部守屋（もののべのもりや）らの意見を取り入れ、今度は逆に仏法を止（や）めるように指示した。そして蘇我馬子（そがのうまこ）が建てた仏殿などは焼き払われた。ところが次の第三十一代用明（ようめい）天皇は、蘇我稲目の娘の堅塩姫（きたしひめ）を母に持つ初の蘇我系天皇であり、天皇として初めて仏教受容の意思を明らかにした。用明天皇から推古天皇までの三代は、蘇我系の天皇が四十三年間続くことになる。

用明天皇治世では蘇我氏と物部氏の対立はいよいよ激化し、用明天皇二年（五八七）に天皇が崩御となると皇位を巡る対立も加わり、遂に馬子は守屋の本拠地に攻め込んだ。争いの結果、物部氏は滅亡し、第三十二代崇峻天皇が即位した。そして蘇我氏の全盛期を迎えることになる。

前方後円墳に埋葬された最後の天皇は敏達天皇で、河内磯長中尾陵（太子西山古墳）である。次の用明天皇の河内磯長原陵（春日向山古墳）は方墳、次の崇峻天皇の倉梯岡陵は円墳（方墳の赤坂天王山古墳とする説あり）、次の推古天皇の磯長山田陵（山田高塚古墳）は方墳で、次の第三十四代舒明天皇の押坂内陵（段ノ塚古墳）は八角墓で、その後は八角墓が多くなる。

前方後円墳は徐々に形成されたのではなく、三世紀初頭にいきなり出現したことは既に示したが、終焉もまた同じで、七世紀初頭にいきなり終息し、以降は全国的に築造されなくなる。

この後は、分権的な政治体制から中央集権体制へ移行していく。これが、古墳時代が終わり飛鳥時代に入ることの意味である。それには、唐と新羅が連合を組んだことで、日本の朝鮮半島への影響力が低下したことが関係あると思われる。半島南部は日本が必要とする鉄の産地であり、半島の権益を失うことは、重大な意味があった。このような国際情勢の変化に対応するため、中央集権を目指したと考えられる。

5 飛鳥時代

❖古墳時代から飛鳥時代へ

飛鳥に宮都が置かれていた崇峻天皇五年（五九二）から和銅三年（七一〇）にかけての一一八年間を飛鳥時代という。主に飛鳥の地に都が置かれていたことから、そのように呼ばれている。この時代、大和朝廷が中央集権を実現させ、律令国家になることを目指した。

六世紀から七世紀にかけては、古墳が小型化し、大規模な古墳は造られなくなり、七世紀に入ると古墳は衰退し、ほとんど造られなくなる。大陸から仏教が伝わったことで、豪族が古墳に代わって氏寺を建てるようになったこと、そして大化二年（六四六）に出された「大化の薄葬令」によって、豪族の古墳造営が厳しく制限されたことなどによる。公地公民制が採用されたため、豪族たちが私民と私財を使って古墳を造ることが困難となった。

大化の薄葬令が出された後も、天皇や皇族の古墳は造られた。ただし、これまでの前方後円墳ではなく、形も方墳に変化し、墳丘の大きさも一辺五〇メートル程度まで小さなものになる。隋と唐の皇帝陵が方墳だったことが影響していると思われる。

そして、七世紀中頃からは形式が変化し、正八角形の八角墳が造られるようになる。八角墳は天皇固有の特別な古墳と考えられている。八角形は、支那の道教思想の影響と見られる。天皇の即位礼で用いられる玉座の高御座も八角形である。例えば、京都市山科区の天智天皇陵（山科陵、御廟野古墳）や奈良県明日香村の天武・持統天皇合葬陵（檜隈大内陵、野口王墓古墳）などが八角墳として有名である。また、石室内の壁面に絵や文様が描かれた壁画古墳も造られるようになる。畿内の壁画古墳には、明日香村の高松塚古墳とキトラ古墳などがある。現代においても、天皇は古墳文化を踏襲した御陵に埋葬されている。明治天皇陵は京都市、大正天皇陵と昭和天皇陵は東京都にあり、いずれも上円下方墳である。また、氏寺は氏族の族長などが自ら建立して一族の帰依を受けた仏教の寺院で、蘇我氏の飛鳥寺、秦氏の広隆寺、藤原氏の興福寺などがある。

七世紀の東アジアは大変革の時代だったため、日本が一刻も早く強靭な国家体制を作り上げる必要があった。七世紀は、支那大陸では隋が滅んで大帝国の唐が樹立され、朝鮮半島では六六〇年に百済が滅亡し、六六八年には高句麗までも滅亡した動乱の世紀である。この厳しい時代の中で、優秀な人材を登用して、国力を高め、短期間の内に強い国を作り上げなくてはならず、律令国家の構築を目指した。

❖臣下に殺害された天皇

古代には多くの姓（かばね）があったが、中でも朝廷での身分が高いのが臣（おみ）と連（むらじ）である。『記』『紀』の系譜によると臣は天皇と同祖である皇別氏族、連は天皇と別祖である神別氏族と読み取ることができる。臣には蘇我氏、平群（へぐり）氏、葛城（かずらき）氏、春日（かすが）氏、出雲（いずも）氏、吉備（きび）氏など、連には大伴（おおとも）氏、物部（もののべ）氏、中臣（なかとみ）氏、忌部（いんべ）氏などがある。臣は天皇から分かれたため姓がなく、その一族の本拠地の地名を姓に充て、連は職業集団なので職業名を姓に充てることを原則とする。『古事記』には歴代天皇との縁戚関係にある二〇〇以上の氏族が列記されていることは古墳時代で述べた通りである。

当初皇室は、祖先神である三輪山（みわやま）の大物主神（おおものぬしのかみ）を守り神としていたが、各氏族にもそれぞれ信仰する神があった。天皇中心の中央集権国家を作るためには、それらの神々を一つの神話に統合する必要があったと思われる。神別氏族の先祖たる神も、遡れば皆親戚とされたのである。しかし、それは単なる創作ではなかった。西洋と異なり日本では神とは先祖のことを意味する。島国日本では、日本人の遠い先祖同士が血族であるのは当然のことであり、そのこと自体に創作はない。

さて、物部氏を滅ぼした蘇我馬子（そがのうまこ）は、強い政治権力を手中に収め、馬子の後押しによって第三十二代崇峻天皇が即位した。ところが崇峻天皇は蘇我系であるにもかかわらず、何と馬子によって暗殺されてしまう。天皇が臣下の者に命を奪われるというあるまじき事態が起きた。一二六代の歴代天皇の中で、暗殺された天皇として正式に記録されるのは、第二十代安康天皇と崇峻天皇の二方のみだが、首謀者から下手人まではっきりと記録されているのは崇峻天皇だけである。

政治権力の絶頂にいた馬子は、天皇に対して専横な態度を取るようになり、崇峻天皇も馬子に対して反感を持つようになっていた。『日本書紀』によると、ある日、崇峻天皇が献上された猪を前に「いつの日かこの猪の首を斬るように、自分の憎いと思う人の首を斬りたいものだ」と言ったのを聞き付けた馬子は、それが自分のことであると悟り、一族と謀って天皇を殺めることを決め、崇峻五年（五九二）十一月三日に天皇を暗殺し、即日、倉梯岡陵（奈良県桜井市）に葬ったという。崩御日に埋葬された歴代天皇は他にいない。馬子は崇峻天皇の伯父に当たる。

しかしながら、おかしなことに天皇暗殺の首謀者である馬子には罪を追及された跡がない。天皇を殺しておいて何のお咎めもない。それどころか馬子は、崇峻天皇の次に自らの姪に当たる第三十三代推古天皇を即位させ、推古朝の末年まで大臣として政治の頂点に君臨した。

崇峻天皇が殺害された主要な要素は二つある。一つは、第三十代敏達天皇の皇子である竹田皇子（生母は推古天皇）が没したこと、もう一つは崇峻天皇の妃が連の大伴氏の出身で、その子供は皇統の担い手として相応しくないとされたことである。

元々は、敏達天皇の次は竹田皇子が継承するのが既定路線だったが、敏達天皇の崩御時に竹田皇子がまだ子供だったため、中継ぎとして敏達天皇の弟の第三十一代用明天皇を擁立した。しかし、用明天皇が二年で崩御となり、さらに下の弟の崇峻天皇を擁立した。ところが、竹田皇子が薨去となり、敏達天皇の皇子が皇位を受け継ぐ前提が崩れてしまったのである。竹田皇子の没年は記録されていないが、次の推古天皇の太子（皇太子）となっていないことから、既に崇峻治世で亡くなっていたと推定される。すると、蘇我氏としては、用明天皇の子である厩戸豊聡耳皇子（聖徳太子、生母は用明天皇皇后穴穂部間人皇女）を擁立するしかなくなった。厩戸皇子の生母は蘇我系だった。

当時の皇位継承は、父系の原理だけでなく、生母の出身家の格式も重要だった。もし崇峻天皇の子が次に即位したら、生母の家格が低い天皇が成立することになり、そうなったら、これまで皇后を出すことで天皇の外戚として権勢を揮ってきた、蘇我氏の独占的地位が失われることを意味する。皇后を出せるのは皇族か皇別氏族に限られていた。そうすると崇峻天皇を消すことが、蘇我氏にとって必要だったことになる。そして、その方針は、朝議を構成する群臣も、公然、あるいは暗黙の内に認めるところだったと思われる。平安時代だったら、崇峻天皇は退位させられて余生を送れただろう。しかし、当時は譲位の先例がなく、馬子にはそのような手法が思い付かなかったのではないか。

崇峻天皇暗殺事件は、蘇我氏の権力の強さよりも、群臣の了解の下で消されてしまう天皇の立場の弱さを象徴する出来事だったといえる。崇峻天皇暗殺により、第二十九代欽明（きんめい）天皇の皇子は全員いなくなり、次の世代で天皇の選定を行うことになった。

❖東アジア初の女帝誕生

崇峻天皇が崩御したあとに、群臣の要請を受けて即位したのが第三十三代推古（すいこ）天皇（欽明天皇皇女、敏達天皇の皇后）である。我が国最初の、そして東アジア最初の女帝である。崇峻天皇と推古天皇と、推古天皇の夫の敏達天皇は、いずれも欽明天皇の子であり、異母兄弟である。推古天皇と敏達天皇は兄妹間の婚姻だった。

では、なぜ女帝が誕生したのだろう。それは皇位を巡る争いを避けるためだと考えられる。崇峻天皇は皇后を立てていなかったので、家格の低い庶系の皇子しかいなかった。一方、崇峻天皇の兄である用明天皇と敏達天皇にはそれぞれ嫡嗣たる皇子があり、中には敏達天皇の皇子である押坂彦人大兄皇子（おしさかのひこひとのおおえのおうじ）（生母は皇后広姫（ひろひめ））と用明天皇の皇子である厩戸皇子が有力な候補だった。当然、馬子は蘇我系の厩戸皇子を推すことになる。

この時代はまだ皇太子の制度が確立していない。崇峻天皇は後継者を決めていなかったため、混乱が予想された。そこで皇位を巡る争いを避けるために白羽の矢が立ったのが推古天皇だった。今までとは別の原理に基づいて皇位継承者を定めることで合意が成立したと見られる。推古天皇は敏達天皇の皇后、しかも欽明天皇の皇女であり、年齢も満三十八歳と若手同士の後継争いからすると達観した位置にあった。推古天皇が即位したことで皇位継承の問題は先送りされた。

推古女帝の誕生はこのような大義名分の上に成立したが、実際は馬子が厩戸皇子を皇位継承者に位置付けるために描いた絵と考えてよい。推古天皇の母は蘇我稲目（そがのいなめ）の娘であり、推古天皇は馬子の姪に当たる。馬子は早い段階から厩戸皇子の卓越した能力を見初（みそ）めていた。厩戸皇子は聖人の如き知恵の持ち主で、『日本書紀』によると、厩戸皇子は一度に一〇人の請願者の訴えを漏らさず聞き分けたという。これは、同時に言った言葉を聞いたのではなく、多くの人が言うことをそれぞれ聞き分けて的確に対応したという、政治家としての器の大きさを伝えようとする言い伝えだと思われる。

『日本書紀』は、推古天皇が即位して四カ月後の推古元年（五九三）四月、厩戸皇子を太子（ひつぎのみこ）としたと記す。以降は聖徳太子（しょうとくたいし）と称することにしたい。推古天皇の即位と聖徳太子の立太子は一体のものだったと考えられる。聖徳太子は、天皇の代行者として国事を行う事実上の摂政として機能した。健康な天皇の元で天皇の代行者が立つことは前例がなく、女帝の元でこそ初めて可能だった。我が国初の女性天皇である推古天皇は、天皇の位を巡る争いを回避する大義の元で成立し、緩衝材となり、また同時に次の皇位継承者を導き出す役割をも担ったのである。

我が国の皇統の歴史において、女性天皇は推古天皇を含めて八方十代（重祚が二例ある）の例が見られる。しかし、女性天皇は一代に限られ、その次は必ず本流に戻すことを常とし、女性天皇の子の資格で皇位を受け継いだ事例はない。

推古天皇は女性だが、欽明天皇の娘であるから「天皇を父に持つ者」として皇位を継承した。歴史上の女性天皇はいずれも、歴代天皇の男系の子孫である。男系継承とは、「父が天皇」あるいは「父の父が天皇」もしくは「父の父の父が天皇」というように、歴代天皇の男系の血筋を受け継いだ者が皇位を継承することを意味する。初代から現在の天皇陛下に至るまで、皇位は例外なく男系により継承されてきた。天皇の皇位継承の原理は「血統」である。また、推古天皇の即位は、皇位継承者の不在が原因ではなかった。むしろ、複数の皇子がいて、皇位継承の混乱を防ぐために中継ぎ役として即位したことを確認しておきたい。

❖聖徳太子の新政

かつては、聖徳太子が完全に天皇を代行し、蘇我氏を抑え込んで自らの政治を行ったように理解されていたが、近年は、蘇我馬子とも協調し、推古天皇―聖徳太子―蘇我馬子の三人による協調体制で政治が行われたと理解されている。聖徳太子の政治は、主に、遣隋使、冠位十二階の制、十七条の憲法の三つを挙げることができる。

劉宋の皇帝から倭王武と呼ばれた雄略天皇が、支那王朝への朝貢を中止してから一世紀以上の月日が流れた。支那は宋が滅亡してから暫くは複数の王朝が並立する南北朝時代が続き、隋が統一を果たしたのが五八九年のことだった。支那が一つの国に統合されたのは約三〇〇年振りのことで、約一五〇年続いた南北朝時代に終止符が打たれた。強大な軍事力により隋の天下が成立したことで、統一前から隋に朝貢していた高句麗は固より、これまで朝貢していなかった新羅も早速朝貢した。しかし、支那王朝との関係を絶っていた日本は、隋が天下統一しても十一年の間、使節を送ることなく放置した。

隋が成立して間もなく即位したのが推古天皇だった。聖徳太子は、推古八年（六〇〇）になって、ようやく隋に第一次遣隋使を派遣した。日本が支那に使節を送ったのは実に一二二年振りのことである。朝鮮半島での影響力を保つことと、先進文化を摂取することが目的だった。

朝鮮半島では四世紀から五世紀にかけて、高句麗、新羅、百済が分立し、半島の南端には任那、加羅を中心とする伽耶諸国があった。伽耶諸国は、日本と支那、朝鮮の窓口ともいえる重要な地域で、大陸の文化が日本に伝わり、また朝鮮の鉄が日本に運ばれるための交通の要衝でもあった。しかし、六世紀に高句麗が南下し始めると、百済と新羅が南に侵攻し、任那加羅と大加羅が相次いで新羅に併合され、伽耶諸国は全て滅ぼされた。

伽耶諸国は弥生時代から日本と深い関係があり、多くの日本人が住み、日系の豪族もいた。伽耶諸国が新羅に併合されたことは、日本が朝鮮半島への足掛かりを失ったことを意味する。日本は新羅との戦争の準備を始め、推古八年に朝鮮に出兵した。日本が朝貢を久方振りに再開したのはこの年である。日本が交戦する新羅が隋の冊封を受けたため、日本が隋に朝貢しなければ、新羅を攻めることは間接的に隋を攻めることと見なされてしまうからである。遣隋使の目的の一つは、朝鮮半島での影響力を保つことだった。

だが、推古八年の第一回遣隋使は隋の正史『隋書』倭国伝に記載があるも、『日本書紀』には記述がない。『日本書紀』の編纂者は『隋書』を参照しているため、この記述を知らないはずはない。意図的に記述しなかったものと思われる。『隋書』によると、「倭王」が使節を派遣してきて、政治の在り方を「倭王は天を兄とし、日を弟とする」などと語ると、隋の文帝（ぶんてい）は「これはなはだ義理無し」と軽くあしらったという。この時、日本は隋の大帝国としての強さと、最先進国としての文化水準の高さを思い知らされたようである。使者が無冠だったことも一つの原因だと考えられる。当時、日本には位階の制度がなかった。

そこで聖徳太子は、日本が国家として存続するために、隋から先端の文化と制度を取り入れるも、「朝貢すれども冊封は受けず」という対等な地位を築く方針を固めたと見られる。そのために必要なことは中央集権国家を作ることだった。聖徳太子は、先ず国内の改革に取り組んだ。

聖徳太子は、推古十一年（六〇三）に冠位十二階の制を定めた。これは、役人の位を十二段階に分け、冠の色で識別できるようにし、さらに従来の出生により職業が決められていた制度を改め、優れた人材を役人に登用できるようにしたものである。我が国において、個人を功労によって昇進させる制度がここに初めて成立した。これにより、氏姓制の門閥を打破するだけでなく、海外に派遣する使節の地位を明確にすることができるようになった。

冠位十二階は、徳目と色で十二の位を設定した。徳目は高い方から「徳（とく）、仁（にん）、礼（らい）、信（しん）、義（ぎ）、智（ち）」で、それぞれ大小あって計十二となる。よく支那の制度を日本に輸入した、あるいは支那の模倣と言われるが、それは違う。支那の儒教では「仁、義、礼、智、信」であるから、最高位の「徳」は日本独自の徳目であり、順序も日本独自のものに改編している。「徳」には紫色が充てられた。ところで、先の大戦の終結後に華族制度が廃止されたが、聖徳太子が制定した位階の制度はその後も存続し、現在も続いている。

そして、聖徳太子は推古十二年（六〇四）、役人の心構えと理想の国家像を示した『十七条の憲法』を定めた。第一条には従来日本人が大切にしてきた「和の精神」の大切さが書かれている。

「和を大切にし、いさかいを起こさないように心がけなさい。人は集団を作りたがるもので、人格を備えた人は少ない。だから、君主や親に従わず、近隣の人たちと揉めごとを起こすものである。しかし、上の者も下の者も協調と親睦の気概を持って議論すれば、おのずと道理にかなった結論を得ることができ、何事も成就する」（『日本書紀』十七条の憲法第一条、現代語訳）

特に第一条が有名だが、それ以外にも、訴訟は公明に行うべきこと、民から不当に搾取してはいけないこと、誠実に職務に取り組むべきこと、自分と違う意見に立腹しないこと、物事は独断で決めず必ず多くの人と議論して決めるべきことなど、多岐に亘る。また、第一条は神道の和の精神だが、第二条では仏教を敬うべきこと、また第三条では「承詔必謹」（詔を承ったら必ず謹んで従いなさい）という儒教の精神を掲げている。聖徳太子は、このように神道、仏教、儒教の考え方を条文に配置した。十七条の憲法は、日本最古の理論的政治思想を示す文章で、ここに示された規範は、歴史的に継承され、後に五箇条の御誓文に受け継がれていく。我が国の歴史上「憲法」と名の付く規範は、十七条の憲法と、大日本帝国憲法、そして、それを改正した日本国憲法しかない。

❖支那王朝との対等外交を目指した聖徳太子

そして推古十五年（六〇七）、小野妹子が第二回遣隋使として隋に派遣された。第二次遣隋使は『日本書紀』『隋書』共に記載がある。推古天皇が隋の煬帝に宛てた国書は余りに有名である。『隋書』の記述を読み下し文にすると次のようになる。

「使者曰く『聞く、海西の菩薩天子、重ねて仏法を興すと。故に遣わして朝拝せしめ、兼ねて沙門（僧侶）数十人来たりて仏法を学ばしむ』と。其の国書に曰く『日出ずる処の天子、書を日没する処の天子に致す。恙無きや云々』と。帝（煬帝）、之を覧て悦ばず、鴻臚卿（外交関係の事務を扱う大臣）に謂いて曰く『蛮夷の書、無礼なる者有り。復た以って聞する勿かれ』と。明年、上（煬帝）、文林郎（役職名）、裴世清を遣わして倭国に使いせしむ」（『隋書』倭国伝、第二回遣隋使、読み下し文）

冊封を求める代わりに、留学生たちに仏教を学ばせて欲しいというのが日本の要求だった。支那王朝の皇帝のみが使用できる「天子」の称号を自ら用い、また本来は「奉る」とすべきところを「致す」として、日本の天皇（当時はまだ「天皇」は名乗っていない）と隋の皇帝が同等であることを示した。これは、隋と対等な外交関係を樹立することを目指したもので、隋の臣下になることを拒んだことを意味する。この国書を見た隋の煬帝は激怒し、外交担当官に、蛮夷の書で無礼なものは今後上奏しないように指示した、と『隋書』は伝える。

しかし、隋は「朝貢すれども冊封は受けず」という日本の姿勢を受容した。それはなぜか。時に隋は朝鮮の高句麗と交戦中であり、日本は高句麗の先に位置するため、「遠交近攻」の論理から、日本と友好関係を保つことに意を注ぎ、日本と高句麗が連携するのを避けようとしたことが原因だと思われる。もちろん、聖徳太子はそのことを計算していたに違いない。

支那から冊封を受ける国の王は、支那皇帝から姓を与えられる。日本の大王もかつて「倭（わ）」という姓を与えられていたと見られる。日本は律令国家を成立させる過程で支那の姓の制度を積極的に取り入れていくも、日本が冊封体制から抜け出したことにより、大王は自ら姓を持たず、氏姓を与える存在になった。そして現在に至るまで、皇室には姓がない。

小野妹子は皇帝から授けられた天皇宛の国書を持って帰国するが、『日本書紀』によると、妹子はその国書を、途中で盗まれて失くしてしまったという。煬帝からの国書は、天皇からの国書の非礼を糾弾するような内容だったのではないかと推測できる。国書を失くすという大きな失態を犯しておきながら、妹子は罪を問われていない。それどころか翌年、再び遣隋使として隋に派遣される。そのようなことから、妹子は聖徳太子らと事前に協議して国書の内容が余りに酷いので「盗まれたこと」にしたと見られる。煬帝からの国書はなかったも同然となった。

そして次に問題になったのが、推古十六年（六〇八）の第三次遣隋使である。前回皇帝の怒りをかったため、再び「天子」を用いると外交が断裂する恐れもあった。とはいえ「倭国王」の称号を貰い受けて、隋の属国になることはできない。『日本書紀』によると、この時の国書には「東の天皇、敬（つつし）みて西の皇帝に白（もう）す」という文面が用いられたという。皇帝と別の名称を用いることで、隋への最低限の配慮を示したと見られる。結局、隋に日本が冊封を受けずに朝貢することを黙認させることになった。外交文書に「天皇」の文字が使われるのは、記録上、これが最初である。ただし、「東の天皇」の国書は隋の史料にはないため、実在自体が疑問視されるが、隋側で都合が悪いために記述しなかった可能性もある。

ところで、天皇号の始まりについては諸説ある。法隆寺金堂（ほうりゅうじこんどう）の薬師如来像後背銘（やくしにょらいぞうこうはいめい）に「天皇」の文字があり、その像が造られた七世紀初頭の推古朝には天皇号が用いられていたと指摘されてきたが、この像の年代については七世紀末とも主張されるようになった。その後、平成十年（一九九八）に飛鳥池（あすかいけ）遺跡出土の木簡に「天皇」の文字があったことで、遅くとも七世紀後半の天武・持統朝までには用いられていたことが判明した。天皇号の使用開始は、推古朝と天武・持統朝とを巡って、まだ議論が続きそうである。

他方、「天皇」は元々あった「すめらみこと」の言葉に充てられた字であるから、天皇号成立より遥か前には「すめらみこと」の言葉とその概念は成立していたと見なければならない。

このようにして「朝貢すれども冊封は受けず」の外交が先例となり、慣習として定着していく。六一八年に隋が滅亡するまで、遣隋使は第五次を数え、その間に日本は先端文化を貪欲に摂取していった。

その後、高句麗との度重なる戦に疲弊した隋は六一八年に滅亡した。唐が成立すると、六二四年に、朝鮮三国は揃って唐の冊封を受けたが、日本は暫く傍観した。

❖「臣、罪を知らず」

事実上の摂政として政務を取り仕切ってきた聖徳太子は、推古天皇の次に即位するはずだったが、推古天皇より先に太子のまま薨去（皇族または三位以上の貴人が亡くなること）となった。その死の原因について『日本書紀』は何も語っていない。その後、推古天皇が崩御となると、聖徳太子が既に没していたため、またしても後継者争いが起こった。推古天皇より少し前に蘇我馬子も死去し、子の蘇我蝦夷が大臣になっていた。

皇位継承は、押坂彦人大兄皇子の子である田村皇子と、聖徳太子の子である山背大兄王が有力視された。『日本書紀』によると、推古天皇は病床で田村皇子に「天位に就いて大業の基礎を治め、国政をしらすことは、安易に言うものではない。慎重に考え、軽々しいことを言ってはいけない」と、また山背大兄王には「お前は未熟である。心に望むことがあっても口にせず、必ず群臣の言葉を待って従いなさい」と諭したという。

推古天皇が田村皇子を後継者に決めたのは、田村皇子の方が年長であることと、非蘇我系の葛城王（後の天智天皇）と、蘇我系の古人大兄皇子の二人を儲けていたことが関係していると見られる。つまり、田村皇子には、将来の皇位継承で、蘇我系と非蘇我系の両方の選択肢が取り得るという優位性があった（倉本一宏『蘇我氏』二〇一五）。当初群臣の間で意見は分かれたが、最終的には田村皇子を推すことで合意が形成され、第三十四代舒明天皇が即位した。

日本が第一次遣唐使を送ったのは、舒明二年（六三〇）のことだった。唐の正史『旧唐書』には、皇帝が、道のりが遠いので毎年朝貢しなくてもよいと述べたこと、そして、皇帝が、帰国する遣唐使に使者を随伴させたところ、日本で「王子」と礼を争って諍いを起こし、皇帝からの国書を伝えない内に帰国したという奇妙な記事がある。これは、遣唐使が冊封を受けることを拒んだ結果ではないかと考えられる。そして、隋と同じように唐とも「朝貢すれども、冊封を受けず」の地位を確保した。その後、現在まで日本が支那の冊封体制に組み込まれたことはない。

舒明十三年（六四一）に舒明天皇が崩御となると、後継を巡って再び紛議が起こり、山背大兄王に即位の可能性が生じたが、また蝦夷がこれを妨害し、舒明天皇の皇后を立てて第三十五代皇極天皇とし、二番目の女帝が誕生した。蘇我氏の権勢は、皇極天皇即位で一層強いものとなり、絶頂期を迎えていた。

蘇我蝦夷が息子の蘇我入鹿に大臣の位を譲り渡すと、入鹿は斑鳩宮に火を放ち、山背大兄王を襲撃した。『日本書紀』は、入鹿は山背大兄王を殺害し、舒明天皇の皇子で蘇我系の古人大兄王を天皇に擁立しようとしたと記す。これにより、聖徳太子家は二代目にして滅亡した。

そして迎えたのが運命の皇極天皇四年（六四五）六月十二日である。この日は飛鳥(あすか)板蓋宮(いたぶきのみや)の大極殿(だいごくでん)で高句麗、百済、新羅の使者を迎えて三韓進調の儀式が行われることになっていた。『日本書紀』に記されたここでの出来事はよく知られている。

皇極天皇の嫡子である中大兄皇子(なかのおおえのおうじ)は中臣鎌足(なかとみのかまたり)と謀り、儀式の最中に蘇我入鹿に斬りかかる計画を立てていた。豪族の世襲職制と私地私民制を廃し、天皇を中心とした中央集権国家を形成するためだった。暗殺の実行が宮中の儀式とされたのは、進調の儀式には必ず天皇の出御(しゅつぎょ)があり、入鹿も必ず出席すること、また宮中の儀式故に入鹿は帯剣せずに丸腰であることがその理由である。

儀式が始まり、天皇の前で上表文が読み上げられると、中大兄皇子は剣で入鹿の頭と肩を斬り付けた。入鹿は皇極天皇の御座にすがり「当(まさ)に嗣位(ひつぎのくらい)に居(ましま)すべきは、天子(あめのみこ)なり。臣(やつこ)、罪を知らず」と自らの無実を訴えたが、中大兄皇子が天皇に、入鹿が皇位を狙っていたことを述べると、天皇は奥へ入って行き、入鹿にはとどめが刺された、という。

これが乙巳(いっし)の変である。翌日には蘇我蝦夷も自害に追い込まれ、権力の絶頂にあった蘇我氏は、逆臣の汚名を着せられ、以降、完全に没落することになる。しかし、ここで没落したのは蘇我氏の宗家であり、入鹿暗殺に協力した蘇我氏の傍系の蘇我石川麻呂は存続することになる。

変の翌日には皇極天皇が日本史上初となる譲位を実行し、同母弟の軽皇子が即位して第三十六代孝徳天皇となった。従来、天皇は終身制であり、崩御まで在位しなければならず、天皇の人選は天皇亡きあとに群臣たちの合議によって決められた。しかし、譲位が実行されたことで、天皇が自ら後継者を定め、天皇の地位の自立性が確立した。推古天皇の即位が、聖徳太子に皇位を受け継ぐことを意図して行われたのと同じで、皇極天皇の即位も中大兄皇子に皇位を伝えることを前提としていた。しかし、中大兄皇子は数えで二十歳と若く、これまで三十歳未満で即位した事例がないため、中大兄皇子の叔父に当たる軽皇子が皇位を担うことになったと思われる。

『日本書紀』は、中大兄皇子の言葉を引用して、入鹿が皇位を狙っていたことを乙巳の変の原因としている。しかし、本当に入鹿が謀反を企んでいたかについては、疑問が呈せられていて、現在では入鹿による皇位簒奪の意図はなかったという見解が示される他、皇位を受け継いだ軽皇子が首謀者であるという説や、蘇我氏と中大兄皇子で外交路線を巡る対立があったという説、そして、天皇中心の律令国家を建設する上で蘇我氏の存在が邪魔になったという説など、様々な見解が提示され、定まらない。

この年、孝徳天皇は日本で最初の元号である「大化」を定め、「大化元年」とした。かつて支那王朝の皇帝は時間の支配者と観念されてきたので、元号の制定は皇帝の責務だった。日本が独自の元号を定めたのも、支那王朝の冊封から独立した日本の意思だった。現在元号を使用している国は、世界で日本だけである。

そして、翌六四六年に「改新の詔」が出された。これは、天皇に権力を集中させ、唐を規範とした律令国家を作ることを目指したもので、公地公民制が採られ、班田収授法が示された（施行は六七〇年以降）。これにより、戸籍に基づいて口分田が与えられ、死ぬと国に返還することになった。税は租、庸、調の三種類があり、租は田の広さによって米を納めること、庸と調は男性の年齢によって一人当たり米や布、あるいは特産物を納めることが決まっていた。労役が課されることもあった。租は地方の財源に用いられ、また庸と調は中央の財源とされた。このようにして、蘇我氏の政治から、天皇を中心とした政治に移行することになったのである。こうした一連の国政改革を大化の改新という。これにより、聖徳太子が目指した律令国家への道に立ち戻ることができた。公地公民による中央集権化は、唐の律令国家を手本としたものだった。

大化の改新は、中央集権化して律令国家建設を目指すための政治改革だった。ここから逆算すると、律令国家を作るには天皇に権力を集中させる必要があり、やはり蘇我氏の存在が障壁となったと見える。律令国家を建設するという大義名分と、実力者たちの権力闘争が複雑に絡み合って乙巳の変に至ったのは間違いないだろう。

❖百済滅亡と白村江の戦いでの敗戦

孝徳天皇が即位すると、中大兄皇子が太子（ひつぎのみこ）となり、阿倍内麻呂（あべのうちまろ）を左大臣、蘇我石川麻呂を右大臣とした。従来は大臣が一人だけだったが、左大臣と右大臣に分けて二人体制としたのはこの時が最初である。そして中臣鎌足を内臣（ないしん）とした。確かに、政治権力が大臣だった蝦夷や馬子に集中する体制から、大きく変化したといえる。

その後も次々と改革が進められたが、やがて孝徳天皇と中大兄皇子との間に溝が生じて政権が分裂し、中大兄皇子は譲位した皇極天皇（当時は「上皇」の尊号はなかった）ら多くの皇族を引き連れて飛鳥河辺行宮（あすかのかわべのかりみや）に移り、公卿と百官らもこれに従った。孝徳天皇は難波（なにわ）で失意の内に崩御となる。次に即位したのは第三十七代斉明（さいめい）天皇、かつての皇極天皇である。元天皇が再び即位することを重祚（ちょうそ）という。皇極・斉明天皇は譲位の初例となっただけでなく、重祚の道も開いたことになる。

その後、朝鮮半島の情勢が一変する。斉明六年（六六〇）、唐・新羅連合軍が日本の友好国である百済を攻め滅ぼした。しかし、各地に残った百済の武将らは、百済国の復興への思いを捨てず、日本に援軍を求め、かつて人質として日本に送った百済国の王子余豊璋（よほうしょう）を送還するように求めてきた。斉明天皇は百済からの使者に援軍派遣を約束した。

斉明天皇は自ら軍を率いて九州の朝倉宮に至るが、天皇はそこで病に罹り、あっけなく崩御してしまう。この時、太子の中大兄皇子は、即位せずに天皇の職務を代行する称制を取る。内外の情勢が不安定だったことが、即位しなかった理由とされる。

そして日本は、百済の復興を支援するために、大軍を朝鮮半島に差し向け、唐・新羅連合軍と戦った。初め、日本・百済連合軍は勢い付いて唐を退却させる場面もあったが、百済軍に内乱が起き、結局、敗退の路線を進んだ。そして日本の水軍は天智天皇二年（六六三）白村江に至り唐の水軍との決戦に挑むも、大敗した。これが白村江の戦いである。日本軍の生き残りは百済の亡命希望者を引き連れて帰国した。日本は敗戦により、朝鮮半島への影響力を失い、百済再興の望みは潰えた。

中大兄皇子は唐・新羅連合軍が日本に侵攻することを想定し、九州に防人を置いて、水城（大宰府に築かれた土塁と濠）や朝鮮式山城（山に籠って戦うための城）を築くなど、西日本から北九州にかけて戦の備えを固めた。だが唐は百済を滅ぼしたあと、高句麗を攻めたため、唐には日本を攻める余裕はなく、日本での決戦は行われなかった。天智六年（六六七）、中大兄皇子は飛鳥から近江に都を移し、翌天智七年（六六八）、近江大津宮で即位し第三十八代天智天皇となった。

この年、唐・新羅連合軍は高句麗を滅ぼした。百済と高句麗が相次いで滅亡したことで朝鮮半島から多くの難民が日本に押し寄せた。中には王族や貴族も含まれていたという。古代における最大級の渡来人の集団移住である。日本は百済の人たちを迎え入れ、百済の文化を積極的に取り入れて活用した。特に国の運営については多くを学び、律令国家の整備を加速させることになった。百済の貴族の中でも才能のある者は、朝廷で官人として登用され、中央集権国家を構築する上で大きく貢献することになる。

ところで、弥生時代の弥生人と現在の日本人は同一ではない。原日本人と大陸系、半島系帰化人との混血が進んだ結果が、現在の日本人である。よって、弥生人も帰化人も、日本人の先祖なのである。とすれば、百済の滅亡によって日本に亡命してきた飛鳥時代の帰化人と、現在の日本で「在日」と呼ばれる人は、日本に来た時期が異なるだけで、本質的には同じではあるまいか。今後混血が進むと、将来の日本人の先祖となるのであり、それは「日本人」にほかならない。

❖皇位継承問題から発展した壬申の乱

中大兄皇子はおよそ七年の称制の間、中央集権化を推し進め、その上で即位に踏み切った。天智天皇は即位と共に専制君主としての力を更に強め、律令国家の建設を進めた。

中でも庚午年籍（戸籍）が整備されたことは、後の戦争のあり方を大きく変えた。天皇が全ての民衆を把握することで、物資や労働力だけでなく、大規模な兵の調達も可能となり、大がかりな戦争を遂行することが可能になったからである。そして間もなく、我が国の古代において最大規模の戦乱である、壬申の乱に突入することになる。

ヤマト王権から始まった大王の歴史は天智天皇で転換期を迎え、大王がこれまでにない強い権力を保持することになる。実質的な性格としては、この時期までに大王から天皇へ移行したと考えてよい。ところが頂点に上り詰めた天智天皇は、即位後に大きな問題に直面した。皇位継承問題である。

天智天皇は余り子供に恵まれなかった。晩年までに成人した男子は、地方豪族の娘を母に持つ大友皇子ただ一人だった。天智天皇の皇后は古人大兄皇子の娘の倭姫王で、この二人の間に子があれば、壬申の乱は起きていなかったと思われる。天智天皇の弟の大海人皇子は、天智天皇と同じく斉明天皇を母に持つ。当時は母親の出自が問われたため、大海人皇子が継承者となる条件を満たしていた。即位から三年後の天智十年（六七一）、天智天皇は大友皇子を太政大臣とした。この任命は、大友皇子を後継者にしたことを示す意図があったと見られている。しかし、同年、天智天皇は病に倒れた。

古代において皇位継承では、息子よりも弟が優先される傾向があった。母親の家格、大王としての器、世代、年齢などが要素となる。だが、新たな段階の皇位継承の原則を作る必要があった。天智天皇は、父子間の直系継承を権力委譲の原則にしようとしたと思われる。

そして大友皇子は、大海人皇子の娘、十市皇女と結婚していることに注目しなくてはいけない。少なくとも二人の結婚は、天智天皇と大海人皇子の両者が合意して決まったのであり、大友皇子と十市皇女の間に生まれた葛野王こそ、天智天皇と大海人皇子の両方の血を引く存在だった。大友擁立について天智天皇と大海人皇子との間で合意が成立していた、との見方もある。

『日本書紀』は、発病して死期を悟った天智天皇が、大海人皇子を病床に呼んで、皇位を継承するように打診したと記す。この時、大海人皇子は固辞し、倭姫王が即位して大友皇子に国政を執らせるべきと述べ、出家を申し出た。天皇がそれを許すと大海人皇子は、内裏仏殿の前で髪を剃り、吉野に向かった。

『日本書紀』は後年に第四十代天武天皇（大海人皇子）が編纂を命じたものであり、壬申の乱についての記述は大海人皇子の挙兵の正当性を説明する意図があることは明白だが、記述の中から読み取れることは多い。大海人皇子が出家して吉野宮に向かう際、途中まで見送りに出た朝廷の重臣らは、宇治橋を渡った大海人皇子の姿を見て「虎に翼をつけて野に放つようなものだ」と言ったと『日本書紀』は書き残す。重臣らは大海人皇子の後ろ姿から、皇位への野望を感じたのだろう。天武天皇に有利なように編纂されたはずの『日本書紀』が、敢えてこのように記したことは、真実と捉えるべきだ。

そして天智天皇十年（六七一）に天智天皇が崩御すると、大友皇子が即位して第三十九代弘文（こうぶん）天皇が成立したと見なされる。その後直ぐに大友皇子と大海人皇子はそれぞれ戦争準備に取り掛かり、弘文天皇元年（六七二）に国内の戦争ではかつて例のない大規模な武力衝突が起きた。叔父と甥が戦った皇位を巡る戦は、およそ一カ月の戦闘のあと、叔父の大海人皇子に軍配が上がり、弘文天皇（大友皇子）は自害し、天武天皇が誕生した。

日本史上、後にも先にも皇位を狙った叛乱は全て鎮圧されてきたが、壬申の乱だけが、叛乱を起こした人物が皇位を手に入れた唯一の叛乱となった。

❖「日本」という国号の始まり

壬申の乱で、大友皇子に味方したのは　蘇我氏、中臣氏ら中央の有力な豪族たちで、大海人皇子に味方したのは地方の中小の豪族たちだった。そのため、敗退した側についた中央の有力な豪族たちは没落し、天皇に対抗できる豪族がいなくなった。壬申の乱によって、天皇の権威は一層高まったのである。天武天皇は大臣を一人も置かず、皇親政治を始める。

天武天皇は、天智天皇の政治路線を継承し、律令国家の建設に取り組んだ。そして、天武天皇は天武十年（六八一）、『古事記』『日本書紀』の編纂を命じた。『古事記』は稗田阿礼が古書を誦習（書物などを繰り返し読むこと）して太安万侶が筆記して編纂し、また『日本書紀』は舎人親王が中心となって編纂した。いよいよ、天皇を中心とした中央集権国家の完成が近づいてきた。地方は国ごとに国府という役所を置き、中央から国司という役人を派遣した。国はいくつかの郡に分けられ、それぞれに地方豪族から任命される郡司を置いた。そして、九州北部に大宰府を置いて、外交と防衛、そして九州の政治を担った。

天武天皇が崩御すると、暫くの称制のあと、皇后鸕野讃良皇女が即位して第四十一代持統天皇となった。推古天皇、皇極・斉明天皇に続いて、三方四代目の女帝である。持統天皇は天智天皇の実の娘であり、同時に天武天皇の皇后だった。壬申の乱は、彼女にとって異母弟と夫の争いだったことになる。持統天皇は、天武天皇との間に生んだ草壁皇子を次の天皇の位に就けることに注力したが、草壁皇子が若くして薨去となったため、その希望は草壁皇子の子、軽皇子（孝徳天皇の諱も「軽」だが、別人）に向けられた。

持統天皇治世では持統八年（六九四）に藤原京（奈良県橿原市）が完成した。これまで天皇の代替わり毎に宮を作っていたが、藤原京は代々使うことを前提とした大規模な都であり、第四十三代元明天皇の平城京遷都まで三代の帝都となる。

持統天皇は孫の軽皇子の成長を待ち、即位させて第四十二代文武天皇が誕生する。文武天皇治世では大宝元年（七〇一）に大宝律令を定めた。「律」は刑罰を定めたいわば刑法、「令」は政治に関する様々な決まりごとのことで、現在でいう憲法の統治機構、行政法、税法などの要素を持つものである。律令に基づいて政治を行う国家を律令国家という。現在でいう法治国家に近い。

日本が独自の律令を編纂したのは、支那の冊封を受けていないからである。冊封体制の中にある国は、宗主国の律令をそのまま使うのが常であり、自ら編纂する必要がない。例えば、新羅は最後まで自前の律令を持たなかった。支那の支配下にあっては律令の編纂は不要、かつ不可能である。独自の律令を持つことは、独立国の証といえる。

また、大宝律令には詔書の書式を定めた法律があり、詔書には「日本天皇」と記すように規定されている。「日本」の国号と「天皇」の称号を用いることが、ここに法律に明文化された。藤原京で、日本は律令国家としての日本国を完成させた。

ところでこの年に「大宝」という元号が定められたが、以前「大化」が制定されてから、元号が中断していた時期が多かったところ、この大宝以降は元号が途切れることなく続き、現在に至る。令和は大化から数えて二四八番目の元号に当たる。

　翌大宝二年（七〇二）には大宝の遣唐使を派遣し、我が国が支那に対して初めて「日本」という国号を用いた。また、その四年前の文武天皇二年（六九八）には新羅に対して日本国号を用いている。『三国史記』に「日本国使、新羅に至る」と記されていて、これが、我が国が対外的に日本を名乗った初例である。この時から現在に至るまで、対外的に日本を使用している。「倭」とは支那王朝が用いたもので、我が国にとっては受動的な呼称だったが、「日本」は自ら用いた主体的な呼称であるため、日本国号の成立は、律令国家の成立を象徴する出来事といえる。従来、国内的には「ヤマト」を称していたが、対外的に使用する上で「倭」に替えて「日本」と表記したもので、引き続き「やまと」と発音しつつ、対外的には音読して「ニホン」「ニッポン」と発音したと考えられる。

　『旧唐書』によると遣唐使は、初めて国号として日本を名乗り、その理由を説明したという。同書は「日本国は、倭国の別種也。其の国、日の辺に在るを以って、故に日本を以って名と為す」「倭国自ら其の名の雅やかならざるを悪み、改めて日本と為す」などと記すが、「実を以って対へず」「故に中国はこれを疑ふ」ともあり、唐側は国号変更の理由について理解できなかったことが分かる。「日の辺りに在るを以て」というのは、日本は日の昇る国という意味で、これはまさに推古天皇の国書に見える

「日出づる処」と同じ発想にある。地理的な環境を端的に表すだけでなく、天照大御神という太陽の性格を持った神を皇室の先祖として仰ぐ我が国にとって、日本の国号は実に相応しいものというべきである。元々「倭」は支那王朝が付けた蔑称で「みにくい」という意味を持つ。「雅やかならざる」というのはそのことを意味する。

大宝の遣唐使の後の約一〇〇年間、日本は冊封を受けることなく、二十年に一度程度、遣唐使を送り続けた。

次の第四十三代元明天皇治世において、武蔵国秩父郡（埼玉県秩父市）で和銅（純度が高く精錬を必要としない自然銅）が発見され、朝廷に献上された。そのため、これを吉兆として元号を慶雲から和銅に改め、和銅元年（七〇八）には日本で最初の流通貨幣となる和同開珎を鋳造させた。奈良時代から平安時代にかけて日本で鋳造した一二種類の銭貨をまとめて皇朝十二銭というが、和同開珎はその一番目に当たる。単位は文で、一文は穀六升と決められた。

和銅三年（七一〇）、藤原京から平城京（奈良県奈良市）に遷都したことで、飛鳥時代が終わり、奈良時代が始まる。飛鳥時代は倭という蔑称を使うのを止め、日本という国号を用いて独立国として歩み始め、天皇を中心とする中央集権化を進め、律令国家建設が完成段階に入った時期だった。そして、支那王朝の冊封体制に入ることを拒否しつつも、支那王朝へ朝貢し、また朝鮮諸国からの亡命者を多数受け入れることで、大陸の文化を積極的に取り入れて、文明の基礎を固めた。平城京遷都によって、聖徳太子が構想した律令国家が遂に完成した。

6 奈良時代

❖平城京遷都と記紀編纂

和銅三年（七一〇）に奈良の平城京に都が置かれてから、延暦十三年（七九四）に桓武天皇によって京都の平安京に都が遷されるまでの八十四年間が奈良時代である。平城京は、唐の都長安（西安）に倣ったとされる。東西と南北に走る道で碁盤の目のように区切られ、中央の朱雀大路によって東側の左京と西側の右京に分けられ、中央北側に大内裏が配置されていた。大内裏には皇居と中央政府の官庁が置かれ、その中でも一際大きな建物である大極殿では朝廷の儀式が行われた。平城京には五万人から一〇万人が住んでいたと考えられている。

平城京には東市と西市の二カ所の市が開かれ、多くの店に各地から送られてきた多様な物産が並び、大いに賑わった。地方には、国毎に国府という役所が置かれ、都から国司という役人が派遣された。各地方と都では役人が往来し、また各地域が庸と調を都に納めるために、街道が整備された。役人が使う駅や、乗り継ぎ用の馬もこの頃に整えられた。このようにして全国を統治する律令体制が敷かれた。この時期に遷都したのは、国の政務が多くなり官庁の設備を整える必要があっただけでなく、多くの豪族を官人として居住させるために、規模の大きな都が必要になったから、また朝廷の儀式も荘厳なものが求められ、それを執り行う宮殿が必要になったからと思われる。

遷都から間もない和銅五年（七一二）に『古事記』が、また養老（ようろう）四年（七二〇）に『日本書紀』がそれぞれ完成し、第四十三代元明（げんめい）天皇に献上された。いずれも天武（てんむ）天皇の命によって編纂されたものである。『古事記』は天地初発（てんちしょはつ）から第三十三代推古（すいこ）天皇まで、また『日本書紀』は天地開闢（てんちかいびゃく）から第四十一代持統（じとう）天皇までのことが記述されていて、『古事記』と『日本書紀』の扱う範囲は被るところが多い。ではなぜ同じ時代に二つの異なった歴史書が編纂されたのだろうか。その理由は、二つの書物の違いから推測することができる。

『記』『紀』が編纂された七世紀、既に日本は外国との交流が盛んで、外交に通用する正史を持つ必要があった。当時の東アジアにおける共通言語は漢語（古代支那語）であり、正史たる『日本書紀』は外国語である漢語によって綴られた。また『日本書紀』は支那王朝の正史の編纂方法である編年体を採用し、公式の記録としての性格が強いことからも、日本の足跡を広く内外に示すために書かれたものと考えられる。

それに対し、日本語の要素を生かして音訓(おんくん)混合の独特な文章で日本の歴史を綴ったのが『古事記』である。編纂当時、まだ仮名は成立していないため、漢語だけでは日本語の音を伝えることはできなかった。そこで編纂者は神名や地名などの固有名詞に漢字の音を充て、日本語の音を伝えようとした。それが万葉仮名である。

そのため『古事記』の本文は非常に難解なものになった。表意文字として用いられた従来の漢字と、日本人が表音文字として用いた万葉仮名を混合して使用したため、漢語を読み書きする外国人にとっては読めないものとなった。『古事記』を読み解くことの難しさは、後世において『古事記』を本格的に研究した江戸時代の国学者本居(もとおり)宣長(のりなが)が、『古事記』を読み解くのに実に三十五年もの歳月を費やしたことからも窺える。本居は全四四巻から成る古事記研究書の『古事記伝』を著し、『日本書紀』には古代日本人の心情が表れていないと述べ、『古事記』を最上の書と評価した。

また、『日本書紀』が、出来事を淡々と記した公式記録であるのに対し、『古事記』は、歴史物語の形式をとり、文学的要素が強く、天皇による統治の由来を周知させ伝承するために記した書物であり、『古事記』が氏族の系譜について『日本書紀』よりも詳しく記していることからも、『古事記』は国内に向けて書かれたと考えられる。

当時、漢語を基礎とした書籍を読むことができる庶民は限られていたため、『古事記』は皇族や貴族たちの読み物として用いられたと思われる。皇族たちの美しい生き様の手本となる物語が多く収められていることからも、貴族の子女の教育にも用いられたと推測できよう。

また、朝廷の命により、各地の神話、地理、産物などを記した風土記も編纂された他、現存する最古の和歌集である『万葉集』（全二〇巻）が完成したのも奈良時代だった。万葉集は大伴家持らが編纂したもので、天皇、皇族、貴族をはじめ、下級官人や防人、さらには農民などを含め、様々な身分の人が詠んだ四五〇〇首以上の和歌が収録されている。民衆でも優れた歌を詠めば、天皇の歌と一緒に歌集に作品が収録されるというのは、身分を超えて文学作品を愛でる風習があったことを意味する。およそ欧州では文学は貴族のものだった。実際に他国ではこれに類似するものは存在しない。現在でも皇居で歌会始の儀が毎年行われていて、優れた和歌を詠んだ民間人が招かれている。平成二十五年（二〇一三）の歌会始の儀では、中学生の男の子が詠んだ「実は僕家でカエルを飼ってゐる夕立来るも鳴かないカエル」という和歌が入選して話題となった。

『万葉集』の和歌

春過ぎて夏来るらし白たへの衣干したり天の香具山（持統天皇）

大和には群山あれどとりよろふ天の香具山登り立ち国見をすれば国原は煙立ち立

つ海原はかまめ立つ立つうまし国そあきづ島大和の国は（舒明天皇）
君待つと我が恋ひ居れば我が屋戸の簾動かし秋の風吹く（額田王）
あをによし奈良の都は咲く花の薫ふがごとく今盛りなり（小野老）
我が妻はいたく恋ひらし飲む水に影さへ見えてよに忘られず（若倭部身麻呂、防人の歌）
新しき年の初めの初春の今日降る雪のいやしけ吉事（大伴家持）

❖藤原氏の権力基盤を築いた藤原不比等

奈良時代最初に政権の座に就いたのは藤原不比等だった。中大兄皇子を助けて乙巳の変で蘇我入鹿を暗殺した中臣鎌足の息子に当たる。鎌足は晩年に天智天皇から藤原姓を受け、以来、藤原氏を名乗るようになる。法律の知識に明るく文筆に優れていた不比等は、持統天皇に重用され、その後も、第四十二代文武天皇の擁立に尽力したことで更に重用された。大宝律令の編纂では中心的役割を担い、平城京遷都を推進した。このようにして、不比等は政治の表舞台に現れたのである。また『記』『紀』の編纂にも深く関わり、藤原氏の先祖を重要な神に位置付けた。

不比等は、あの手この手を使って自らの政権基盤を堅固なものにしていった。その最たるものは、娘を天皇に嫁がせ、その間に生まれた子を天皇に即位させることで、自らが天皇の外戚となることだった。

奈良時代最初の天皇である第四十三代元明天皇の即位も、不比等が権力を掌握する布石として行われたと見られる。不比等は娘の宮子を文武天皇の夫人としていた。慶雲四年（七〇七）に文武天皇が数え二十五歳の若さで崩じると、宮子が産んだ首皇子がまだ数え七歳の子供だったため、皇子が成長するまでの中継ぎ役として、文武天皇の母親が即位した。それが元明天皇だった。子から母への皇位継承というのはこれまで先例がない。元明天皇は天智天皇の皇女で、天武天皇の子である草壁皇子の妃だった。元明天皇は、文武天皇の母の資格で即位したのではなく、天智天皇の子の資格で即位した。また、これまでの女帝は推古天皇以来、元皇后だったが元「妃」が即位したのも初めてのことである。元明天皇が即位すると、既に亡き夫の草壁皇子を天皇と同格とすることで、その妃である元明天皇の地位を上げる措置が取られた。そして、元明天皇の下で平城京遷都が行われた。

和銅七年（七一四）に首皇子が数え十四歳で元服し、皇太子となったが、翌年に縁起の良い亀が献上されたため、元明天皇は譲位した。その亀は、左目が白で右目が赤、甲羅には北斗七星、腹には紅白の斑点が八の字を描いているように見えたという。改元事由の一つに、吉事を理由とする祥瑞改元があるが「縁起の良い亀」が原因で譲位するというのは表向きの理由と見られる。何か切掛が必要だった。文武天皇は数え十五歳で即位したため、首皇子も同年代にして即位可能ともいえる。しかし、天武天皇の従兄弟に当たる長屋王がいた。血統としては嫡流に近く、また適齢かつ政治力の強い長屋王の即位を回避するために、更なる中継ぎを要した。元明天皇は和銅八年（七一五）に譲位して上皇となり、草壁皇子と元明天皇の間に生まれた氷高皇女が即位し、第四十四代元正天皇となった。女帝が二代続いたのである。縁起の良い亀に掛けて、元号は「霊亀」とされた。ところで「上皇」とは、譲位後の尊号である「太上天皇」を略したものである。

　女帝の娘が即位したため、一見男系継承が途切れたように見えるが、元正天皇は元明天皇の娘の資格で皇位を継承したのではない。草壁皇子は天武天皇の子であり、元正天皇は天武天皇の男系の孫の資格で皇位を受け継いだのであって、ここでも万世一系の男系継承は保たれた。

　もし首皇子が即位すると、不比等は天皇の外祖父となり、藤原氏はより強い権力を手にする。そのためには、長屋王の即位を阻まなければならなかった。元明天皇から元正天皇への譲位は、藤原氏の権力を手にするための強い意志の表れだったと見られる。

　霊亀二年（七一六）には、首皇子が不比等の娘である光明子を妃に迎えた。光明子は養老二年（七一八）に阿倍内親王（後の孝謙・称徳天皇）を出産した。不比等は首皇子の即位を見ることなく、養老四年（七二〇）に死去した。不比等に太政大臣正一位が贈られた。不比等の四人の子供たちはまだ若かったこともあり、その後の人事で、長屋王が右大臣に任命された。左大臣は空位とされ、長屋王政権が発足した。長屋王は、元正天皇の妹の吉備内親王を妻としていて、元正天皇の義理の弟に当たり、天皇からの信任も厚かったという。養老五年（七二一）には元明上皇も崩御となる。崩御に際して、長屋王と、不比等の子である藤原房前に亡き後のことを託した。

そして養老七年（七二三）、再び縁起の良い亀が献上された。両目が赤い白亀である。ようやく長年の懸案だった首皇子への譲位を実行する条件が整った。翌養老八年（七二四）に「神亀」と改元し、数え二十四歳の首皇子が即位した。第四十五代聖武天皇である。これにより亡き不比等は天皇の外祖父となり、藤原氏は臣下の中でも特別な政治権力を保持するようになる。奈良時代に政権を担当したのは、藤原不比等、長屋王、藤原四子（不比等の四人の子）、橘諸兄、藤原仲麻呂、弓削道鏡、藤原百川の順である。藤原氏とそれ以外が交互に続く。そして、次の平安時代に入ると摂関政治が始まり、藤原氏の時代はいよいよ最盛期を迎えることになる。

聖武天皇が即位すると、長屋王は左大臣となるが、長屋王の出世は悲劇の物語の幕開けとなってしまう。長屋王と藤原四子が対立を深めるのは自然な流れであり、長屋王が光明子の立后に反対したことで、その対立は決定的となった。だが、皇后は天皇の代理となることができる特別な地位であり、また藤原氏は皇后を出すことができない家格だったこともあって、皇族たる長屋王がこれに反対するのは自然なことだった。

❖恐れられた長屋王の怨霊

神亀四年（七二七）には、聖武天皇と光明子の間に皇子が誕生した。基王（もといおう）という。聖武天皇は基王誕生から僅か三十三日で、基王を皇太子とした。藤原氏にとっては、藤原系の聖武天皇の皇子が次に即位してこそ、権力基盤が強化される。しかし、皇太子は生後一年で落命した。長屋王が呪い殺したという噂が立った。

結局、長屋王は謀反の嫌疑を掛けられた。神亀六年（七二九）、漆部造君足（ぬりべのみやつこきみたり）と中臣宮処東人（なかとみのみやこのあずまびと）という名もない下級官吏が、長屋王が密かに左道（さどう）（妖術）を学び国家を傾ける謀反を抱いていると密告したのである。これを受けて、藤原四子の一人である藤原宇合（ふじわらのうまかい）らが率いる軍勢が長屋王の邸宅を包囲した。長屋王は弁明する余地も与えられぬまま自害し、妻子らも後を追って果てた。この事件は「長屋王の変」として日本史に刻まれることになる。そして政権は再び藤原氏の元に戻り、光明子は皇后となった。

藤原氏が皇后を出すことは、重大なことである。これまでの皇室の歴史において、皇族もしくは皇別氏族（皇室から分かれた氏族）以外から正妻である皇后を立てたことは一度もなかった。しかも、皇別氏族が皇后を出したのは、第十六代仁徳天皇の皇后磐之媛命の一方に限られた。中臣鎌足は歴史に唐突に登場した印象で、系譜が不明確で出自については諸説定まらない。また中臣氏は、本来、皇后を出せる家格ではなかった。藤原氏の権力は、皇室の伝統を枉げるほど強いものだったことが分かる。

事変の後、またしても縁起の良い亀が献上され、聖武天皇は元号を改めた。『続日本紀』によると、その亀の甲羅には「天王貴平知百年」（天皇は貴く、その平安な治世は百年に及ぶであろう）という文字が見えたという。そのため、新元号は「天平」とされた。その後、元号は、天平感宝、天平勝宝、天平宝字、天平神護と継承されるため、奈良時代を象徴する元号となる。

長屋王を攻め滅ぼして権力の座にいた藤原四子は、天平九年（七三七）に大流行した天然痘で、四人とも命を落としてしまう。この時は、数々の政府高官も死亡した。現在の医学の知識では感染症として理解できるが、多くの人が次々と倒れて死んでいく様を当時の人々は「長屋王の怨霊の為せる業」として恐れた。天平十年（七三八）、長屋王のことを密告した東人が、かつて長屋王に仕えていた人物に惨殺された。『続日本紀』は東人のことを「長屋王を誣告せる人なり」と表記している。誣告とは、他人を罪に陥れるために偽って訴えることを意味する。同書が編纂された平安時代初期には、長屋王の無実が既に公然の事実とされていたことが読み取れる。

権力の中枢にいた者が、無実の罪を着せられて政治的に失脚し、非業の死を遂げると怨霊となり祟りを引き起こす、という考え方が民衆に広がり、その考え方は平安時代に受け継がれていく。

ところで、長屋王の死から一二五九年後の昭和六十三年（一九八八）、奈良県奈良市の二条大路南（にじょうおおじみなみ）に位置する奈良そごうデパート建設予定地から、約三万五〇〇〇点の木簡が発見され、約三万平方メートルのその巨大な建設予定地が長屋王邸跡であることが判明した。その地が、長屋王一家が自決した場所だった。出土した木簡から、長屋王が氷室（ひむろ）を持ち、夏にも酒に氷を入れて飲んでいたことや、牛乳を煮詰めて作る蘇（そ）というチーズのような珍味を食べていたことなどが分かった。

建設予定地は史跡として保存すべきという運動が起きるも開発は進み、奈良そごうが完成した。その後、そごうが倒産するとイトーヨーカドー奈良店となったものの、平成二十九年（二〇一七）に閉業となり、翌年に「ミ・ナーラ」として営業を再開した。一〇〇〇年以上経った今も、地元では店が閉業する度に「長屋王の怨霊」と噂しているという。

❖論破されて敗走した反乱軍

天然痘で藤原四子をはじめ多くの官人が死亡すると、出仕できる主な公卿は鈴鹿王と橘諸兄のみとなった。そこで朝廷は天平九年（七三七）、長屋王の実弟である鈴鹿王を太政官の長官として万機を総覧する令外官の知太政官事に任じ、橘諸兄を公卿筆頭とし国政を担当させた。この時、遣唐使として唐に渡った経験を持つ吉備真備と玄昉が抜擢された。政権の中枢に藤原氏が不在となったことに反発したのは藤原広嗣だった。藤原四子の一人で長屋王を殺害した藤原宇合の子である。

藤原氏内部でも孤立していた広嗣は、大宰少弐（大宰府の次官である大宰大弐に次ぐ官職）に左遷されると、いよいよ橘諸兄政権と対立した。吉備真備と玄昉を排除するように求める上表文を提出した広嗣は、朝廷からの返事を待たずに天平十二年（七四〇）に挙兵した。藤原広嗣の乱である。

当時、大宰府の長官は空席で、次官は大宰府に居なかったため、広嗣は実質的な長官を担っていたと考えられる。広嗣はその地位を利用して、大宰府管内諸国から兵を募り、豊前国の三鎮である登美、板櫃、京都に兵を集結させた。

謀反の報せが都に届くと聖武天皇は、大野東人を大将軍に任じて節刀を授け、佐伯常人と阿倍虫麻呂を勅使（勅旨を伝えるために派遣される天皇の使者）に任命すると、全国から兵を集めて討伐を開始させた。官軍は関門海峡を渡ると二日の内に豊前国の三鎮を占領した。その後、豊前国と筑前国の境にある板櫃川の河畔で、官軍六〇

○○人余りと広嗣軍一万人余りが対峙した際、勅使の常人らが広嗣の名を一〇度程呼ぶと広嗣が馬に乗って現れ、常人と問答となった。

広嗣が「勅使が来たというが誰だ」と言うと、勅使が「佐伯大夫と阿倍大夫である」と述べた。すると広嗣は下馬して両段再拝（四拝）という神拝と同じ丁寧な作法で勅使に敬意を表し「私は朝命に反抗しているのではない。ただ朝廷を乱す二人（吉備真備と玄昉）の引き渡しを請うているだけだ。もし、私が朝命に反抗しているのなら天神地祇が罰するだろう」と述べた。これに対して勅使が「ならば、なぜ兵を起こして押し寄せたのか」と問うと、広嗣は答えに窮し沈黙し、馬に乗って引き返していった。広嗣が論破されるのを見ていた広嗣の兵の中には投降する者も現れ、広嗣軍はその後総崩れの様相を呈することになる。

広嗣を討伐するために差し向けられた官軍は「天皇の軍」である。しかし、広嗣は勅使に最敬礼して自分は天皇に敵意はないことを示し、あくまでも君側の奸（天皇の側で天皇を惑わす官人）を払うのが目的なのであって、それは天皇の為にすることであるという建前を述べたのである。でもそれは建前に過ぎず、単に政権奪取を目指した自分の為にする行動だったと思われる。なぜ挙兵までする必要があったのか、その理由を述べることができなかったのは、戦争の大義を示すことができなかったことを意味する。付き従った兵たちの心が離れたのは当然であろう。

世界の歴史には星の数ほどの戦争があるが、反乱軍総大将と討伐側の使者が直接問答して、形勢が決まるというのは極めて珍しい例ではなかろうか。広嗣軍の方が兵の数は勝っていたが、論破されて形勢が逆転した。天皇は民の幸せを祈る存在であり、その天皇を否定することに大義はないというのが、日本の歴史を貫く思想なのである。

板櫃川の会戦に敗れた広嗣は敗走し、船で肥前国松浦郡（ひぜんのくにまつらぐん）の値嘉島（ちかのしま）（五島（ごとう）列島）に渡り、そこから新羅へ逃れようとした。ところが耽羅国（たんらこく）（済州島（さいしゅうとう））の近くまで進んだところで風向きが変わり逆風となったため、船は吹き戻された。広嗣は「私は忠臣だ。神霊が我を見捨てることはない。神よ風波を静めたまえ」と祈って駅鈴（えきれい）という官吏の公務出張の際に朝廷より支給された鈴を海に投じたが、風波は更に激しくなったと伝えられる。そして広嗣は値嘉島で逮捕され処刑された。賊軍に神風は吹かなかった。

この乱は、大軍同士が衝突した点では壬申の乱以来の出来事となった。また、律令体制下での初めての内戦でもあった。この乱は結果として、律令体制を敷く朝廷が軍を編制して動員することの実力を示すことにもなった。

❖出家した聖武天皇の悩み

「シルクロードの終着駅」といわれた平城京は、遣唐使が持ち帰った唐の進んだ律令制度や仏教文化だけでなく、中央アジアや西アジアから齎された文化をも反映させた国際色豊かな都市となった。『万葉集』に「咲く花の薫ふがごとく」と詠われたのはそのためである。東大寺法華堂、正倉院、法隆寺夢殿などが建てられた。正倉院には、広い地域から伝来した工芸品の数々が収められていて、現在は宮内庁がこれを管理している。聖武天皇治世の元号から取って、奈良時代の文化を天平文化という。

奈良時代は仏教が朝廷の保護を受けて大きく発展した時代だった。唐から招いた鑑真は六度の航海の末にようやく日本に辿り着き、東大寺に住んで聖武上皇をはじめ日本の僧や尼を指導し、唐招提寺を建てた。仏教に深く帰依し、仏教の大事業を進めて鎮護国家を実現させたのが、聖武天皇である。

聖武天皇の治世は、実際は「天平ロマン」の華やかな印象とはかけ離れた政権の混乱期で、権力闘争と反乱が繰り返され、疫病や凶作が重なった。凶事が起きるたびに聖武天皇は一身に責任を感じ、仏教の力を借りて難局を乗り切ろうとしたと伝えられる。

藤原広嗣が謀反を起こしたとの報せを聞いた聖武天皇は、平城京を出ておよそ五年間都を転々とし、その間に詔勅により全国に国分寺と国分尼寺を建設すること、そして東大寺を建てて大仏を建立することを命じた。天皇は、それにより災いを避けるだけでなく、民衆の心が一つになることを望んだ。聖武天皇は次のような大仏建立の詔を出した。

「私は徳の薄い身であるが、申し訳なくも天皇の位を継ぎ、民を慈しむことに努めてきた。国土の果てまで仏の恵を受けているが、天下のものが全て仏の恩に浴しているわけではない。そこで三宝（仏、法、僧）の力に頼って、天地が安泰となり、永遠の幸せを願う事業を行い、あらゆる生命が栄えることを望む。

ここに天平十五年（七四三）十月十五日を以って、盧舎那仏金銅像を一体、造り奉る。国内の銅を尽くして像を鋳造し、仏法を広め、共に仏道の悟りを開く境地に至ろうと思う。この事業に参加する者は、各人が福を招くように、毎日三度盧舎那仏を拝み、その思いを持って造営に携わって欲しい。協力したいと願う者はそれを許す。役人はこの造仏のために、民の暮らしを乱し、あるいは無理に物資を取り立ててはならない」（『続日本紀』聖武天皇の盧舎那仏造営の詔、現代語訳、部分要約）

大仏建立は壮大な国家事業だった。大きさは高さが一五メートル、使用された青銅は約五〇〇トンで、完成まで七年を要し、延べ二六〇万人以上が工事に関わった。近年の研究によると、創建当時の大仏と大仏殿の建造費は現在の貨幣価値で約四六五七億円と算出されている。これはスカイツリー七基分に相当する。仏教発祥の地であるインドにも、当時の仏教最先進国だった唐にも、これほど巨大な仏像はなく、大仏建立はまさに世界が驚く大事業だった。

天平十五年（七四三）に墾田永年私財法を制定して、新たに開墾した土地の権利は、租を納めている限り永遠に認められることになり、豪族や寺院などが盛んに開墾して私有地を広げた。私有が認められた土地は、管理のための事務所や倉庫が荘と呼ばれていたことから荘園と呼ばれるようになった。この制度は荘園制の歴史的前提となる。他方、私有地は課税対象となるため税収は増え、また、開墾された土地を国が把握することで、土地に対する支配体制が強化された。

皇太子の基王が没した後、天平十年（七三八）に皇太子に立てられたのは阿倍皇女だった。女性が皇太子になるのは後にも先にも例がない。聖武天皇には二番目の皇子の安積親王がいたため、天皇は阿倍皇女を中継ぎとし、次に安積親王に皇位を継承するつもりだったと思われる。ところが安積親王も若くしてこの世を去り、聖武天皇の皇子は一人もいなくなってしまった。しかも、聖武天皇の父帝である文武天皇にも他に皇子はなく、それは草壁皇子系統の断絶を意味する。そうなると、多くの皇子女に恵まれた天武天皇まで四世代遡り、天武天皇の傍系から天皇を擁立するしか方法はなくなった。

そんな中、天平勝宝元年（七四九）七月、多くの不安要素を抱えながらも、聖武天皇は譲位し、自らは出家した。皇位を受け継いだのは、皇太子阿倍内親王、六方七代目の女帝となる第四十六代孝謙天皇である。天皇が出家するのは初めてのことだった。当時、天皇は神聖で特別な存在と考えられていたが、その天皇が出家して仏に仕える身となり、三宝の奴（仏法の奴隷）として大仏の前に跪いた。これにより、仏の偉大さが広く伝わり、以降、仏教興隆が加速していく。

そして、大仏開眼供養が行われた。天平勝宝四年（七五二）四月九日のことである。国内からの参列者は一万数千人、インドの高僧が開眼導師となり、盛大な儀式が執り行われた。律令国家として先進国に発展した日本の姿を世界に示す国家事業となった。大仏開眼供養を見届けると、聖武上皇は天平勝宝八年（七五六）に崩御となった。

孝謙天皇は早くも即位九年後の天平宝字二年（七五八）八月に、皇太子大炊王に譲位し、第四十七代淳仁天皇が誕生した。淳仁天皇は舎人親王の子であり、天武天皇の孫に当たる。天武天皇の傍系が皇位を継承したことになる。譲位した孝謙天皇は上皇となった。

淳仁天皇と元来親密だった藤原南家出身の藤原仲麻呂（不比等の孫）はこれを機に、政治的に台頭することになる。大炊王を皇太子に擁立したのも仲麻呂の計略によるものだった。大炊王は、仲麻呂の息子の未亡人である粟田諸姉を妃とし、仲麻呂の私邸に住んでいた。仲麻呂にとって大炊王は義理の娘の再婚相手ということになる。淳仁天皇の治世で仲麻呂は正一位まで上り詰め、政治を自由に操った。

❖道鏡の野望

天平宝字五年（七六一）、孝謙上皇が近江の保良宮に移ると、病気を治してくれた弓削道鏡という僧侶と親密な関係になり、上皇の運命は思わぬ方向に動き出す。

上皇と道鏡が親密な関係になると、淳仁天皇と仲麻呂の政治的な勢いに陰りが見え始める。上皇と道鏡のただならぬ関係に脅威を抱いた仲麻呂は、淳仁天皇を介して上皇を諫めた。すると孝謙上皇は激怒し、出家して法華寺に入ってしまった。さらに上皇は詔を発し「小さいことは天皇が行うも、国家の大事と賞罰は上皇が行う」と宣し、国政権を掌握した。

仲麻呂は危機感を更に強め、天皇の御璽を奪って天武天皇の孫に当たる塩焼王を擁立する謀反を企み、戦争の準備を始めた。しかしこの企ては暴かれ、上皇から討伐の兵が向けられた。仲麻呂は近江へ逃れるも捕らえられ、一族もろとも殺害された。これにより藤原南家は政治的に没落することになる。これが恵美押勝の乱である。恵美押勝とは仲麻呂の別名で、淳仁天皇から賜った姓名だった。

その後、孝謙上皇は淳仁天皇を廃位して捕らえ、淡路へ流した。そして、天平宝字八年（七六四）、孝謙上皇自らが復位して再び皇位に就いた。八代目の女帝、第四十八代称徳天皇である。大化改新後に皇極天皇が重祚して以来、一〇九年振りの重祚となった。また、上皇が天皇を廃位するのも初めてのことである。

島流しになった淳仁天皇は天平神護元年（七六五）、配所より逃亡しようとしたところを捕らえられ、翌日崩じたと伝えられる。余りに不自然であるため、暗殺と見られている。淳仁天皇は廃位されたため、太上天皇の号を贈られることはなく「淡路廃帝」と称された。称徳天皇の重祚は完了したものの、皇位継承問題は全く振り出しに戻ってしまった。

称徳天皇が再び天皇となったことで、いよいよ政治的立場を強めたのは、ほかでもなく道鏡だった。天皇は道鏡を重く用い、天平神護元年に太政大臣禅師とし、さらに翌二年（七六六）には法王とした。道鏡の権威は頂点に達し、女帝と法王による共治体制が始まった。

そして遂に道鏡は、自らが天皇になる野望を抱くようになった。道鏡が法王となって三年後の神護景雲三年（七六九）、宇佐八幡宮神託事件が起きる。道鏡の弟で大宰帥の弓削浄人が、その下僚である大宰主神の習宜阿曾麻呂と宇佐八幡宮（大分県宇佐市）の神職らと共謀し「道鏡を天位に即けたならば、天下太平ならん」との宇佐八幡宮の神託を天皇に奏上させたことが事件の発端だった。

神のお告げを聞いて喜ぶ道鏡を尻目に、称徳天皇は宇佐八幡宮に勅使として和気清麻呂を派遣してその真意を確かめた。するとその託宣は「我が国は始まって以来、君臣の別は定まっており、臣下が天皇になった例はない。天日嗣には皇統の人を立て、無道の人は排除せよ」といった、全く正反対の内容だった。称徳天皇はこの託宣は清麻呂の捏造によるものだと見なし、「清麻呂」の名前を「穢麻呂」に改名し、南九州の大隅国に流罪とした。しかし、称徳天皇は道鏡に皇位を継がせない旨の詔を発してこの事件は決着した。

❖天武系から天智系へ

神護景雲四年（七七〇）三月、称徳天皇は病床で、白壁王を皇位継承者に指名し、同年八月四日崩御となり、五十三歳の生涯を閉じた。道鏡は称徳天皇の病床に近づくことが許されなかった。白壁王は令旨（皇族が出す命令）を下して道鏡を追放すると、六十二歳という高齢にして天皇に即位した。第四十九代光仁天皇である。

孝謙・称徳天皇が内乱を避けつつ皇統を守った歴史的意義は極めて大きい。そして平安時代に入ると皇太子の制度が整い、中継ぎとしての女帝は必要なくなる。

光仁天皇は、施基皇子（しきのみこ）の王子で天智天皇の孫でありながら、天武系の聖武天皇の娘である井上内親王（いのえ）を妻とし、他戸親王（おさべ）を儲けていた。白壁王と井上内親王の繋がりのお陰で、白壁王の即位は、天智系が天武系から皇位を簒奪したのではなく、先祖を同じくする二つの系統が一つに融合したことを意味する。

白壁王が即位したことにより、皇統はおよそ一〇〇年振りに天武天皇系から天智天皇系に戻ったことになるが、皇統が草壁系から他に移る状況における最も賢明で自然な選択をしたと思われる。これにより、皇統断絶の危機は回避された。天武系には皇位継承可能な皇族男子がいなくなっていたため、綱渡り的であるも見事な皇位継承を成し遂げた。

天武系に継承者が不在となった不安定な状況の中、白壁王はあらぬ嫌疑をかけられるのを避けるため、酒を恣（ほしいまま）にしては行方をくらまし、それによって度々害を逃れたと『続日本紀』は伝えている。

光仁天皇は先ず称徳天皇の仏教偏重の政治を改め、称徳・道鏡による異常な政治体制から脱却することに力を注いだ。そして不要な令外官（りょうげのかん）を整理して財政を緊縮し、律令政治の再編を図り、次の第五十代桓武（かんむ）天皇治世の基盤を固めた。

光仁天皇は和気清麻呂を配流先から都に召還した。道鏡は下野国（栃木県）に配流され、また道鏡を皇位に就かせようと宇佐八幡宮の神託を奏上して事件を起こした大宰主神の習宜阿曾麻呂は多褹島守（種子島と屋久島を主とする行政区画）に左遷された。皇統の危機を救った和気清麻呂は、現在は護王神社（京都市上京区）に祀られている。幕末、孝明天皇がその功績を称え「護王大明神」の神号と、最高位となる正一位の神階を宣下したことを付記しておきたい。

❖廃后と廃太子

しかし、光仁天皇の御世になっても皇位継承の不安定さは変わらなかった。宝亀三年（七七二）に「巫蠱大逆の罪」すなわち天皇を呪詛した（呪い殺そうとした）という嫌疑により、皇后の井上内親王が廃后とされるという、全く前例のない事件が起こった。続けてその子である皇太子の他戸親王も廃された。「皇后が天皇を呪詛している」と下級官吏が密告したことが事の発端だった。下級官吏の密告とは、長屋王の変と通じるものがある。

さらに、宝亀四年に光仁天皇の姉の難波内親王が亡くなると、井上廃后と他戸廃太子が呪い殺したとの嫌疑が掛けられ、二人は宇智郡（奈良県五條市）に幽閉され、二年後の宝亀六年四月二十七日、二人とも同じ日に配所で不可解な死を遂げた。この異常な状況から他殺か自殺と見るのが自然である。母子はなぜここで死ななければならなかったのだろうか。

聖武天皇の第一皇女として生を受けた井上内親王は、養老五年（七二一）に五歳にして伊勢の斎王（「いつきのひめみこ」ともいう）に選定され、十一歳で伊勢の神宮に赴任した人物である。斎王は、神宮の三節祭において内宮と外宮に大玉串を奉る巫女で、天皇に代わって天照大御神に仕え、伊勢の神宮の祭祀を担う存在である。斎王は天皇即位の初めに未婚の内親王（適任者不在の場合は女王）の中から卜定（占いにより事を決めること）され、一年間かけて潔斎（身を清めること）した後に天皇に別れを告げる儀式を経て、数百名を従えて伊勢に赴く。井上内親王は卜定から例外的に六年を要した。

斎王には常に心身を清浄に保つことが求められ、一切の穢れを遠ざけなければならず、所作や言語も厳しく制限された厳格な生活が義務付けられる。しかも斎王は原則として一旦その任に就くと、天皇の代替わりか近親者の死去があるまで交替は許されない。井上内親王が、弟の安積親王の薨去により斎王を退いたのは、選定から二十三年後の天平十六年（七四四）のことだった。

都に戻った井上内親王は、天智天皇の孫に当たる白壁王と結婚し、他戸親王を儲けた。当時は天武系が実権を握る時代であり、白壁王に皇子が誕生しても皇位継承に関わることはなく、この結婚は井上内親王にとっては無難な結婚になるはずだった。しかし、夫の白壁王が天皇となったことで、井上内親王と子の他戸親王は歴史に翻弄されることになったのである。

井上皇后が光仁天皇を呪い殺して謀反を起こそうとしたのは本当だろうか。井上皇后は当時皇后の地位にあり、しかも自分が産んだ他戸親王は皇太子の地位にあった。夫の光仁天皇は既に六十四歳であるから、当時の寿命を考慮すると、その後何十年も皇位にあるとは思えない。あと少し待てば他戸親王が皇位に就くことは明らかであり、わざわざ井上内親王が夫の光仁天皇を呪い殺す必要があるとは到底思えない。まして、井上内親王が夫の姉である難波内親王を殺害する動機は思いつかない。

井上内親王が廃后とされることで利益を得る人物が事件を主導した可能性はある。光仁天皇の第一皇子の山部親王は、生母の身分は高くないが、既に藤原南家の藤原吉子が嫁いでいて、二人の間には伊予親王が産まれていた。藤原四子の藤原宇合の子で政界の要職を務めていた藤原百川にとっては、他戸親王より山部親王が即位した方が、好都合だったと見える。呪詛の真偽は定かではないが、藤原氏同士の勢力争いがあったことは間違いない。

他戸親王が廃太子となり、新たに皇太子となった山部親王は、光仁天皇の皇子で、生母は高野新笠である。高野新笠は、百済の第二十五代武寧王を祖とする王族の末裔で、日本に帰化した和氏（やまとうじ）の出身である。山部親王は天応（てんおう）元年（七八一）に光仁天皇の譲位によって第五十代桓武（かんむ）天皇となる。サッカー・ワールドカップの日韓共同開催を翌年に控えた平成十三年（二〇〇一）十二月十八日、上皇陛下はお誕生日の御会見で「桓武天皇の生母が百済の武寧王の子孫であると、『続日本紀』に記されていることに、韓国とのゆかりを感じています」と仰せになり、話題となった。

❖長岡京遷都と平安京遷都

井上内親王と他戸親王が不可解な死を遂げた翌年の宝亀七年（七七六）九月、『続日本記』に奇妙な記事が見える。「この月毎夜、瓦や石や土塊（つちくれ）が内竪（ないじゅ）（宮中の雑事を担う部署）の庁舎や京中のあちこちの屋根の上に自然に落ちてきた。翌朝見てみると、落ちて来たものは現実に存在していた。二十日余り経って止んだ」とある。

その他にも、同年五月には災変が度々起きたので大祓をしたことや、翌年三月には、宮中でしきりに妖怪が出るので大祓をしたこと、地震、日照り、暴風雨、内裏への落雷などを記述している。そして、これらの事象は、井上内親王と他戸親王の祟りであると怖れられた。

本当に祟りなるものがこの世に存在するかを論証することはできないが、光仁天皇が井上内親王の祟りに対処したことは歴史的事実として記録されている。宝亀九年

（七七八）、光仁天皇は井上内親王の墳墓を改葬し「御墓」とし、また他戸親王墓は「山陵」と称して天皇陵と同格とした。

しかし、井上母子の怨霊は収まらなかったと見える。光仁天皇と皇太子山部親王の不予（天皇や貴人の病気）が続き、藤原蔵下麻呂、藤原良継、藤原百川らが相次ぎ落命した。

光仁上皇はその後間もなく病によって七十三歳の人生を閉じた。山部親王が即位して桓武天皇となると、桓武天皇は、井上内親王の御墓の近くに井上母子菩提を弔う霊安寺を建て、延暦十九年（八〇〇）には、井上廃后に「皇后」の追称を贈り、御墓を「山陵」と称するとの宣命を出した。井上内親王は二十八年経って名誉が回復された。その後も、凶事が生じると井上母子の祟りと考え、山陵を清掃し読経を行うという鎮魂が繰り返されることになる。

桓武天皇は延暦三年（七八四）、天武天皇の都である平城京から新天地、長岡京への遷都を実行した。凶事が続いたことに加え、寺院の勢力が強い平城京を離れることで、僧侶が介入して混乱した政治を立て直す意図があった。桓武天皇は新都に寺院を移すことを禁じた。ところが長岡京の建設は、最初の段階で不吉な事件に見舞われる。新都造営の中心人物である造宮使の藤原種継が暗殺されたのだった。

桓武天皇は事件に関わった者を厳罰に処した。その中には皇太弟の早良親王も含まれていた。早良親王がどの程度事件に関与したかは不明である。親王は、桓武天皇の同母弟に当たる。廃太子とされた親王は自らの無実を訴え、十日余りの絶食の末、淡路に移送される途中で絶命した。

その後、立太子した桓武天皇の皇子安殿（あて）親王は病気を繰り返し、その前後には天皇の夫人藤原旅子（ふじわらのたびこ）と生母の高野新笠（たかののにいがさ）、さらには皇后で安殿親王の生母でもある藤原乙牟漏（ふじわらのおとむろ）が相次いで亡くなり、しかも洪水の頻発と、疫病の流行も重なったため、これらは早良親王の怨霊の仕業であると恐れられるようになった。桓武天皇は幾度も淡路の早良親王の墓に勅使を派遣して霊鎮（たましず）めを行い、「崇道（すどう）天皇」を追号した。

さて、宇佐八幡宮神託事件で流されるも光仁天皇に召還された和気清麻呂は、桓武天皇から更に重用され、平安京への遷都を進言し、自ら建都事業に尽力した。清麻呂の建議により桓武天皇は建設途中の長岡京を捨てることを決意し、延暦十三年（七九四）、平安京に遷都した。これにより奈良時代は幕を下ろし、鎌倉に幕府が開かれるまでの約四〇〇年間続く平安時代が始まった。平安京は明治天皇が東京に居所を移すまでの一〇〇〇年以上の長きに亘（わた）って、帝都として機能することになる。

7 平安時代

❖大きすぎた平安京

平安京は、東西約四・六キロメートル、南北約五・三キロメートルで、長岡京より若干大きい。中央の朱雀大路は、幅が約八四メートルあった。ただし、平安京の大きさはあくまでも計画上の大きさであり、実際は途中で造都が中止されたため、碁盤の目の全体は完成しなかった。朱雀大路の北端には平安宮（大内裏）があり、南北約一・四キロメートル、東西約一・一キロメートルの敷地に、宮殿や官庁の機能が詰まっていた。

平安京は唐の都である長安（現在の西安）を模範として造られた。長安は実測値で南北約八・六キロメートル、東西約九・七キロメートルの大きさがあり、平安京の約三・四倍の面積がある。また、長安の朱雀大街は、幅が約一四七メートルあった。しかし、唐は七五四年の時点で約五三〇〇万人の人口を擁していたが、日本は諸説あるも十世紀時点でも六五〇万人弱と見られている。唐が直接支配していた面積も日本の一〇倍程度あった。無論、人口や国力と首都の面積が必ずしも正比例するとは限らないが、それにしても平安京は大きすぎたようである。律令国家となった日本は唐と並ぶ先進国であるとの意識があったと思われる。平安期の平安京の人口は、諸説あるも一〇万人〜一二万人程度だったと見られる。長安の人口が最盛期で約一〇〇万人だったことと比べると、平安京の人口は余りに少ない。しかも、十世紀末の平安京の稼働面積は全体の四分の一程度で、空き地が大半を占めていた（桃崎有一郎『平安京はいらなかった』二〇一六）。

また、平安宮の朝堂院も設備として過剰だったようで、早くも平安時代の初期から朝堂院の大極殿で行われていた儀式の多くは、内裏の紫宸殿で行われるようになり、天皇の政務は、本来天皇の生活空間であるはずの内裏の清涼殿で行われるようになった。朝堂院は、即位礼と大嘗会を行うだけの施設となり、安元三年（一一七七）の太郎焼亡という大火で全焼した後は再建されなかった。

陰陽道にも精通した桓武天皇は、唐の文化への憧れが大きかったのか、当初は唐を意識して、背伸びともいえるような建都計画を進め、唐と張り合うような立派な朝堂院が造営された。貞観八年（八六六）に朝堂院の正門である応天門が放火された際に、第五十六代清和天皇が桓武天皇の御陵に詫びた告文には、平安宮を「万代宮」と称し「八省院〔朝堂院〕は特に御意を留めて、国の顔として装い飾って作ったもの」とある（『日本三代実録』貞観八年九月二十五日）。しかし、日本の朝廷は支那のような覇権主義を目指しているわけではなく、歴代天皇には質素倹約を好む傾向があり、荘厳な設備を日々使うことを倦厭したものと思われる。平成の天皇陛下も、東日本大震災の後、日々の政務を宮殿の表御座所ではなく、ご自宅に該当する御所でなさった。空調などの電気代を節約したいとのお考えによるものだったという。平安時代の天皇もこのような感覚を持ち合わせていたものと拝察される。

桓武天皇は延暦二十四年（八〇五）に平安京の造営を途中で停止した。これは、国家財政が疲弊したこととも関係がある。桓武天皇の時代は、長岡京と平安京の二つの都を造営しただけでなく、次に述べるように長年東北地方の蝦夷平定に戦費を費やしてきたため、財政難に直面していた。もっとも、平安京の計画が元々過剰だったため、途中で造営を停止しても特に弊害が出た形跡はない。

❖蝦夷平定を成し遂げた桓武天皇

桓武天皇は地方政治の改革に力を注いだ。中央政府から諸国の国府に派遣された国司、あるいは国司を補佐する地方豪族出身の郡司の中には、不正を働く者も多かった。そうした不正を正すために、国司と郡司に対する監督を強化した。また、唐の勢力が弱まって列島全域に常備軍を置く必要がなくなり、平安京の造都などの財源を確保する必要もあったため、桓武天皇は、東北や九州などの辺境を除き、民衆の兵役を廃止させた。財政難で民衆への負担が増大していたことから、その負担を軽減しつつも、人的資源や物的資源を効率的に都の造営と蝦夷平定に投入することに努めた。

桓武天皇は、長年の懸案だった蝦夷征伐の成果を挙げた。蝦夷とは、東北地方で朝廷に従わない勢力である。東北で反乱が起きたのは皇太子時代の、宝亀五年（七七四）のことだった。蝦夷が桃生城（宮城県石巻市）を攻撃してから、長期に及ぶ戦争となり、鎮圧までに桓武天皇の在位のほとんどの期間を要した。延暦八年（七八九）の戦闘では政府軍が大敗を喫したが、天皇は乱の鎮圧の手を緩めることがなかった。

その後、何度か東北へ出兵して徐々に成果を挙げ、延暦十六年（七九七）には坂上田村麻呂を征夷大将軍に任命した。坂上氏は渡来系の東漢氏の一族で、武人として朝廷に仕えていた。延暦二十年（八〇一）の遠征で、抵抗を続けていた胆沢地方（岩手県奥州市）の蝦夷をほとんど制圧し、翌年、蝦夷の指導者である阿弖流為と盤具公母礼が、五〇〇人余りの蝦夷と共に投降した。田村麻呂は、蝦夷の指導者二人を連れて凱旋し、東北の支配を安定させるためにこの二人を助命して東北に帰すように嘆願した。しかし、公卿たちはこれに反対し、二人は死罪となった。そして、胆沢城が完成し、鎮守府が多賀城から移された。これにより、蝦夷との戦いの最前線が北上した。延暦二十二年（八〇三）には、さらに北方の盛岡市南部に志波城を築いた。

桓武朝では、南九州の大隅国と薩摩国を律令体制に組み込むことに成功した。天武天皇の時代から、大隅と薩摩の人々を隼人と呼んでいた。八世紀前半までは朝廷と武力衝突することがあったが、それ以降は、両国が朝廷に朝貢するようになり、関係は改善されていた。しかし、両国では長らく律令制の根幹制度である班田収授が実施されていなかった。桓武朝の延暦十九年（八〇〇）に両国でもこれが実施されるようになり、延暦二十年（八〇一）から両国の朝貢が停止された。以降「隼人」という呼称は用いられなくなる。こうして、九州の南端まで律令国家の統治が行き渡った。

しかし、二つの都を造り、蝦夷との戦争を続けてきたことは、大きな負担となっていた。桓武天皇が延暦二十四年（八〇五）に参議の藤原緒嗣と菅野真道に意見を求めたところ、緒嗣は造都と征夷の両方を停止すべきと述べた。真道はこれに反対したが、桓武天皇は緒嗣の建議を採用し、造都と征夷が中断されることになった。この時の議論を徳政相論という。田村麻呂は延暦二十三年（八〇四）に再び征夷大将軍に任じられていたが、これにより、予定されていた桓武朝第四次蝦夷征討は中止された。そして、徳政相論の約三カ月後、桓武天皇は崩御となった。宝算七十歳（数え年）だった。

桓武天皇は平安京遷都でその名が後世に知られているが、東北の蝦夷を平定し、東北から九州南部にまで律令制を敷いたことは大きな功績である。これで九州南部から東北中部までの日本の領域が確定した。その後、弘仁十四年（八二三）に越前国から加賀国が分立し、翌年に多禰国（種子島と屋久島）が大隅国に編入されると、六十六国二嶋の体制が長期間固定される。「二嶋」とは対馬と壱岐を指す。

平安初期の政治混乱

桓武天皇の次には、早良親王の廃太子に伴って皇太子となった安殿親王が第五十一代平城天皇となった。元来病弱だった平城天皇は即位の後も体調が優れず、転地療養を試みるも変化はなく、やはり早良親王の怨霊ではないかとされた。そこで在位三年にして弟に譲位して第五十二代嵯峨天皇が践祚し、上皇は平城旧京に隠棲した。

ところが、譲位すると平城上皇は俄かに健康を取り戻した。この時政治の舞台への未練を顕に上皇に重祚を促したのが、後宮に仕えていた藤原薬子である。薬子は上皇の妃の母親だったが、薬子自ら上皇の寵愛を受けるようになっていた。当初は、上皇の弟である嵯峨天皇も様子を見ていたものの、上皇が政治への関与を深めたことで「二所の朝廷」といわれる分裂状態に立ち至り、上皇は弘仁元年（八一〇）、平城京に遷都する詔を発し、上皇と天皇の対立は極限に達した。嵯峨天皇は、上皇との決別を決断し、薬子の兄である藤原仲成を捕らえて左遷し、薬子の官位を剥奪した。激怒した上皇は挙兵するために薬子と共に東国に出立した。しかし、坂上田村麻呂に阻止され、上皇は平城京に戻った。そして薬子は自害、上皇は出家し失意のまま平城京に孤立し、天長元年（八二四）に崩御となった。いわゆる薬子の変である。これにより、藤原四子の内の藤原式家が没落した。この時、嵯峨天皇に重用されて力を付けたのが藤原北家である。

この事件について『日本後紀』は、薬子と藤原仲成が事件の首謀者であると明記しているが、近年の研究では上皇自ら積極的に主導したとの見方が有力となり「平城太上天皇の変」と呼ぶことが提唱されている。また、政治に介入する上皇を封じるために嵯峨天皇が積極的に動いたとの見解も示されている。誰が主導したか学説で見解が分かれるところだが、上皇や天皇が政変の「首謀者」であることを前提とする表現は不適切であるから、ここは「弘仁の変」と名付けるのが妥当と思われる。

嵯峨天皇治世の弘仁二年（八一一）、文室綿麻呂を征夷将軍とする遠征が行われ、徳政相論で中止されていた蝦夷平定が再び開始された。岩手県北部から青森県南部にかけての内陸部、また岩手県の三陸海岸沿いの地域の蝦夷を制圧した。しかし、綿麻呂が、兵や百姓が疲弊していると訴えたことで、朝廷と蝦夷との三十八年間の戦争は、幕を下ろすことになった。

嵯峨天皇は、二〇人以上の妃を迎え、五〇人以上の子沢山に恵まれた。そして、弘仁五年（八一四）から順次、子の中で母親の身分が低い者三二人に源朝臣の姓を与えて臣籍降下させた。親王と内親王の人数を減らすことで財政への負担を軽減するだけでなく、天皇の子が公卿に列せられることで、公卿の構成は大きく変化することになる。これが賜姓源氏の初例となり、後代にも続いた。時の天皇号を冠して、嵯峨源氏、清和源氏、村上源氏などと称し、二十一代による二十一流の例がある。

　平安時代初期には、唐で修行を積んだ最澄と空海が、実践的な仏教を日本に伝えたことで、仏教に新しい潮流が現れた。最澄は僧官として宮中に仕えていたところ、桓武天皇からの信頼も厚く、唐への留学生に抜擢された。一年ほど学んだ最澄は、帰国後、天台宗を開き、比叡山（京都府、滋賀県）に延暦寺を建てた。また、同じ時期の遣唐使には、当時は全く無名だった空海がいた。空海は密教を学ぶため二年間滞在し、帰国後、真言宗を開き、高野山（和歌山県）に金剛峯寺を建てた。また嵯峨天皇から京都の東寺を与えられ、道場とした。最澄は、空海から密教を学ぶために、自分よりも年下の空海の元に弟子入りしたが、後に考え方の違いが顕著になり、四年後に二人は絶交している。

　かつて、道鏡や玄昉など、奈良を本拠地とする仏教勢力が政治に介入して混乱したことがあった。桓武天皇が最澄を、また嵯峨天皇が空海を後押ししたのは、本格的で実践的な仏教を求めたからだと思われる。没後、最澄は清和天皇から伝教大師、また空海は第六十代醍醐天皇から弘法大師の名が贈られた。

奈良時代に始まった神仏習合は一層加速し、明治期の神仏分離令まで続くことになる。ただし「神仏習合」は、神道と仏教が一つに合わさることではない。神道と仏教の儀式はその後も明確に分離されていて、実際は神仏が棲み分けをする関係が成立する。むしろ、「神仏共存」と表現すべきである。

❖摂関政治と藤原北家

嵯峨天皇、第五十三代淳和天皇、第五十四代仁明天皇の三代の治世は平穏だったが、承和九年（八四二）に嵯峨上皇が崩御すると派閥間の抗争が起こり、橘逸勢と伴健岑が流罪となった承和の変を経て、藤原北家が台頭する。そして満八歳の清和天皇が即位すると、藤原北家出身の藤原良房が臣下ながら、太政大臣として天皇を後見した。

その後、貞観八年（八六六）に応天門が焼け落ちる事件が起きると、放火の嫌疑により大納言伴善男が流罪となった。現在ではこの容疑は冤罪であるとの見方もある。この応天門の変の後、良房は臣下にして初めて摂政に就任した。

摂政は天皇が幼少か病気あるいは女帝の時に設置され、天皇の全ての大権を単独で代理する極めて重要な官職であり、これまで皇族でなければ摂政になることはできなかった。良房は、清和天皇の外祖父（母の父）だった。良房はそれまでに政敵を失脚させ、強い権力を握っていたため、そのようなことが可能だった。
そして、良房の兄の子で、良房の養子となった藤原基経は、第五十七代陽成天皇が満七歳で即位すると摂政となった。陽成天皇は清和天皇の皇子で、基経の妹が生んだ子でもあった。だが、基経と陽成天皇の間には確執があったようで、基経は陽成天皇を廃位に追い込んだ。続けて基経の人選によって、元慶八年（八八四）に第五十八代光孝天皇が即位する。この時、中には基経の歓心を買うために媚びる親王もいたという。光孝天皇は、生活は質素ながらも帝王の風格を備え、その上政治に無関心だったことなどから基経に適任であるとされた。だが即位した天皇は数え五十五歳であり幼少ではなかったため、摂政を置くことができなかった。そこで、新たに「関白」という役職が作られ、基経は天皇から初の関白に任命された。

このようにして藤原北家は天皇の外戚として政権を握る方法を用いて、着々と権力基盤を整え、摂関政治を成立させた。その後、平安時代後期からは武士が政権を担当することになるも、天皇親政の時期を除けば、朝廷における政治は摂関が掌握する体制が幕末まで続く。そして摂関は藤原北家が独占し続けることになる。

藤原北家は近衛家、鷹司家、九条家、二条家、一条家の藤原五摂家の祖であり、摂関だけでなく皇后を出すことが許される家柄とされた。しかも維新後も五摂家は権勢を揮い、先の大戦の終戦後の昭和二十二年（一九四七）に華族制度が廃止されるまで、皇室と政治に深く関わり続けることになる。

さて、関白を設置した光孝天皇は、自らの皇子全員に源氏姓を与えて臣籍降下させていたため、光孝天皇の発病に際して、基経は既に臣籍にいた皇子の源定省を定省親王として皇族に復帰させてから皇太子に立てた。そして即位したのが第五十九代宇多天皇である。皇子とはいえ、臣下から天皇に即位した唯一の例である。

これまで藤原氏は度々政治の実権を握ってきたが、平安時代にはその権力をより強いものにしていく。従来のように、自らの娘を天皇の后にして、その子を天皇に擁立したのみならず、摂政や関白という天皇に代わる地位に就いて、天皇から政治を一任されることで、より強い政治力を発揮するようになったのである。藤原氏は、天皇が幼少の時は摂政として、また天皇が成人すると関白として政治の実権を握った。このような政治を摂関政治という。藤原氏の全盛期は十一世紀前半の藤原道長とその子の藤原頼通の代である。

❖天皇親政と摂関政治のあいだ

このようにして臣下から即位した宇多天皇は、藤原基経を関白に任命するが、その際に出した「宜しく阿衡の任を以て汝の任とすべし」という文面が問題となった。阿衡とは支那の殷の高貴な役職だったが、文章博士の藤原佐世が「阿衡は位は貴いが職掌がない」と基経に入れ知恵した。このままでは名誉職に落とされると危惧した基経は、宇多天皇が事実上の引退を勧めたものと解釈して、一切の政務から手を引いて政治は大混乱に陥った。半年ほど経過して、宇多天皇は問題となった文面を書いた橘広相を罷免して、再度関白に任命する文書を発給することで事態を収拾させた。これが阿衡の紛議である。

しかし、宇多天皇は心中穏やかではなかったようで、日記にこの時の鬱憤を書き遺している。寛平三年（八九一）に基経が死去すると、宇多天皇は、紛議の原因を作った藤原佐世を左遷し、藤原氏への不満を顕に、摂政、関白を置かずに自ら政治を執ることにした。宇多天皇の親政は、一連の政治改革の成果を挙げ、後に寛平の治と呼ばれて高く評価される。時に天皇を補佐したのは菅原道真である。寛平の治は、事実上、天皇と道真の二人三脚で成し遂げられたといえる。

道真は基経の死後間もなく蔵人頭に任じられて、天皇の側で政務に関わるようになり、寛平五年（八九三）に参議に進んで公卿の仲間入りを果たした。その後も勢いよく出世していき、醍醐天皇の時代に入って昌泰二年（八九九）には右大臣となった。この早い出世が有力者たちに嫌われ、後の失脚の原因になったと見られる。

平安時代には延暦二十三年（八〇四）と承和五年（八三八）の二回、唐に遣使されたが、宇多天皇の治世の寛平六年（八九四）、道真の建議により、遣唐使の制が中止された。唐の政治が不安定になり国が弱体化した結果、遣使の外交政策上の意義が低下し、唐から学ぶものも余りなくなったことが主な理由である。また九世紀以降は唐人、新羅人商人との私貿易が盛んになったため、遣使を立てなくても大陸や半島との交易が可能になったことも関係している。

桓武天皇が仏教と唐の文化を重んじたことで、平安時代の前半は特に唐風(からふう)の文化が栄えたが、十世紀以後は国風文化(こくふうぶんか)が発達する。宮廷では建築や服装まで、国風のものが好まれるようになり、貴族の間では漢詩も傾向が変わり、九世紀末になると、漢詩という支那の文芸形式をとりながらも、文体や表現などで日本的特徴を備えるようになった。また、宮中を警備するために滝口(たきぐち)の武士を置いた。滝口とは、清涼殿の東庭の北側の出入り口のことで、ここに警備の詰所を作った。人数は一〇人から二〇人と少ないが、天皇が直轄する武力を持った意義は大きい。

宇多天皇は約十年の在位で寛平九年（八九七）に皇子に譲位し、醍醐天皇が践祚した。醍醐天皇も同様に親政を進めた。醍醐天皇は先代からの政治改革だけでなく、儀式の整備、正史『日本三代実録(にほんさんだいじつろく)』の編纂、そして最初の勅撰(ちょくせん)和歌集である『古今和歌集(こきんわかしゅう)』の勅撰など、文化面でも多くの功績を残し、その治世は後の第六十二代村上(むらかみ)天皇の親政と併せて延喜(えんぎ)・天暦(てんりゃく)の治と呼ばれ、理想の時代として後世にまで語り継がれている。

醍醐天皇を補佐したのは菅原道真と藤原時平だった。だが、昌泰四年（延喜元年、九〇一）、時平の讒言によって道真は失脚した。道真は右大臣から大宰権帥に一気に降格させられ、九州に左遷された。昌泰の変である。これにより、再び藤原北家が権力を握るようになる。道真の左遷を命じたのは満十五歳の醍醐天皇だった。道真は二年後の延喜三年（九〇三）左遷先で没した。すると、都では多くの異変や不幸が起きるようになり、醍醐天皇も病に倒れ、崩御となる。そして天皇は道真の祟りによって命を失ったとの噂が、瞬く間に広がった。

九〇七年に唐が滅びると、小国が分立した後に宋（北宋）が支那大陸を統一した。

朝鮮半島では十世紀初頭に高麗ができ、その後朝鮮半島を統一した。

次の第六十一代朱雀天皇の代で、早くも摂関が復活する。天皇は若くして即位したため、藤原忠平が摂政となり、後に関白となる。朱雀天皇は藤原基経の孫に当たる。

　奈良時代に発布された墾田永年私財法により初期荘園が成立し発展したことは、公地公民を基本とする班田収授法の実施を困難にしていった。質の悪い墾田と良質な口分田が不正に交換され、農民の逃亡が増加し偽籍が増大するなどにより、班田制を維持することが困難になった。その結果、十世紀に入る頃には、国家財政は破綻寸前にまで追い込まれた。

　中央の政治が地方に及ばなくなると、地方の治安は悪化した。そのようなか、各地の公領と荘園では、外敵から所領を守るために、豪族や有力農民たちは自ら武装し、従者を率いて武装集団を形成した。これが、武士と武士団の起こりである。また、朝廷は、武芸に優れた中級・下級貴族に、天皇の居所や役所の警備と犯罪の取り締まりを担当させ、悪化した治安を回復させるために、国司として地方に派遣した。なかには派遣先でそのまま土着し、武士団を形成する者も現れた。

朱雀天皇治世には、北関東で平将門の乱が、また瀬戸内で藤原純友の乱が起きた。乱はいずれも鎮圧されるが、功績のあった源氏、平氏、藤原氏（摂関家とは別）などの武士の力が認められ、後に勢力を伸ばすことになる。しかし、貴族政権に対する武士による抗争の契機となった。

そして、第六十三代冷泉天皇の時に藤原実頼が関白となり、治世中に起きた安和の変により、藤原氏に対抗する存在がいなくなった。それ以降は、摂関が常に設置されることとなり、藤原氏摂関政治の黄金期に突入する。

それから暫くは藤原氏の中で権勢闘争があり、第六十六代一条天皇の治世で藤原道長が右大臣と左大臣を歴任してから、藤原氏の全盛期を迎えることになった。道長は娘の彰子を一条天皇の中宮に冊立し、彰子が生んだ子が後に第六十八代後一条天皇と第六十九代後朱雀天皇となる。しかも道長は娘の妍子を第六十七代三条天皇の中宮に、また娘の威子を後一条天皇の中宮に、さらには、娘の嬉子を後朱雀天皇に嫁がせ、その皇子が後の第七十代後冷泉天皇となった。かくして道長は、一条天皇から後冷泉天皇までの五代の天皇の外戚として、長期間強大な権力を揮った。

ところで、荘園には輸租田と不輸租田の区別がある。輸租田とは農民に与えられる口分田と、有力な貴族に与えられる位田などのことで、納税の義務がある。それに対し不輸租田とは神社や寺院に寄進された神田や寺田などのことで、租税が免除される。このように、同じ私有地でも課税と非課税の違いがあった。

摂関政治によって藤原氏を中心とする名門の貴族が政権を握るようになると、有力者らは多くの荘園を不輸租田として課税を逃れ、大きな収入基盤を手に入れた。しかしその分、中央政府に送られる税は減少した。

しかし、藤原頼通の時代の治暦四年（一〇六八）に三条天皇皇女の禎子内親王を生母とする第七十一代後三条天皇が即位すると、藤原氏の時代は一気に終焉を迎える。宇多天皇以来一七〇年振りに、藤原氏を外戚としない天皇が即位したからである（ただし、禎子内親王は道長の外孫）。そのことは後三条天皇の親政を可能にした。天皇は延久元年（一〇六九）自ら延久の荘園整理に乗り出し、由来が明確でない荘園を次々と廃止し、摂関家の経済基盤を切り崩すことに成功した。これまでの荘園整理は摂関家や寺社には及ばなかったが、後三条天皇は聖域なき整理を断行した。こうして、後三条天皇治世で摂関政治は終わりを告げ、政治体制は新たな段階に進むことになる。

❖平安文化の世界的意義

平安時代は文化面でも大きな発展が見られる。漢字をくずして日本語の音を表す仮名文字が広く用いられるようになり、仮名を使った文学が発展した。醍醐天皇の時代には、紀貫之などが編纂した、初の勅撰和歌集である『古今和歌集』が作られたのは述べた通りである。

この時代を代表する文学作品を紹介する。清少納言の『枕草子』は、宮廷生活を、卓越した観察力と表現力により、軽妙な筆致で綴った読みやすい文章が特徴である。紫式部の『源氏物語』は世界最古の長編小説ともいわれる。皇子として生まれた主人公の光源氏を通じて、権力闘争から恋愛まで、宮廷に生きる人々の姿を描いている。この時代は、その他にも藤原道綱母、菅原孝標女、和泉式部といった女性作家を輩出している。

清少納言と紫式部は日本の女流文学の走りといわれるが、世界的に見ても異常なほど早い。現在世界的に認知されている最古の女流文学は紀元前七世紀末から紀元前六世紀初めにかけて活躍した古代ギリシャの女性詩人サッフォーがいるが、その後、古代、中世を通じて女流作家は現れなかった。欧州で女流文学が現れるのは十七世紀を待たなければならない。また、日本では後宮が男子禁制だったため、多くの教養ある女性が求められた。他方、儒教を思想的な基礎とする支那や朝鮮では、宦官が後宮を差配したため上流階級の女性が働く場所がなく、教養のある女性が求められることもなかった。近代まで女流文学が育たなかったのはそのためと思われる。

清少納言と紫式部は、時期は異なるも、一条天皇の後宮で女房として働いていた。一条天皇の宮廷は、多くの才女が求められた。道長が彰子を入内させた際には、精鋭の女房四〇人を従わせたことからもそのことが分かる。そのような環境で、女流文学が生まれ育まれていった。

また作者の男女に関係なく、五四帖から構成される『源氏物語』は世界初の長編小説であり、成立年代と作者は不詳だが、この時代の作品である『竹取物語』はSF（空想科学小説）の原型とされる。

『日本書紀』に続いて『続日本紀』『日本後紀』『続日本後紀』『日本文徳天皇実録』『日本三代実録』が編纂されたのもこの時代である。『日本書紀』を含めこれらを合わせて六国史という。我が国の正史に該当する。

また、十世紀の中期には、社会の混乱などからくる不安から、念仏を唱えて阿弥陀如来を拝むと死後に極楽浄土に行けるという浄土信仰（阿弥陀信仰）が盛んになった。阿弥陀堂に阿弥陀仏を安置する多くの寺院が建設された。藤原頼通が建てた宇治

(京都府)の平等院鳳凰堂がその代表で、現在の十円硬貨に描かれていることでも有名である。

❖摂関政治から院政へ

後三条天皇の次に満十九歳で即位した第七十二代白河天皇は十五年後に皇子に譲位し、白河太上天皇(略して「白河上皇」)となり、実質的な院政を始めた。院政は上皇が天皇の後ろ盾として政治の実権を握ることである。摂関政治が主に天皇の母方の一族(藤原氏)が政治を動かす仕組みだったのに対し、院政は主に天皇の父か父方の祖父(上皇)が政治を動かす仕組みにほかならない。しかも上皇は元天皇という立場で政務を執る。そのため、院政を敷くことで、摂関政治による藤原氏一族の専権を抑える効果を発揮した。

摂関政治では外戚の藤原氏によって次の天皇の人選が左右されたが、院政では上皇が天皇を決定することになり、白河上皇は第七十三代堀河天皇、第七十四代鳥羽天皇、第七十五代崇徳天皇と、存命中に曾孫まで直系の子孫を即位させた。皇室の家長たる最上位の上皇を「本院」もしくは「治天の君」と呼ぶ。白河上皇は三代に亘って治天の君として君臨した。安定した摂関政治が続いて政治が腐敗したのに対し、朝廷は、天皇の親政、上皇の院政の二つの段階を踏んで政治の実権を取り戻した。これが、武士が登場する直前の社会である。

白河上皇は後三条上皇の政治路線を継承して荘園の整理を断行した他、院庁に北面武士を置き、自ら武力を保持して院御所（上皇の住まい）の警備に当たらせた。この頃から平氏は着々と力をつけていくことになる。摂関家を抑えた白河上皇は強大な政治権力を持ち、『平家物語』は「天下三不如意」と記した。すなわち、白河上皇の思うままにならないものは、賀茂川の水と双六のサイコロと延暦寺の法師の三つだけだったという。

白河上皇は皇子女たちの処遇に新しい道を拓いた。永保三年（一〇八三）、第二皇子の覚行を仁和寺に入室させ、承徳三年（一〇九九）に親王宣下を行った。出家した皇子を親王とする先例となり、これが慣例化する。出家して親王となると法親王、また親王宣下を受けた者が出家すると入道親王と呼ばれる。将来皇位を担う可能性のある者を残し、その他の男子は出家させて皇位継承の混乱を未然に防ぎ、出家した男子には宗教を通じて皇室を守る役割を与えたことになる。

大治四年（一一二九）に白河上皇が崩御となると、孫の鳥羽上皇が本院として政治の中心に立った。崇徳天皇と鳥羽上皇との間には確執があったとされる。結局、鳥羽上皇の意向により崇徳天皇は譲位を余儀なくされ、第七十六代近衛天皇が即位するも若くして崩御となり、続けて崇徳上皇の同母弟に当たる第七十七代後白河天皇が即位し、天皇の皇子が皇太子となった。崇徳上皇は自分の子を天皇に立てようと考えていたが、ここへ来てその望みは絶たれた。

それればかりか鳥羽上皇が病に倒れて崩御となると、崇徳上皇が近衛天皇を呪い殺して、叛乱の準備をしているとの噂が流され、崇徳上皇は身の危険を感じて挙兵の準備を始める。しかし、これは後白河天皇の罠だった。

保元元年（一一五六）に鳥羽上皇が崩御となると、遂に後白河天皇は平清盛や源義朝らを起用して崇徳上皇の白河北殿を先制攻撃した。崇徳上皇は捕らえられ、讃岐国に配流された。これが保元の乱である。乱後の保元三年、後白河天皇は譲位して上皇となり、第七十八代二条天皇が即位した。

平安京遷都から保元の乱までの三六二年間は、地方での叛乱事件は幾度かあったものの、中央での戦乱は皆無だった。保元の乱から本格的な動乱期に突入することになる。平安期にこれほど長い不断の平和が続いたことは、実は世界史上他に例がない。

❖魔王となった崇徳天皇

保元の乱から三年後の平治元年（一一五九）、今度は後白河天皇の近臣らの対立により平治の乱が起きた。実際は後白河院政派の源氏と二条親政派の平氏との抗争で、平清盛が源義朝を破った。平清盛は翌永暦元年（一一六〇）に参議に任命され、武士で初めて公卿の地位に就いた。

平治の乱により源氏の勢力が没落し、平清盛が平氏一門による武家政権の基礎を築いたが、上皇と天皇は共に力を落とし、政治が上皇、天皇、貴族の手から離れることになった。我が国は建国以来、皇室と貴族が政治を担ってきたが、ここで政治の在り方が大きく転換する。途中例外はあるも、武家政権はこの時から徳川幕府が崩壊するまで、およそ七〇〇年間続くことになる。

清盛はその後も後白河上皇との関係を深め、仁安二年（一一六七）に武士として初めて太政大臣に任命されたが、実権のない名誉職に過ぎず、三カ月で辞任した。清盛は宋との貿易を重視して、大輪田泊（兵庫県）の整備や、厳島神社の改築などの事業を行い、その後も政治への影響力を増していった。

一方、崇徳上皇は流刑地で大がかりな写経に着手していた。三年掛かりで五部の大乗経の写経を完成させると、崇徳上皇は鳥羽上皇の墓所に納めようと写本を仁和寺に預けた。ところが、写経は後白河天皇の許しが得られずに返却されてしまう。『保元物語』は写本が返却されてから崇徳上皇が崩御するまでを次のように書き記している。

仁和寺からは「〔天皇の〕お咎めが重いので手跡であっても都に置くことができない」との理由で後白河天皇が写本の受け入れを拒絶したとの説明があったという。

『保元物語』によると、これを聞いた崇徳上皇は激怒し「配流されたとはいえ、出家して菩提の為に仏教を修読することは許されて然るべきだが、後世の為に書いた大乗経の置き場すら許さないのであれば、後世までの敵と見做すということであろうから、我生きていても無益である」と言うと、その後は髪に櫛を入れず、爪も切らず、生きながら天狗の姿になったという。そして「罪を償おうとして書写した血書経を三悪道に投げ込み、その力を以って、日本国の大魔縁となり、天皇を民とし、民を天皇としてみせる」と言うと、自らの舌を食いちぎり、滴る血液で大乗経に「天下滅亡」の呪いの言葉を書き記したという。『保元物語』は戦記物語であるから誇張されていると考えられるが、大乗経が実在し、納経が断られたことは史実であり、崇徳上皇の呪いを後世の為政者たちが恐れ、それに対処したこともまた史実である（拙著『怨霊になった天皇』二〇〇九）。そして、長寛二年（一一六四）、崇徳上皇は憤死した。

崇徳上皇が崩御となると、間もなく延暦寺の僧兵による強訴事件が起こり、度重なる飢饉と洪水によって社会が不安定になった。これは崇徳上皇の怨念によるものだと恐れられた。崇徳上皇の崩御から一三年後の治承元年（一一七七）になって、朝廷は上皇の霊を慰めるために、院号である讃岐院に換えて崇徳院を贈った。

ところが、社会の混乱は鎮まらなかった。後白河上皇と平氏が対立を深め、同年には鹿ケ谷の陰謀が起こり、同三年に後白河上皇は平清盛によって幽閉されて院政は停止され、平氏政権が成立した。こうして混乱は拡大し、壇ノ浦の合戦に向かっていく。これらは全て、崇徳上皇の祟りであると恐れられた。

保元の乱の戦場跡には鎮魂のために粟田宮が建てられたが、その後も崇徳上皇の怨念の凄まじさは長年に亘って恐れられ、数世紀の後には京都に白峯宮（後に白峯神宮）が建てられた。崇徳天皇没後七〇〇年に当たる幕末の元治元年（一八六四）には、世情は混乱を極め、禁門の変が起きて崇徳上皇の怨念が再来したと心配され、数々の祈禱が行われた。崇徳上皇は今も、香川県坂出市の白峯陵に眠っている。

❖壇ノ浦に沈んだ三種の神器

平清盛は娘の徳子を第八十代高倉天皇の皇后としていた。治承三年（一一七九）、清盛は後白河上皇を幽閉して院政を停止させると、翌治承四年（一一八〇）には高倉天皇に退位を迫り、皇后徳子が生んだ生後一歳三カ月の言仁親王を即位させた。「悲劇の天皇」として知られる第八十一代安徳天皇である。清盛の孫が即位したことで「平氏の天皇」が誕生し、平氏の時代は頂点を迎えた。そして清盛は、強い権勢を背景に専横的な政治をするようになった。

しかし、平氏の時代も長くは続かなかった。清盛の政治に不満を抱いた源頼政が以仁王（後白河上皇の皇子）を奉じ、以仁王の平氏追討の令旨（皇族が出す命令）が発せられたのである。この令旨により歴史が動いた。以仁王は、清盛が高倉上皇と共に厳島神社に出向いたその隙を突き、源氏と共に挙兵を計画し、平氏の作り上げた体制に挑んだ。

令旨には「権勢を以って凶悪な行いをし、国家を滅ぼし、百官万民を悩まし、日本全国を攻略し、天皇上皇を幽閉し、公卿を流罪にして命を絶ち、軟禁し、財産を盗み、領国を私物化し、官職を奪い授け、功績のない者に賞を許し、罪もない者に罪を科し、諸寺の高僧を召し捕らえて修学の僧徒を禁獄し、比叡山の米を謀反の糧米として横領し、百王の事蹟を絶ち、摂関の首を切り、天皇に違逆し、仏法を破滅し、古代からの伝統を絶つ者である」と、数々の清盛の悪行が列挙されている。

しかし、この計画は事前に漏れ、以仁王と源頼政は逃れる途中で平氏の官軍に追撃されて討ち死にした。だが、この情報が伝わると、源頼朝と源義仲をはじめ各地で挙兵が相次ぎ源平の合戦が始まる。中でも、鎌倉を拠点に武士を結集した源頼朝が徐々に頭角を現していく。

寿永二年(一一八三)、源義仲が越中、続けて加賀で平氏を破って京都に迫った。結局、平宗盛は幼い帝を擁して、三種の神器と共に西へ落ち延びた。その後、頼朝と義仲の対立は決定的となり、頼朝の代官として鎌倉を進発していた源範頼と源義経の軍に敗れ、義仲は琵琶湖畔の粟津で討ち死にした。

頼朝と義仲の対立で一時期勢力を取り戻した平氏も、一ノ谷の戦いと屋島の戦いで次々と敗れ、元暦二年（文治元年、一一八五）三月二十四日、遂に壇ノ浦（現在の山口県下関市）の海上で源平の決戦を迎える。これが壇ノ浦の合戦である。

潮流の速度と方向を利用した源氏が優勢となり、源義経の奇策もあって平氏の敗色が濃くなった。全軍を総指揮していた平知盛以下、平氏一門の武将は悉く討ち死にし、平家は滅亡した。殲滅戦の中、満六歳の安徳天皇は、三種の神器もろとも、母方の祖母である二位尼時子（平清盛の妻）に抱かれて入水、天皇崩御となった。

『平家物語』は、敗北を悟った平氏の武将たち、女性たち、そして幼い安徳天皇が次々に自決してゆく、平家滅亡の壮絶な光景を描写している。

安徳天皇は平氏の血を受け継いだために天皇となり、また平氏の血を受け継いだために若くして非業の死を遂げなければならなかった悲劇の天皇である。天皇と共に海中に沈んだ三種の神器は、天皇が天皇であることの証であり、徹底して捜索した結果、鏡と勾玉は回収されたが剣は失われてしまった。暫くは宮中にあった別の剣を代わりに祀っていたが、後に第八十四代順徳天皇の即位に当たり、承元四年（一二一〇）、伊勢の神宮の剣の中から一つが選ばれ、三種の神器の剣として宮中に改めて祀られるようになった。以仁王は自らの死を以って、平氏を打倒した。しかし、平氏滅亡により、武家の力は更に強まり、長く続く武家政権の時代が幕を開ける。

解説――天皇とヤマト・纒向

桜井市纒向学研究センター統括研究員
橋本輝彦

平成二十一年（二〇〇九）、ヤマト王権最初の都宮、倭国王「卑弥呼」の王都ともいわれる纒向遺跡（奈良県桜井市）の研究は、大きな転換期を迎えていた。

私が担当したこの年の学術調査では、遺跡内の辻地区において日本では最古の事例となる軸線と方位を揃えて建てられた建物群が発見された。しかも、その中に床面積にして二三八平方メートルもの大きさを持った三世紀中頃のものとしては国内最大の建物跡が含まれていたことから、初期の大王宮、あるいは卑弥呼の宮殿が発見されたのではないかと大きな注目を集めるとともに、しばらく停滞していた集落構造をはじめとした遺跡の研究に大きな進展を齎すこととなったのである。

竹田恒泰先生とのご縁は、この纒向遺跡における調査の重要性に注目された先生から、平成二十四年の日本国史学会第一回公開研究会での発表の打診をいただいたのが始まりである。以来、先生の製作されたＤＶＤでの共演や、奈良県における竹田研究会での鼎談など、様々に意見を交換させていただいている。

今回、解説を執筆させていただくにあたり、改めて本書を通読してまず目を引いたのは各所に鏤められた最新の研究成果の数々である。

それは、時代や研究分野を横断した膨大なもので、細分化と深化が著しい現代の研究では史学や考古学を本業とする者でも、すべてを網羅することは不可能といえるほどのボリュームと内容である。竹田先生の異分野の研究に対して張り巡らされたアンテナの大きさと情報の分析力、そして歴史を俯瞰する視野の広さは、日頃から多方面で活躍される研究の中で養われたものなのであろう。

＊　＊　＊

さて、本書では普段、私が研究の対象としている近畿地方の弥生時代から古墳時代にかけての著述に関して、全体（上・下巻）の約二割ものボリュームを割いて、検証と解説に充てておられる。このことは、この時期こそが、「天皇」の誕生やヤマト王権の成立に繋がる『天皇の国史』の中で、大きな画期であると竹田先生が捉えておられることの現れであると考える。

特に冒頭で述べた纒向遺跡における居館遺構の存在や最初期の前方後円墳の成立は、先生も指摘されるように、三世紀初頭におけるヤマト王権の成立や古墳時代の幕開けを明確に示すものであり、この王権に対する評価は、本書における天皇家の成立や皇統に対する評価に大きく関わるものである。

結論から言うと、先生は神武天皇の東征の契機を開聞岳や由布岳など、九州地方の火山活動などとの関連で考えられ、その時期を紀元前後の弥生時代中期に求めておられる。

そして、大和入りした神武天皇の国は小さなものであり、三世紀になって纒向の大王を頂点とした、吉備や北部九州を含む広域連合政権（ヤマト王権）の成立に際してその中心を担ったのが崇神天皇ではなかったかと指摘されている。

実のところ、私は神武天皇の実在性について積極的な評価をする立場はとっていないが、竹田先生の『記』『紀』に対する「『非科学的』『非合理的』な記述の中にも、一定の真実が含まれている場合がある」という指摘は、私が大学時代に薫陶を受けた日本神話学の泰斗・松前健先生（故人）からの教えでもあり、研究生活の中で常に意識をしている考え方である。

そういった意味では、私も『記』『紀』における神武天皇に関する記述には、歴史的な事実に基づいたものが含まれるという立場をとっている。

細述はしないが、東征説話については、寺沢薫先生が『弥生国家論―国家はこうして生まれた』（二〇二一）において指摘するように、福岡県糸島市一帯に存在した「イト国」を中心に、北部九州において二世紀初めに成立した倭国（寺沢先生は「イト倭国」と呼称）が、複数の有力な国々の合議によって三世紀初頭に、奈良県桜井市の纒向遺跡へ倭国（寺沢先生は「新生倭国」と呼称）の中心が移されたとする政権中枢の九州から大和への移動を反映させたものではないかと私は考えている。そのうえで、神武天皇のモチーフは、二世紀末から三世紀初頭にかけて、大和への政権中枢の移動を実現させた王であろうと思っている。

加えて、纒向遺跡成立の背景については、私も寺沢先生と同様に、西日本を中心とした列島各地の首長達による合議があり、これに基づいて置かれた倭国の都が纒向遺跡であり、『三国志』（いわゆる『魏志倭人伝』）に登場する倭国王「卑弥呼」の政権がその始まりではないかと捉えている。

さらに、『三国志』に登場する卑弥呼に続く倭国王としては、卑弥呼の没後に王位についた男王や、その後を継いだ臺与など、世襲に依らない何代かの王が立ったようであるが、これらの後に登場するのが『三国志』には登場しない男王であり、この男王が崇神天皇のモチーフとなった王ではないかと考えている。

また、先の辻地区における居館域の調査では、先の三世紀中頃の建物群（Ⅱ期居館）の他に、これに先行する三世紀前半の居館の周囲を区画する大溝（Ⅰ期居館）や、Ⅲ期とした三世紀後半から四世紀代とみられる大型建物跡など、複数時期の居館の存在も確認されている。

それゆえ、これらの複数時期にわたる建物群は、年代的に見て纒向遺跡に存在した歴代の倭国王の居館とともに、崇神天皇の磯城瑞籬宮や、垂仁天皇の纒向珠城宮、景行天皇の纒向日代宮など、『記』『紀』に記された大王達（天皇）の居館の一部が見つかっている可能性も、私は夢想しているのである。

このように纒向遺跡の遺構群や『記』『紀』に記された初期の天皇達の事蹟に対する評価は、私と竹田先生とでは異なる部分も多い。

しかしながら、初期の歴代天皇の事蹟が全くのフィクションなどではなく、モチーフとなり得る実在の王や事象が存在し、それらが何らかの形で『記』『紀』に反映されたものであるという点、纒向遺跡が日本における王権の成立、皇室の御由緒に大きくかかわる重要な遺跡であるという立場には、大きな違いは無いものと思われる。

竹田先生には、今後も様々な機会を通じた意見の交換とともに、学問的な刺激をいただきたいと願っている。

＊　　＊　　＊

さて、ここまで取り上げてきた纒向遺跡が所在する桜井の地には、皇室の皆様も度々足を運んでおられる。

平成二十六年十一月に奈良県で開催された「第三四回全国豊かな海づくり大会」に

天皇皇后両陛下がご臨席されたが、その後に来桜され、大神神社御親拝の後に、纒向遺跡で発見された建物群や主な遺物についての展示をご覧いただくことになった。

私はこの際に、両陛下をご案内申し上げる機会をいただいたが、両陛下からは纒向遺跡にとどまらず、周辺に存在する歴代の御陵や宮跡などについて、予定時間を超えた多くのご下問があり、皇室の皆様にも「桜井・纒向」の地は特別な場所として強くご認識いただいていることを実感したのである。

纒向遺跡を含む三輪山西麓一帯は、かつて「ヤマト」と呼ばれた地域であり、本居宣長の「国号考」以降、多くの研究者が指摘するように、日本の国号たる「大和」の語源となった地域である。

和田萃先生の論考「ヤマトの範囲」（『桜井市史』〈一九七九〉収録）によると、この「ヤマト」の地域は後に隣接する天理市・橿原市・明日香村の一部を取り込んで拡大してゆき、やがては日本全体を指す言葉へとなっていくのだが、五九二年に推古天皇の即位に伴って宮が飛鳥へと移される以前の天皇の宮の大半が、この「ヤマト」の領域に築かれていたことはほとんど知られていない。

特に纒向遺跡の出現、すなわちヤマト王権の成立後の天皇と目される崇神天皇以降、歴代の天皇宮が「ヤマト」及びその周辺に集中する傾向は顕著で、『日本書紀』では二十三名中十九名と、実に八割を超える天皇たちがこの領域に宮を構えており、

「ヤマト」の地がヤマト王権成立の父祖の地として、歴代の天皇たちにとって宮を構えるべき特別な地であった様子をうかがうことができる。

本書においても取り上げられた説話であるが、武烈天皇の崩御後に天皇に迎えられる継体天皇が越前三国から河内国交野郡葛葉、山城国綴喜、山城国乙訓と宮を移しながら十九年もの歳月をかけて磐余地域に玉穂宮を置き、ヤマト入りを果たした様子からは、竹田先生が指摘する大和の豪族間における合意形成に時間を要したという事情に加え、そこまでの時間を要してでも「ヤマト」の領域に宮を構えるということが、「天皇」として広く認められる重要な要素の一つであったことを物語っていると私は考える。

このことは、飛鳥時代に入り、多くの宮が飛鳥地域に築かれるようになってからも、「ヤマト」の地域には、多くの宮や館、寺院などの施設が置かれていたことからもうかがえる。

代表的なものとしては、舒明天皇の百済宮や百済大寺、古人皇子の「ミコノミヤ」である大市宮、高市皇子の城上殯宮、大伯皇女の泊瀬斎宮、大津皇子の譯語田舎などが記録されており、皇族は「ヤマト」を離れていないことがわかるであろう。

*　*　*

ここまで見てきたように、桜井市における遺跡の調査と研究は日本の国家形成の歩み、すなわち皇統の歩みを探る調査ともいえるものである。

これまで五十年にわたって調査と研究が進められてきた纒向遺跡では、先の居館域の調査だけではなく、日本最古の前方後円墳群や多くの特殊遺物の発見などにより、遺跡の特質や実態は徐々に解明されつつある。

これらの成果に対しては、本書において竹田先生も様々な視点からの検討を展開されている通り、多くの研究者によって王権成立の背景やその構造、そして卑弥呼がいた邪馬台国の所在地などについて、活発な研究と議論の蓄積が続けられている。

その一方で、纒向遺跡に続く四世紀から七世紀にかけての王権中枢部の姿はなかなか見えてきていないのが実情である。

纒向遺跡を除いたヤマト地域における調査では桜井市脇本遺跡において雄略天皇の泊瀬朝倉宮、欽明天皇の行宮である泊瀬柴垣宮、大伯皇女の泊瀬斎宮の一部と推定される遺構群が確認されているのみで、存在が確実視される数多くの天皇や皇族の宮の手掛かりは全くと言ってよいほど無い状況である。

これらの遺構の探査に向けて、直ちに積極的に取り組んでいくことは難しいのが現状だが、宮の所在地やその構造の研究は王権の実態解明には欠かせないものである。引き続き地道な調査と研究を続けていくことをお約束するとともに、様々な視点からの議論の深化に期待したい。

最後になるが、本書のタイトルである「国史」の著述は、本来ならば歴史研究者の手によってなされるべきもの、という意見もあろうが、本書を読み進める中で感じたのは、研究史を適切に踏まえつつ、分野の異なる研究者が新しい視点で我が国の歴史を紡ぐことも、大変意味のあることではないか、ということである。

通史の著述に際し、一貫してその中心に「天皇」を据えるという手法は、『日本書紀』や『続日本紀』にも通じる古くて新しいスタイルであり、竹田先生にしか出来ない仕事であるといえよう。

今回の文庫化によって、本書をさらに多くの方々が手にとられ、次代を担う若者達が、日本という国の歴史・成り立ちに対して関心を高めてくれることを願うとともに、私自身も「ヤマト」における調査と研究を進めていくことで、国民がよい意味での愛国心や、国家という共同体への関心を高めていくことに貢献できれば望外の喜びである。

主要参考文献

◇史料・資料

小島憲之＝直木孝次郎＝西宮一民＝蔵中進＝毛利正守校注訳『日本書紀』（全三巻）（新編日本古典文学全集）（小学館、一九九四年－一九九八年）

青木和夫＝稲岡耕二＝笹山晴生＝白藤禮幸校注『続日本紀』（全六巻）（新日本古典文学大系）（岩波書店、一九九九年－二〇〇〇年）

黒板伸夫＝森田悌編『日本後紀』（訳注日本史料）（集英社、二〇〇三年）

『日本後紀　続日本後紀　日本文徳天皇実録（新装版）』（新訂増補国史大系）（吉川弘文館、二〇〇〇年、初出一九三四年）

『日本三代実録（新装版）』（新訂増補国史大系）（吉川弘文館、二〇〇〇年、初出一九三四年）

山口佳紀＝神野志隆光校注訳『古事記』（新編日本古典文学全集）（小学館、一九九七年）

宮内省先帝御事蹟取調掛編『孝明天皇紀』（全五巻）（平安神宮、一九六七年－一九六九年）

宮内庁編『明治天皇紀』（全十二巻）（吉川弘文館、一九六八年－一九七五年）

宮内庁編『昭和天皇実録』（全十八巻）（東京書籍、二〇一五年－二〇一八年）

宮内省図書寮編『大正天皇実録（補訂版）』（第一－第五）（ゆまに書房、二〇一六年－二〇二〇年）

小島憲之＝木下正俊＝東野治之校注訳『萬葉集』（全四巻）（新編日本古典文学全集）（小学館、一九九四年－一九九六年）

内田正男『日本書紀暦日原典（新装版）』（雄山閣出版、一九九三年、初出一九七八年）
藤堂明保＝竹田晃＝影山輝國訳注『倭国伝―中国正史に描かれた日本』（講談社学術文庫）（講談社、二〇一〇年、初出一九八五年）
石原道博編『旧唐書倭国日本伝・宋史日本伝・元史日本伝―中国正史日本伝（2）（新訂）』（岩波文庫）（岩波書店、一九八六年、初出一九五六年）
原田禹雄訳注『蔡鐸本 中山世譜』（琉球弧叢書）（榕樹書林、一九九八年）
国史大辞典編集委員会編『国史大辞典』（全十七巻）（吉川弘文館、一九七九年－一九九七年）
対外関係史総合年表編集委員会編『対外関係史総合年表』（吉川弘文館、一九九九年）
吉重丈夫『皇位継承事典―神武天皇から昭和天皇まで』（ＰＨＰエディターズ・グループ、二〇一九年）
吉重丈夫『歴代天皇で読む 日本の正史』（錦正社、二〇一五年）
中尾裕次編、防衛庁防衛研究所戦史部監修『昭和天皇発言記録集成』（全二巻）（芙蓉書房出版、二〇〇三年）
防衛庁防衛研修所戦史室『大本営陸軍部大東亜戦争開戦経緯』（全五巻）（戦史叢書）（朝雲新聞社、一九七三年－一九七四年）
外務省編（江藤淳解説）『終戦史録』（全六巻）（北洋社、一九七七年－一九七八年）
外務省『日本外交文書・太平洋戦争 第三冊』（外務省、二〇一〇年）
河北騰『増鏡全注釈』（笠間書院、二〇一五年）
Angus Maddison, *The World Economy*, OECD, C2006.

第一部 日本の神代・先史

〈項目をまたいで参考にした文献〉

飯島武次『中国考古学のてびき』（同成社、二〇一五年）
工藤雄一郎『旧石器・縄文時代の環境文化史―高精度放射性炭素年代測定と考古学』（新泉社、二〇一二年）
黒尾和久＝高瀬克範「第一章　縄文・弥生時代の雑穀栽培」（木村茂光編『雑穀―畑作農耕論の地平』青木書店、二〇〇三年）二九―五六頁
小泉保『縄文語の発見（新装版）』（青土社、二〇一三年）
国立歴史民俗博物館＝藤尾慎一郎編『再考！縄文と弥生―日本先史文化の再構築』（吉川弘文館、二〇一九年）
崎谷満『新日本人の起源―神話からDNA科学へ』（勉誠出版、二〇〇九年）
崎谷満『DNA・考古・言語の学際研究が示す新・日本列島史―日本人集団・日本語の成立史』（勉誠出版、二〇〇九年）
篠田謙一『日本人になった祖先たち―DNAから解明するその多元的構造』（NHK出版、二〇〇七年）
篠田謙一『日本人になった祖先たち―DNAが解明する多元的構造（新版）』（NHK出版、二〇一九年）
谷畑美帆『コメを食べていなかった？弥生人』（同成社、二〇一六年）
中橋孝博『日本人の起源―人類誕生から縄文・弥生へ』（講談社学術文庫）（講談社、二〇一九年、初出二〇〇五年）
長浜浩明『韓国人は何処から来たか』（展転社、二〇一四年）
西谷正『古代日本と朝鮮半島の交流史』（同成社、二〇一四年）
宮本一夫『農耕の起源を探る―イネの来た道』（吉川弘文館、二〇〇九年）

1 岩宿時代以前

安蒜政雄『日本旧石器時代の起源と系譜』（雄山閣、二〇一七年）

今西錦司『進化とはなにか』(講談社学術文庫)(講談社、一九七六年)

海部陽介『日本人はどこから来たのか?』(文藝春秋、二〇一六年)

加藤博文「シベリアの旧石器時代」(『季刊考古学』雄山閣、二〇一四年)一二六号、四一-四四頁

鹿又喜隆「北海道における初期細石刃石器群の機能研究-:千歳市柏台1遺跡出土石器の使用痕分析」(『旧石器研究』日本旧石器学会、二〇一三年)九号、二七-四一頁

国立文化財研究所編『韓国考古学専門事典—旧石器時代編』(国立文化財研究所、二〇一三年)

小菅将夫『「旧石器時代」の発見　岩宿遺跡』(新泉社、二〇一四年)

堤隆『旧石器時代』(河出書房新社、二〇一一年)

堤隆『黒曜石　3万年の旅』(日本放送出版協会、二〇〇四年)

日本旧石器学会編『日本列島の旧石器時代遺跡—日本旧石器(先土器・岩宿)時代遺跡のデータベース』(二〇一〇年)

長谷川眞理子編著『ヒト、この不思議な生き物はどこから来たのか』(ウェッジ選書)(ウェッジ、二〇〇二年)

村上和雄『人を幸せにする魂と遺伝子の法則』(致知出版社、二〇一一年)

Rosa Fregel/Vicente Cabrera/Jose M. Larruga/Khaled K. Abu-Amero/Ana M. González, *Carriers of Mitochondrial DNA Macrohaplogroup N Lineages Reached Australia around 50,000 Years Ago following a Northern Asian Route*, 2015

(https://journals.plos.org/plosone/article/authors?id=10.1371/journal.pone.0129839)

読売新聞「世界最古級の釣り針　二万三〇〇〇年前　貝製、沖縄の遺跡から出土」二〇一六年九月二十日付

2 縄文時代

加藤建設株式会社埋蔵文化財調査部編『井の頭池遺跡群武蔵野市御殿山遺跡第二地区N地点』（加藤建設株式会社埋蔵文化財調査部、二〇〇四年）
かながわ考古学財団編『宮ヶ瀬遺跡群XIV　北原（No.10・11北）遺跡』（かながわ考古学財団調査報告四〇）（かながわ考古学財団、一九九八年）
國木田大＝松崎浩之「オシノヴァヤレーチカ一〇遺跡（二〇一五年）出土試料の放射性炭素年代測定」（『オシノヴァヤレーチカ一〇遺跡（二〇一五年）発掘調査報告書』新潟県立歴史博物館、二〇一九年）
小林謙一＝工藤雄一郎＝国立歴史民俗博物館編『縄文はいつから!?―地球環境の変動と縄文文化（増補）』（新泉社、二〇一二年）
小林謙一編『土器のはじまり』（同成社、二〇一九年）
佐世保市教育委員会編『市内遺跡発掘調査報告書』（佐世保市文化財調査報告書第四集）（佐世保市教育委員会、二〇一〇年）
谷口康浩編『大平山本I遺跡の考古学調査―旧石器時代の終末と縄文文化の起源に関する問題の探究』（大平山本I遺跡発掘調査団、一九九九年）
藤尾慎一郎『縄文論争』（講談社選書メチエ）（講談社、二〇〇二年）
古澤義久「玄界灘島嶼域を中心にみた縄文時代日韓土器文化交流の性格―弥生時代早期との比較」（『東京大学考古学研究室研究紀要』二〇一四年）二八号、二七‐八〇頁
宮崎嘉夫『日本人と日本語のルーツを掘り起こす』（文芸社、二〇〇九年）
山田康弘『縄文時代の歴史』（講談社現代新書）（講談社、二〇一九年）
朝日新聞「縄文、古さケタ違い　1万6500年前の土器、この地でなぜ　青森」一九九九年四月十七日付夕刊

産経新聞「九〇〇〇年前の世界最古漆製品　北海道垣ノ島B遺跡」二〇〇一年六月十五日付
琉球新報「現代沖縄人DNA　ゲノム解析／遺伝系統、日本に近く／琉大など研究班　台湾・大陸とは別／洞穴人　祖先でない」二〇一四年九月十七日付

③弥生時代

池橋宏『稲作の起源―イネ学から考古学への挑戦』(講談社選書メチエ)(講談社、二〇〇五年)
伊都国歴史博物館編『脊振山の南と北で―吉野ヶ里遺跡をとりまく国々と伊都国』(伊都国歴史博物館、二〇〇九年)
榎一雄『邪馬台国』(日本歴史新書)(至文堂、一九六〇年)
呉善花『生活者の日本統治時代―なぜ「よき関係」のあったことを語らないのか』(三交社、二〇〇〇年)
岡崎久彦『隣の国で考えたこと』(中公文庫)(中央公論社、一九八三年)
落合淳思『殷―中国史最古の王朝』(中公新書)(中央公論新社、二〇一五年)
貝田禎造『古代天皇長寿の謎―日本書紀の暦を解く』(六興出版、一九八五年)
金関恕＝大阪府立弥生文化博物館編『弥生文化の成立―大変革の主体は「縄文人」だった』(角川選書)(角川書店、一九九五年)
菊池秀夫『邪馬台国と狗奴国と鉄』(彩流社、二〇一〇年)
気象庁編『日本活火山総覧(第四版・ウェブ掲載版)』(二〇一三年)
(https://www.data.jma.go.jp/svd/vois/data/tokyo/STOCK/souran/menu_jma_hp.html)
佐藤信弥『周―理想化された古代王朝』(中公新書)(中央公論新社、二〇一六年)
佐藤洋一郎『稲の日本史』(角川ソフィア文庫)(KADOKAWA、二〇一八年)

設楽博己『弥生時代―邪馬台国への道』（敬文舎、二〇一九年）
島村英紀『完全解説　日本の火山噴火』（秀和システム、二〇一七年）
孫栄健『決定版　邪馬台国の全解決―中国「正史」がすべてを解いていた』（言視舎、二〇一八年）
長浜浩明『古代日本「謎」の時代を解き明かす―神武天皇即位は紀元前70年だった！』（展転社、二〇一二年）
奈良県立橿原考古学研究所附属博物館編『海でつながる倭と中国―邪馬台国の周辺世界』（新泉社、二〇一三年）
服部四郎『日本語の系統』（岩波書店、一九九九年）（岩波文庫）
浜田晋介＝中山誠二＝杉山浩平『再考「弥生時代」―農耕・海・集落』（雄山閣、二〇一九年）
林田愼之助『史記・貨殖列伝を読み解く―富豪への王道』（講談社、二〇〇七年）
春成秀爾＝西本豊弘編『東アジア青銅器の系譜』（雄山閣、二〇〇八年）
藤尾慎一郎「AMS－炭素14年代測定法が明らかにした日本の鉄の歴史」（『鉄と鋼』日本鉄鋼協会、二〇〇五年）九一巻一号、一一－一五頁
藤尾慎一郎『〈新〉弥生時代―五〇〇年早かった水田稲作』（吉川弘文館、二〇一一年）
藤尾慎一郎「西日本の弥生稲作開始年代」（『国立歴史民俗博物館研究報告』二〇一四年三月）一八三集、一一三－一四三頁
藤尾慎一郎『弥生時代の歴史』（講談社現代新書）（講談社、二〇一五年）
宝賀寿男『「神武東征」の原像』（青垣出版、二〇〇六年）
宮本一夫『中国古代北疆史の考古学的研究』（中国書店、二〇〇〇年）
山本武夫『日本書紀の新年代解読』（学生社、一九七九年）
吉田敦彦「日本神話における稲作と焼畑」（学習院女子短期大学国語国文学会編『国語国文論集』一九八八年

三月）十七号、一一六－一三五頁

古田武彦『「邪馬台国」はなかった―解読された倭人伝の謎』（朝日新聞社、一九七一年）

Han-Jun Jin／Kyoung-Don Kwak／Michael F. Hammer／Yutaka Nakahori／Toshikatsu Shinka／Ju-Won Lee／Feng Jin／Xuming Jia／Chris Tyler-Smith／Wook Kim, *Y-chromosomal DNA haplogroups and their implications for the dual origins of the Koreans*, Human Genetics, 2003, Vol.114, Issue 1, p.27-35 (Nature, 14 January 2015)

Patricia Balaresque／Nicolas Poulet／Sylvain Cussat-Blanc／Patrice Gerard／Lluis Quintana-Murci／Evelyne Heyer／Mark A Jobling, *Y-chromosome descent clusters and male differential reproductive success: young lineage expansions dominate Asian pastoral nomadic populations*, European Journal of Human Genetics, 2015, vol.23, p.1413-1422

読売新聞「[顔]人事院総裁賞を受賞した宮内庁陵墓守長、岩元真一さん」二〇一一年一月六日付

「古への道標～悠久の時を代々守り続けて、岩元眞一氏」（人事院ウェブサイト）(https://www.jinji.go.jp/sousai/023/iwamoto.html)

読売新聞「銅鏡　国内最古の鋳型　弥生中期前半　福岡の遺跡」二〇一五年五月二十八日付

第二部　日本の古代

4 古墳時代

石野博信編『大和・纒向遺跡（第三版）』（学生社、二〇一一年、初出二〇〇五年）

石野博信＝橋本輝彦＝辰巳和弘＝黒田龍二「大和・纒向の三世紀の居館と祭祀」（『石野博信討論集　邪馬台国とは何か―吉野ヶ里遺跡と纒向遺跡』新泉社、二〇一二年）二五四－三二三頁

斎部広成選『古語拾遺』（岩波文庫）（岩波書店、二〇〇四年）
大林組プロジェクトチーム編著『よみがえる古代　大建設時代』（東京書籍、二〇〇二年）
岡内三眞編『韓国の前方後円形墳―早稲田大学韓国考古学学術調査研修報告』（雄山閣出版、一九九六年）
河内春人『倭の五王―王位継承と五世紀の東アジア』（中公新書）（中央公論新社、二〇一八年）
佐原真『騎馬民族は来なかった』（日本放送出版協会、一九九三年）
清水眞一『最初の巨大古墳―箸墓古墳』（新泉社、二〇〇七年）
下垣仁志『古墳時代の国家形成』（吉川弘文館、二〇一八年）
下垣仁志「古墳と政治秩序」（『前方後円墳―巨大古墳はなぜ造られたか』岩波書店、二〇一九年）七五―一一七頁
高田貫太『「異形」の古墳―朝鮮半島の前方後円墳』（角川選書）（KADOKAWA、二〇一九年）
塚口義信「『釈日本紀』所載「上宮記一云」について」（『堺女子短期大学紀要』一九八二年十一月）一八号、一―二四頁
都出比呂志『前方後円墳と社会』（塙書房、二〇〇五年）
奈良の古代文化研究会編『纒向遺跡と桜井茶臼山古墳』（青垣出版、二〇一〇年）
橋本輝彦「前方後円墳の出現を巡る諸問題―纒向遺跡からの視点」（唐古・鍵考古学ミュージアム＝桜井市立埋蔵文化財センター編『ヤマト王権はいかにして始まったか』学生社、二〇一一年）九八―一三五頁
広瀬和雄『古墳時代像を再考する』（同成社、二〇一三年）
広瀬和雄『前方後円墳とはなにか』（中央公論新社、二〇一九年）
廣瀬憲雄『古代日本外交史―東部ユーラシアの視点から読み直す』（講談社選書メチエ）（講談社、二〇一四年）

福尾正彦『陵墓研究の道標』（山川出版社、二〇一九年）
水谷千秋『謎の大王　継体天皇』（文春新書）（文藝春秋、二〇〇一年）
森浩一編著『継体天皇と朝鮮半島の謎』（文春新書）（文藝春秋、二〇一三年）
森下章司『韓国の前方後円墳―「松鶴洞一号墳問題」について』（社会思想社、一九八四年）
若井敏明『古墳の古代史―東アジアのなかの日本』（ちくま新書）（筑摩書房、二〇一六年）
若井敏明『邪馬台国の滅亡―大和王権の征服戦争』（吉川弘文館、二〇一〇年）
若井敏明『仁徳天皇―煙立つ民のかまどは賑ひにけり』（ミネルヴァ書房、二〇一五年）
和田晴吾『古墳時代の王権と集団関係』（吉川弘文館、二〇一八年）

5 飛鳥時代

大津透『律令国家と隋唐文明』（岩波新書）（岩波書店、二〇二〇年）
大平聡『聖徳太子―倭国の「大国」化をになった皇子』（山川出版社、二〇一四年）
倉本一宏『蘇我氏―古代豪族の興亡』（中公新書）（中央公論新社、二〇一五年）
小林敏男『日本国号の歴史』（吉川弘文館、二〇一〇年）
篠川賢『飛鳥と古代国家』（吉川弘文館、二〇一三年）
遠山美都男『壬申の乱―天皇誕生の神話と史実』（中公新書）（中央公論社、一九九六年）
遠山美都男『蘇我氏四代―臣、罪を知らず』（ミネルヴァ書房、二〇〇六年）
豊島直博＝木下正史編『ここまでわかった飛鳥・藤原京―倭国から日本へ』（吉川弘文館、二〇一六年）
瀧浪貞子『持統天皇―壬申の乱の「真の勝者」』（中公新書）（中央公論新社、二〇一九年）
中村修也『天智朝と東アジア―唐の支配から律令国家へ』（ＮＨＫ出版、二〇一五年）

早川万年『壬申の乱を読み解く』（吉川弘文館、二〇〇九年）
森公章『「白村江」以後―国家危機と東アジア外交』（講談社選書メチエ）（講談社、一九九八年）
森公章『天智天皇』（吉川弘文館、二〇一六年）
義江明子『天武天皇と持統天皇―律令国家を確立した二人の君主』（山川出版社、二〇一四年）
吉川真司『飛鳥の都』（岩波新書）（岩波書店、二〇一一年）
吉村武彦『大化改新を考える』（岩波新書）（岩波書店、二〇一八年）

6 奈良時代

大角修『平城京　全史解読―正史・続日本紀が語る意外な史実』（学研新書）（学研プラス、二〇〇九年）
木本好信『奈良時代の政争と皇位継承』（吉川弘文館、二〇一二年）
木本好信『藤原四子―国家を鎮安す』（ミネルヴァ書房、二〇一三年）
坂上康俊『平城京の時代』（岩波新書）（岩波書店、二〇一一年）
鷺森浩幸『天皇と貴族の古代政治史』（塙書房、二〇一八年）
十川陽一『天皇側近たちの奈良時代』（吉川弘文館、二〇一七年）
瀧浪貞子『女性天皇』（集英社新書）（集英社、二〇〇五年）
寺崎保広『若い人に語る奈良時代の歴史』（吉川弘文館、二〇一三年）
西宮秀紀『奈良の都と天平文化』（吉川弘文館、二〇一三年）
馬場基「平城京を探る」（『古代の都』岩波書店、二〇一九年）九三―一五七頁
渡部育子『元明天皇・元正天皇―まさに今、都邑を建つべし』（ミネルヴァ書房、二〇一〇年）

7 平安時代

飯田悠紀子『保元・平治の乱』(教育社歴史新書)(教育社、一九七九年)
井上満郎『桓武天皇―当年の費えといえども後世の頼り』(ミネルヴァ書房、二〇〇六年)
河内祥輔『保元の乱・平治の乱』(吉川弘文館、二〇〇二年)
京都市編『京都の歴史1―平安の新京』(学芸書林、一九七〇年)
坂上康俊『律令国家の転換と「日本」』(講談社学術文庫)(講談社、二〇〇九年、初出二〇〇一年)
坂上康俊『摂関政治と地方社会』(吉川弘文館、二〇一五年)
佐々木恵介『平安京の時代』(吉川弘文館、二〇一四年)
笹山晴生編『古代を考える　平安の都』(吉川弘文館、一九九一年)
棚橋光男『後白河法皇』(講談社選書メチエ)(講談社、一九九五年)
西本昌弘『桓武天皇―造都と征夷を宿命づけられた帝王』(山川出版社、二〇一三年)
西山良平=鈴木久男編『恒久の都　平安京』(吉川弘文館、二〇一〇年)
布目潮渢=栗原益男『隋唐帝国』(講談社学術文庫)(講談社、一九九七年、初出一九七四年)
美川圭『公卿会議―論戦する宮廷貴族たち』(中公新書)(中央公論新社、二〇一八年)
桃崎有一郎『平安京はいらなかった―古代の夢を喰らう中世』(吉川弘文館、二〇一六年)
土田直鎮『王朝の貴族(改版)』(中公文庫)(中央公論新社、二〇〇四年、初出一九七三年)
山田邦和「平安京の空間構造」(『古代都城のかたち』同成社、二〇〇九年)五一－七三頁

著者紹介

竹田恒泰（たけだ　つねやす）

昭和50年（1975）、旧皇族・竹田家に生まれる。明治天皇の玄孫に当たる。慶應義塾大学法学部法律学科卒業。専門は憲法学・史学。作家。平成18年（2006）に著書『語られなかった皇族たちの真実』（小学館）で第15回山本七平賞を受賞。令和３年（2021）には第21回正論新風賞を受賞。著書はほかに『日本はなぜ世界でいちばん人気があるのか』『日本人はなぜ日本のことをよく知らないのか』『日本人はいつ日本が好きになったのか』『日本人が一生使える勉強法』『アメリカの戦争責任』『天皇は本当にただの象徴に堕ちたのか』『日本の民主主義はなぜ世界一長く続いているのか』（以上、ＰＨＰ新書）、『現代語古事記』（学研プラス）など多数ある。

本書は、2020年８月にＰＨＰ研究所から刊行された作品に加筆修正を施し、上巻（岩宿時代以前〜平安時代）・下巻に分冊して、文庫化したものです。

ＰＨＰ文庫　天皇の国史［上］

2022年８月15日　第１版第１刷

著者　竹田恒泰
発行者　永田貴之
発行所　株式会社ＰＨＰ研究所
東京本部　〒135-8137　江東区豊洲5-6-52
ＰＨＰ文庫出版部　☎03-3520-9617（編集）
普及部　☎03-3520-9630（販売）
京都本部　〒601-8411　京都市南区西九条北ノ内町11

PHP INTERFACE　https://www.php.co.jp/

組版　株式会社PHPエディターズ・グループ
印刷所
製本所　図書印刷株式会社

ISBN978-4-569-90245-6

PHP文庫

天皇の国史[下]

竹田恒泰 著

「これまでの研究活動と執筆活動の集大成となった」と著者自らが語る日本の通史！最新の歴史研究をふまえ、アップデートされた進化版として、上巻と同時刊行。